JN303395

共助の地域づくり

公共社会学の視点

恩田 守雄

学文社

はじめに

　分権社会が到来し地域社会は勢いがあるはずなのに，少子高齢化が深刻さを増し，また財政再建団体の自治体が出るなど，大変厳しい時代を迎えている．このため地方自治は「他治」から自立のための「自治」をますます必要としている．その活路は行政中心の「自治」ではなく，地域住民主体の「自治」によって見出されるものであろう．このため行政も計画や実施，評価の各レベルで，住民参加を通して市民との協働を促している．今後，ますます市民中心の地域づくりが重要性を増してくるように思われる．

　筆者は，これまで可能な限り日本各地の地域社会を回ってきた．これは「自生的な社会秩序」を求めるためで，その成果が拙著『互助社会論』であった．できるだけ地元の人に話を聞きながら，地域の現況を知ろうとした．またそれは現在も続いている．かつて村落にあった相互扶助の掘り起こしを通して，人々が支え合う仕組みを探りたかった．同時に互助行為が地域社会で変容しつつあるとき，「共助」という点から地域づくりについて考えてきた．そのため身近なところで，一市民として地域づくりの実践にも取り組んできた．それは学識経験者としてではなく，あくまでも地域住民と同じ視線をもつ参加であった．

　筆者が居住するさいたま市は平成13(2001)年に誕生し，平成15年には政令指定都市に移行した．この発足当初，まちづくりを市民が考える「市民懇話会」，新市の総合計画を策定する「総合振興計画審議会」，市民と行政の協働組織である「区民会議」がつくられ，さいたま市の地域づくりが始まった．一連のまちづくりを自らの参加（参画）体験に重ね合わせると，最初の市民による地域づくりへの参加がそのホップ，次にこの市民の代表として審議会の委員になり，総合計画の策定に参加した段階はステップになる．その後政令市になると同時に各区で生まれた市民と行政の協働組織への参加は，まち・づくりの仕上げのジャンプに位置づけられるだろう．

　こうした地域づくりへの参加を通して蓄積された「思い」が，本書執筆の直

接の動機である．特にさいたま市をケーススタディに多少厳しいコメントもしているが，これはひとえに自らの地域をよくしたいという素直な気持ちからである．また市民と行政の協働について表面的なきれい事を述べるよりも，現実の取り組みを通してまちづくりの生々しい実態を知ってもらいたいという意図も強く働いた．これらは個別事例であるが，読者が自らの地域に引き寄せ普遍的に共有できるものが得られるなら，これに勝る喜びはない．

　本書執筆のもう一つの動機は，地域づくりに社会学から包括的なフレームワーク（「公共社会学」の視点）を与えることであった．従来「公共」は総体として捉えられる傾向が強く，この概念を「公」と「共」に分け，両者の相互関係を分析する「公共社会学」を唱えた．これは「公」と「私」の各領域に挟まれ弱体化している「共」領域の復権を政策課題としている．それはまた「公」，「共」，「私」各領域のバランスを考慮したうえで，地域づくりの実践を目指すものである．

　本書は『グローカル時代の地域づくり』の姉妹編で，前著を地域づくりの「総論」とするなら，その「方法論」を中心に述べたものである．出版事情厳しい折，このような背景をもつ本書の刊行に理解を示され，出版を引き受けていただいた学文社の田中千津子社長に心からお礼を申し上げたい．

2008年1月
恩田　守雄

目　次

はじめに …………………………………………………………………… i

第1章 「公」と「共」の社会学 …………………………………………… 1

1 「公共」とは何か ……………………………………………………… 1

1．「公共」の意味 …………………………………………………… 1
▷あいまいな「公共」概念……1
▷「公共」をめぐる諸言説……2

2．「公」，「共」，「私」の各領域 …………………………………… 4

3．地域社会を支える「公務」の行為 …………………………… 7
▷公務員制度の原点……7
▷複雑な「公務」と「公」領域の独立……8

2 「公」と「共」の融合・対立・分離 …………………………………… 12

1．「公」領域の拡大 ………………………………………………… 12
▷「共」領域への勢力浸透……12
▷「共」領域を超えた「私」領域への勢力浸透……13

2．「私」領域の拡大 ………………………………………………… 14
▷「共」領域への勢力浸透……14
▷「共」領域を超えた「公」領域への勢力浸透……16

3．「共」領域の再生と創生──「公」と「共」のバランス ……… 17
▷「共」領域から「公」領域への勢力伸長……17
▷「共」領域から「私」領域への勢力伸長……19
▷「共」領域の再生と創生……20

3 地域づくりと「公共社会学」 ………………………………………… 24

1．「共助」の地域づくり …………………………………………… 24

2．「公共社会学」とは何か ………………………………………… 25

3．「公共社会学」の使命 …………………………………………… 27

第2章 市民参加のケーススタディ
—さいたま市の地域づくり …………………… 31

1 市民懇話会への参加 ……………………………… 31
1．市民参加の歩み ……………………………… 31
2．市民懇話会とは何か ……………………………… 32
3．活動内容と提言 ……………………………… 33
▷組織の発足……33
▷具体的な活動……34
4．問題点と課題 ……………………………… 36
▷一般市民の参加……36
▷市民活動の難しさ……38

2 総合振興計画審議会への参加 ……………………………… 41
1．総合振興計画の概要 ……………………………… 41
▷計画の三層構造……41
▷策定の流れ……42
2．基本構想 ……………………………… 42
▷構想策定の組織……42
▷構想策定の経過……44
（市民参加のスタート）……44
（基本構想の素案作成）……46
▷基本構想の決定……47
3．基本計画 ……………………………… 48
▷専門部会の組織と計画の内容……48
▷基本計画の素案作成……49
（全体会の議論）……49
（総務専門部会の議論）……50
（基本計画の素案決定）……52
▷基本計画の決定……53
4．問題点と課題 ……………………………… 54
▷総合計画と個別計画の調整……54

▷住民参加から住民参画へ……55
▷行政のモラル……56

3　区民会議への参加 …………………………………………………63

1．区民会議とは何か ………………………………………………63
▷設置の目的とねらい……63
▷組織の構成……64
▷組織の運営……65

2．活動内容 …………………………………………………………67
▷活動の立ち上がり……67
（活動の方向づけ）……67
（独自の活動を求めて）……68
▷組織づくり……69
（総論）……69
（各論）……71
▷第1期の諸活動……72
（活動組織の決定）……72
（環境問題への取り組み）……73
（その他の活動）……74

3．区民意見の集約 …………………………………………………74
▷「パブリックコメント制度」の導入……74
（「提案箱」をめぐる議論）……74
（「提案箱」への反応と対応）……77
▷区民の意識調査……78

4．活動の成果 ………………………………………………………81
▷活動報告書の作成……81
▷要求提示型から政策提案型へ……82

5．問題点と課題 ……………………………………………………83
▷市の広聴機関と自主的な活動……83
▷区民との連携……85
▷集団としての凝集性の欠如……86
▷区民会議への期待……88

第3章　市民と行政の協働による地域づくり
　　　　　──政令指定都市へのアンケート調査から……99

1　計画・実施・評価レベルの市民参加……99

1．計画レベルの市民参加……99
▷総合計画への参加形態……99
▷総合計画審議会への一般市民の参加……102
（参加人数）……102
（市民委員の選出方法）……102
（一般市民が参加しやすい工夫）……103
（市民参加の効果）……104
▷審議会委員の選出……104
▷総合計画と個別計画の整合性……106
▷コンサルタントの利用……107

2．実施レベルの市民参加……108
▷計画実施段階での市民参加……108
▷市民参加と「指定管理者制度」……109

3．評価レベルの市民参加……111

2　市民参加による協働の現状……114

1．市民との協働に関わる諸制度……114
▷パブリックコメント……114
▷協働組織と協働条例……114

2．市民との協働促進……118
▷市民意見の反映……118
▷市民活動の促進……119
▷企業市民との協働……120

3　市民との協働における問題と課題……123

1．協働をめぐる要因と問題……123
▷市民との協働に関わる要因─定量分析……123
▷市民との協働に関わる問題─定性分析……127

2．協働をめぐる課題……131

▷行政側の課題……131
　　　▷市民側の課題……132

第4章　市民主体の地域づくり
　　　──「共助」のための協働 ……135
1　市民と行政の協働社会論 ……135
1．「協働」の意味 ……135
　　　▷「協働」とは何か……135
　　　▷住民参加（参画）の原点としての寄合……136
2．市民と行政の協働のタイプ ……137
　　　▷「参加者」から「参画者」へ……137
　　　▷「声なき声」を聞くことが協働の前提……139
　　　▷市民と行政の協働発展段階説……140
3．市民参加による協働の方法 ……143
　　　▷パブリックコメント制度……143
　　　（基本的性格）……143
　　　（参加機会の複線化―新規の行政ルートと既存の議会ルート）……145
　　　▷情報の共有……147
　　　（知りたい情報と知り得ない情報）……147
　　　（個人情報保護法と情報開示）……148
　　　▷計画・実施・評価の「三位一体型の協働」……149

2　地域づくりへの市民参加
　　　──計画・実施・評価の各レベル ……155
1．計画への市民参加 ……155
　　　▷地域づくりのグループワーク……155
　　　（ステップ１：地域の現況と問題点の把握）……157
　　　（ステップ２：地域づくりの課題の整理）……158
　　　（ステップ３：課題解決に向けた地区づくりのポイント指摘）……159
　　　（ステップ４：地域の将来像の検討）……160
　　　（ステップ５：提案書に盛り込む内容の検討）……161

▷市民参加による計画づくり……162
　　　（市民参加の活用）……162
　　　（参加型地域づくりの先駆的事例）……164
　２．実施への市民参加……………………………………………166
　　　▷実施の主体……166
　　　▷志木市の「行政パートナー制度」……168
　　　▷公共事業への住民参加……169
　３．評価への市民参加……………………………………………170
　　　▷評価の主体と内容……170
　　　▷評価の方法と協働に対する評価……172

3　市民と行政の協働はどこまで可能か …………………………177
　１．住民参加の理想と現実のギャップ …………………………177
　　　▷さいたま市の合併問題……177
　　　（合併の経緯）……177
　　　（住民投票運動と合併の功罪）……179
　　　（上尾市の住民投票と合併の不選択）……180
　　　▷さいたま市見沼区の区名問題……182
　　　（区名選定の経緯）……182
　　　（市民意向を無視した区名選定）……183
　　　（区名選定に対する住民の反応）……184
　　　（区名変更の請願をめぐる住民運動）……186
　　　（区名条例の無効を求める訴訟）……187
　　　▷さいたま市による旧岩槻市の編入合併問題……188
　　　（合併の是非を問う旧岩槻市の住民投票）……188
　　　（合併に向けたさいたま市の対応）……189
　２．市民と行政の協働促進 ………………………………………190
　　　▷協働促進の環境づくり─行政側の問題……190
　　　▷役所体質の改善─行政側の問題……191
　　　▷主体的な参加（参画）─市民側の問題……193
　　　▷市民の連携─市民側の問題……194
　　　▷市民と行政の役割分担─市民と行政双方の問題……196

▷ハードを支えるハート―市民と行政双方の問題……198
3．行政のアウトソーシング …………………………………199
▷コンサルタントは必要か……199
▷コンサルタントに頼らない地域づくり……201

第5章 「共」領域の復権と地域づくり　213

1 共有地（コモンズ）を活かした地域づくり ………………213
1．共有地（コモンズ）の再発見 ……………………………213
▷共有地（コモンズ）を支える「村仕事」……213
▷参加と制裁システム……214
▷現代版共有地（コモンズ）の再生と「村仕事」の復活……216
2．互助ネットワークと地域づくり ……………………………217
▷「一燈照隅，万燈照国」……217
▷「自助」から始まる互助ネットワーク……219

2 「共助」の地域づくりを目指して ………………………222
1．「共助」による地域力の回復 ………………………………222
▷「公共」領域内の「公」と「共」の区別……222
▷「公」，「共」，「私」領域の補完関係……224
2．住民の，住民による，住民のための地域づくり …………225
▷「従民」ではない「自由民」の地域づくり……225
▷官制の地域づくりからの脱却……227
▷地域づくりのソフト面・ヒューマン面を担う「共」領域……228
3．地域に根づいたNPOの役割 ………………………………229
▷市民と行政を結びつけるカタリスト（触媒者）……229
▷地域価値創造の先導者……231
▷地域づくりへの期待……232

おわりに……237
参考文献……238
巻末資料……242
索引……259

第1章 「公」と「共」の社会学

1 「公共」とは何か

1.「公共」の意味

▷ あいまいな「公共」概念 ───────────

　「公共」という言葉をよく聞くが，その自明の意味をあえて問うことは少ない．多くの場合「公共」が公的な意味で使われている．すなわち「公」と「共」を区別せず，両者が一語として理解され，「公共」は「私」に対する領域と考えられている．しかしこれでは「公共」概念が内在している「公」と「共」を正しく捉えることができない．「公」と「共」両者を区別して理解することが必要であろう．「公」は主として行政が政策を実行し，個人の私益が公益によって抑制される領域と言える．これに対して「共」は本来共有地（コモンズ）をもつことで，地域住民の共益が公益や私益よりも優先される領域である．すなわち「公」は私的生活とは異なる公的生活に関わるが，「共」は「公」や「私」とは異なる人々の「共同生活」の場に他ならない．「公」と「私」の対立や調和が言われるとき，その両者を媒介する領域として「共」がもつ意味は大きい．

　もともと「公共」は歴史的にどのような意味をもっていたのであろうか．この点を「パブリック」(public)と「プライヴェイト」(private)の対語から考えると，英語初期の記述によれば，15世紀には「パブリック」が「社会における公益」として，「プライヴェイト」は16世紀に「特権をもった」意味で使われていたとされる (Sennett, [1976] 1991, 33–45頁)．その後17世紀末までに，「パブリック」が「誰が詮索してもよい」，「プライヴェイト」は「家族あるいは友人に限定された，生活の保護された領域」を意味するようになった．す

わち「パブリック」は,「家族と親しい友人たちの生活の外側で過ごされる生活」を意味した．ここで注目したいのは「プライヴェイト」と「パブリック」が，前者の家族を中心とした親密性に対して後者の非家族性というように家族を基準に区別されている点である．「プライヴェイト」な家の外の通りが「パブリック」であった(2)．

　このような言葉の意味から，家族以外の多様な人々が集まるとき「パブリック」が使われていたことがわかる．私的生活とは無縁な「パブリック」という言葉は異質な人間が接触する都市生活に投影されている．雑多な市民が集まると，そこには一定のルールが求められる．この種の社会秩序を必要とする場が都市に他ならない．これは比較的同質な人間から成る村落とは対照的である．もう一つ着目したいのは，こうした「パブリック」な活動を特定の階層が担ってきたという点である(3)．この領域が市民に開放されたとき，それは市民的な「パブリック」になり，現在使われている公的な意味に近くなる．しかしそれがほんとうに市民のものになるためには，市民革命まで待たねばならなかった．「パブリック」が市民のものになっても，近代以降都市が求める公的な秩序はやがて私的な生活習慣を犠牲にする傾向を強める．

▷「公共」をめぐる諸言説 ─────────────

　「公的生活」と「私的生活」の対立をめぐり，アレントは「公的領域」を古代ギリシャに端を発する多様な立場の相違を有する人々が同一の対象に関わるポリス（政治）の領域として，「私的領域」は他者への関心や他者からの関心を欠く家族の領域として区別した（Arendt, 1958, 43-131頁）．この両者の区別が曖昧になり，家族がもっている家父長の権力という「私的領域」が活動と言論，観照（思考），すなわち個性が重視される「公的領域」を浸食することに対して警告を発した(4)．この点は「私」領域の「公」領域への勢力浸透として捉えることができる．「私的領域」には「欠如している」（privative）という意味が含まれるとするアレントによれば，それは他者との客観的な関係や他人から見られる，あるいは聞かれるリアリティの喪失状態で，「公的領域」はその

反対とされる．従ってこの「公的領域」では画一的な行動ではなく個性的な活動が可能だとする．

　この「公的領域」尊重論に対してハーバーマスは「公共性」の概念を検討するにあたり，「公衆」が宮廷や都市と結びついていたことを17世紀以降のフランスやイギリスの事例から指摘している（Habermas, 1962, 50-64頁: 197-248頁）．その視点は文学や芸術という文化活動の担い手が宮廷の貴族から都市のサロンで自由に討論する市民階級へと移行していく過程，すなわち家の外に位置する「公共」が「宮廷的公共性」（貴族的公衆）に独占されていた状態から，広く「市民的公共性」（市民的公衆）へと転換する過程に着目するものであった．この「市民的公共性」それ自体はもともと私生活圏に基づいているが，それがしだいに公的権威を取得するようになると「公共性」を帯びるようになる．ハーバーマスはこの市民にとって必要な「公共性」を主張し，その「市民的公共性」が近代化（政治的公共圏）によっていかに喪失してきたかを論証している．これを本書の立場に引き寄せ市民の「私」が政治（行政）の「公」のために犠牲になると解釈すると，「公」領域の「私」領域への勢力浸透として捉えることができるだろう．

　このような「公的領域」や「市民的公共性」の概念は「公」領域を好意的に見る視点が強いが，この「公」が人々の連帯や共生という「共」領域の意味を内包するとき，「公共」という言葉に集約されるだろう．しかし「公」の解釈によっては，「共」がもつ本来の意味が等閑視されることもある．特に「パブリック」（public）という言葉の使用がこの点をめぐる混乱を招いているように思われる．英語のpublicから「共」概念を読み取ろうとするが，果たして「パブリック」と「プライヴェイト」の区別だけでいいのであろうか．そもそも「パブリック」を「公」と「共」をいっしょにした「公共」と理解してきたところに問題がないだろうか．「パブリック」と「プライヴェイト」の区別が不透明な領域が存在している，いやむしろ両者の区別以前の状態がもともとあった．それは「コモン」（common）の領域である「共同体」（community）に

示されている．公共政策や公共投資のような言葉が使われるとき，それは「公」的な側面を強調するが，「共」領域の存在を曖昧にしている．

2．「公」，「共」，「私」の各領域

ここで社会の生活空間である「公」，「共」，「私」の各領域の関係を整理しておきたい．この点は拙著『互助社会論』の中で既に述べたように，原始社会や古代社会では「公」，「共」，「私」の各領域は一体的であった（恩田，2006年）．行政主体の公的行為である「公助」，地域住民の共同行為である「共助」，個人の私的な自立行為である「自助」あるいは私利に走る「私助」は，それぞれ「公」，「共」，「私」各領域の「助」行為を示している（図1－1：「『公』，『共』，『私』各領域の変容」参照）．「共助」は地域住民主体の「助」行為に基づいている[(6)]．「公」，「共」，「私」の各領域が一体化していた共同体は，国家の出現により公益志向が強まり「公」領域が，また個人の生活格差から共同性が希薄になるにつれ私益志向の「私」領域がそれぞれ拡大し，近代以降それらは「共」領域と分離していく．やがて「共」領域は「公」と「私」の各領域から駆逐され，現代社会ではその存在領域をほとんど喪失してしまった．さらに土地は公有地と私有地に分割され共有地（コモンズ）は少なくなり，「共」領域の存在が見えにくくなっているのが現状である．

このように始めは区別されずに一体化していた「公」，「共」，「私」の各領域は，やがて「公」領域が統治（政治）のため分離し，そして生産様式（経済）の発展と共に「私」領域が分離する．前近代社会から近代社会にかけて各領域が分離することで，逆に「公」，「共」，「私」固有の機能が明確になった．すなわち「公」（政治，国家）領域は平等と正義の価値を，「共」（社会，市民組織）領域は連帯と共生の価値を，「私」（経済，市場）領域は自由と効率の価値を実現するセクターとして役割が分化している（図1－2：「『公』，『共』，『私』各領域の役割」参照）．近代化はこうした本来一体であった「公」，「共」，「私」各領域の分離過程であり，それは共同体の解体過程でもあった．かつての「共同

第1章 「公」と「共」の社会学　5

図1−1：「公」,「共」,「私」各領域の変容

「公」,「共」,「私」区別のない状態（前近代社会）

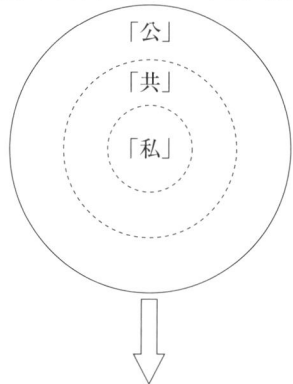

「公」,「共」,「私」各領域の分離状態（近代社会）

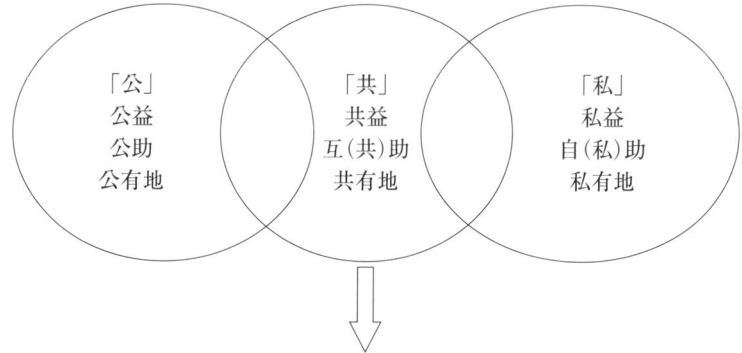

「公」と「私」領域に挟まれ「共」独自の領域が消失した状態（現代社会）

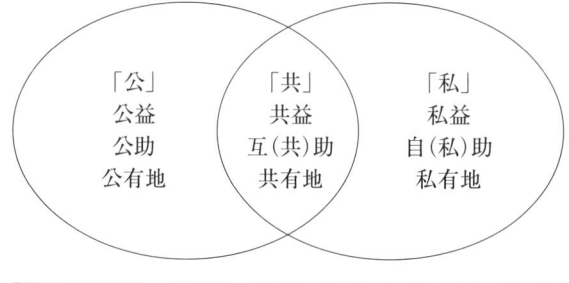

公益志向　　　　　　　　　　　　　　　　　　　　　　私益志向
利他主義　　　　　　　　　　　　　　　　　　　　　　利己主義

出所：『互助社会論』（恩田，2006年）

体」が常に私たちの心に響くのは，失われた共同性への郷愁でもある．この意味で共同体は現状を分析するための「理念型」であると同時に，その望ましい状態を示唆する「理想型」とも言える．現代はその失われた領域を取り戻すように，特に非政府組織のNGOが「公」領域に対して，また非営利組織のNPO（狭義）が「私」領域に対して勢力を伸張しつつある．市民参加はこうした共同性への現実的な反応であり，NPO（広義）は特定非営利活動法人として「公」と「私」の各領域に向けて多様な市民活動を展開している．

図1―2：「公」，「共」，「私」各領域の役割

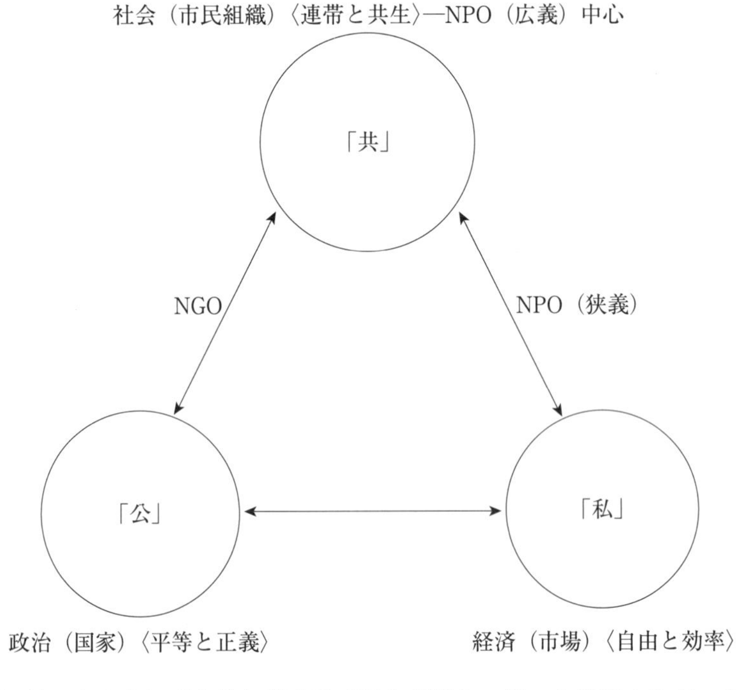

社会（市民組織）〈連帯と共生〉―NPO（広義）中心

```
              「共」
          ↗        ↖
      NGO              NPO（狭義）
      ↙                    ↘
   「公」 ←――――――――→ 「私」
```

政治（国家）〈平等と正義〉　　　経済（市場）〈自由と効率〉

既に述べたように「公共」概念は「私」領域との違いを強調するが，もともと異なる「公」（官）と「共」（民）の概念をいっしょに論ずるため，地域住民の共同性を等閑視することになった．この「共」領域に対する認識が深まらないと，参加（参画）型の地域づくりは進まない．かつて「共」領域が強く意識

されているところでは共同体的な互助ネットワークが機能していた．そこでは「共助」による地域づくりが当然のように行われた．しかし共同体は逆に個人の行為を制約する「共同体規制」という面をもっている(7)．筆者は共同体賛美主義者ではないが，もはや複雑化した現代社会では「公」，「共」，「私」各領域の分離は避けられない．これらのバランスと「共」領域のもつ意味を考えることが地域づくりの出発点になることを強調しておきたい．地域づくりの原点はお互いに支え合う「共」領域にある．「公」領域の強制や「私」領域の強要が「共」領域を害することがあってはならない．「共」領域が地域づくりの中核にあり，「公」と「私」の各領域はそれを補完する役割を果たすべきである．

3．地域社会を支える「公務」の行為

▷ 公務員制度の原点

「公」と「共」の関係，特にその補完関係について考えるために「公務」とは何かを明らかにしておきたい．公務に従事する制度は地域社会の「寄合」による自治から生まれた．たとえば，長崎県平戸諸島大島の「総代制度」にその原型を見ることができるだろう（恩田，2006年）．総代が地域住民を代表して公務に従事し，「寄合」を通して地域住民は自分たちのムラをつくってきた．しかし片手間に「公」の仕事（公務）をするには本来の仕事があるため難しく，やがて専門に従事する人を必要とするようになった．こうして地域住民が本業から離れる公務専業者の生活支援をした．この役務手当には労力提供（田畑での耕作）もあれば，現物支給（米や野菜などの提供）もあった．

公務の専業者が本業の田畑の維持管理ができなくなるため，地域住民が代わりにその労働力を提供したところに，公務員への報償制度の淵源を見ることができるだろう．このヒト（労働力）の提供（労納）がやがて米や薪などのモノの提供（物納）になり，それが貨幣経済の浸透によって賃金でその奉仕を補償するようになった．現在はこのカネの提供（金納）が普通である．何よりも地域住民のために良心と常識をもって行動する者が公務に従事した(8)．先の大島

「総代制度」で興味深いのは，総代の奥さんにも自宅の寄合で訪問者の接待が大変なため，手当（畑）が支給されていた点である．このように「公務」に対する報償の気持ちから公務員の給与制度は生まれたのであり，何よりも地域住民によって支えられていることを公務員は忘れてはならない．[9]

「公」領域は行政が民間（地域住民）に対してサービスを提供する領域であり，それはまた地域住民が行政に対して一定の義務を負う領域でもある．その義務は「公」領域で仕事に従事する人たちへの報償としての納税に示される．これが義務ではなく強制と意識させるなら，現代の公務員制度はその原点から乖離していると言わざるを得ない．もともと地域住民の中から「公務」に従事する専門の者が出現し，彼らに対する土地や現物の供与による支援から公務員の生活は成り立っている．普段仕事をもつ住民に代わってする行為が「公」領域の役務であった．それはもはや無報酬の名誉職的な兼職としての活動ではなく，有給の専門職的な仕事である．

▷ 複雑な「公務」と「公」領域の独立

住民代表の「公」領域の行為が，行政事務の複雑化によってしだいに地域生活から遊離することが少なくない．これは戸籍管理など地域社会を維持していくために必要とされる基礎的な業務に加え，国民や地域住民の生活要求に応える固有の業務が発生するとともに組織が複雑化するためである．このような近代社会における公務の分業化と複雑化は，「官僚制」としてよく知られている．細分化した業務に対応するためにはそれなりの専門知識が必要とされ，ここに官僚が誕生することになる．単に日常的な窓口業務をこなす事務職だけではなく，行政や法律，経済など複雑な計画行政を担当する専門知識をもつ事務官僚（文官）が求められ，また土木や交通，通信など専門の技能知識をもつ技術官僚（技官）も出現する．さらに「官僚制」を推進した要因の一つである軍隊（常備軍）に関わる専門の軍事知識をもつ軍人官僚（武官）も求められた．[10] 行政組織の官僚制である「官庁」（Behörde）に加え，企業組織のそれを「経営」（Betrieb）として指摘したウェーバーによると，こうした官僚制的組織は「的

確，迅速，一義性，文書にたいする精通，持続性，慎重，統一性，厳格な服従，摩擦の除去，物的および人的な費用の節約」などの点において，従来の組織とは異なる利点が発揮される（Weber, 1921-22, 33頁）．しかしこの組織が膨張し肥大化するにつれ，逆に非効率を招くこともあった．

　「官僚制」の弊害は行政組織（官庁）だけではなく，企業組織（経営）でも見られる．前者の行政機構では，確かに市民のためにする仕事は片手間ではできないので，専任の業務を集中的かつ効率的にこなすそれなりの技能をもった人を必要とする．こうして法律や条例などの文書作成能力や事務処理能力などに長じた能力をもつ者が登場し，やがて一般市民の仕事とは異なる専門職として特化し，「公」領域がますます独自性を強めるようになる．しかし「官僚制」では「官吏」は機構の歯車に過ぎず，地域住民のためにする「共同社会行為」は特定の機構のために合理的に秩序づけられた「利益社会行為」にする手段とされる（Weber, 1921-22, 53頁）．もともと制度の原点から見れば，「私」（民）のために「公」（官）があり，市民に奉仕する者が公務員であった．公務員は英語ではcivil servant, 米語ではpublic servant である．奉仕する「公僕」であるservantがしだいにking になっていく過程は，中央官庁における特権意識に見ることができるだろう．このような公務の複雑化を内包する過程でしだいに国民や地域住民からかけ離れて専門分化するにつれ，「公」領域が自律性を強め独自の歩みを始めるようになったと言えよう．

　身近なところで，複雑化した仕事をこなす専門部署が地域住民から遊離していないだろうか．国会議員や市町村議員の行動は直接選挙を通して市民がチェックできるのに対して，公務員にはそれができない．そこでは許認可事項を掌握する事前調整型の裁量行政が，「共」や「私」の各領域に大きな影響力を行使している．本書が主として行政の担い手として対象にする市町村は基礎的自治体として日頃地域住民と接しているのに対して，都道府県は広域的自治体としてその分都道府県民との物理的および心理的距離が大きい．まして国民を対象にする国家では，政策立案する公務員と国民との乖離はさらに大きいものと

言わざるを得ない．こうなると官僚専権を国民が監視することは難しい．もう一度公務員制度の原点に立ち返り，「公」領域と地域住民中心の「共」領域の関係を見直す必要がある．

注
（1） 現在のpublicの意味には「社会の，国民の，国民全体のための，公共の，公共に属する」，「公衆の，一般の人々の」，「政府による，国家の」意味が，また「公衆（社会）のためになされる，社会（国家）を代表する，社会（国家）から権限を与えられた，社会（国家）のために働く」という意味もあり，さらに「公開の，公衆の参加する，公衆用の，公立の，公営の」，「公然の，表向きの，知れわたっている，評判の」意味をもっている．この反対語が「私用，私有の，民間の，私営の，私立の，私設の，非公開の」意味をもつprivateである（研究社，1980年『英和大辞典』第5版）．「パブリック」の名詞（the public）には「人民，国民，社会，公衆，一般の人々，世間」，また「…界，…社会，…仲間（連中）（文学者などの）愛読者連，ひいき連」などの意味がある．
（2） なお，イギリスの「パブリック・スクール」は支配階級がチューター（家庭教師）によって貴族の館で行っていた教育をその外で行うという意味での「パブリック」で，それは「公立」の意味ではなく「私的な」教育の意味をもっていた（池田，1949年）．
（3） 先の「パブリック・スクール」という言葉は，特定の階層によって教育が独占されてきた点を暗示している．
（4） アレントはこの両者でもない領域が「社会的領域」であり，その政治形態が国民国家に見られるとした．これは全体主義的，画一主義的，官僚制的な国家で，「私的領域」のほうが「公的領域」よりも「社会的領域」と密接に結びつくとし，やがて両者は「社会的領域」に吸収されるとした．これらが「国民経済」や「社会経済」という「集団的家計」として現れ，家族が経済的に組織され近代の「国民」になっていると指摘する（Arendt, 1958, 43-131頁）．
（5） しかしこうした傾向に対して，国家による社会の統制である「社会の国有（家）化」が進められる（Habermas, 1962, 50-64頁：197-248頁）．これを「国家の社会化」として対抗しようとするが，国家は社会を包含し弱体化する．「小家族的私生活（親密）圏」が実は「パブリック」における主体性の源泉であり，その補完として「公衆圏」が発生したと言える．これは「公的」領域でもまた「私的」領域でもない「社会圏」とされる．やがて近代化，特に市場メカニズムの浸透とともに，こうした公衆は少数者と大衆に分離していく．これは大衆社会の出現を示唆する．要するに「市民的公共性」が国家と市場双方から脅威に

さらされていると考える．
（6）　拙著『互助社会論』では，「助」行為を双方向の行為であるユイを狭義の「互助」，「村仕事」への参加など地域住民として当然の行為とされ，その行為の軌跡が集中と拡散の方向を示すモヤイを「共助」，対等でないパトロン・クライアント関係も含まれる一方向の行為としてテツダイを「片助」に大別した（恩田，2006年）．これらの総称概念として「互助」を用い，特に「公助」と「自助」を対比しながら地域住民間の「共助」概念の重要性を指摘した．「自助」は個人の自立に寄与する行為であり，個人の私益中心の「私助」とは区別される．なお「公私を区別する」と言うときの「公」は仕事上の「おおやけ」を意味することが多く，本書の「公」は主に行政の行為を示している．
（7）　守田は，近代化の過程，すなわち封建的生産様式から資本主義的生産様式への発展過程において，共同体的所有から私的所有形態が発生しそれが増大する過程を批判しながら，村落がもつ共同所有の意味を真剣に考える必要があるとした（守田，[1973] 1978年）．それは西洋には西洋の，アジアにはアジアの共同体があり，それを単に前近代的なものとして捨象していいのかという批判でもあった．より自立した個人の連帯と共生という点では，コミュニティの概念のほうがいいだろう．「村落共同体」と「都市コミュニティ」の交流も，村落がもつ「共同体規制」というマイナス面を都市が補完するところに意味があるだろう．
（8）　このような点に公務員制度の原型をたどるなら，今日の制度がいかに変質したものであるかがわかる．役人の前に人間たることを心掛け，法律ではなく良心と常識に従って行動すること（末広，[1922] 2000年）は，とりもなおさず公務員の原点に帰れということに他ならない．
（9）　本来公務に従事する者が「手弁当」でしてきた行為を考えると，公務員の給料は当然見直されるべきであろう．一律に公務員の総数削減ということではなく，特に一部の「高級官僚」と言われる者の給料を公務員の原点に立ち返り見直し，一般市民への課税強化の負担を少なくすべきである．むだな支出を削減せずに，ただ所得税や住民税，消費税を上げると言っても一般庶民は納得しない．
（10）　ウェーバーによれば，官僚制化の誘因として常備軍の創建，財政の発達，文化の複雑化，秩序と保護の要求（警察），近代的な交通手段をあげることができる（Weber, 1921-22, 30-32頁）．かつての寄合のような合議的な組織は摩擦と遅延をおこし，衝突する利害と意見の間の妥協にも時間がかかる点で，官僚制的組織に比べると非効率なものとされる．
（11）　たとえば，介護保険の要介護・要支援の認定申請の手続きとその後の対応など，高齢化した市民にとっては煩瑣なことが多く，とても高齢者自身が自分で手続きできるものではない．

2 「公」と「共」の融合・対立・分離

1.「公」領域の拡大

▷「共」領域への勢力浸透 ─────────────

　社会の生活空間を「公」，「共」，「私」の三つの領域に分けて考えてきたが，このうち「公」の担い手として本来地域住民の代行者であるはずの公務員が専門特化する知識をもつようになると，しだいに市民から遊離してくる．ここには為政者の代弁者としての性格が現れている．何よりも行政の「公」が市民の「共」と補完関係にあることが理解されていない．こうして「多数決の論理」による「最大多数の最大幸福」から「公益」の名のもとに「公」領域が「共」領域に干渉し，ときにはそれが住民の意思決定を排除するようになる．(1) もともと「公」領域は市民を代表する者が公務につくことによって生まれた地域住民の「共」領域の一部に過ぎなかった．しかしそれがしだいに専門性を高めるにつれ市民からかけ離れ，独立した「公」領域をつくる点は「官僚制」の普及過程でもあった．

　もともと「公」も「共」も区別がないところで，地域社会の必要上公務に従事する専門の人を求めて「共」領域から「公」領域が派生してきたのに，それが独立して固有の領域を占め，今や地域住民の「共」領域を統制している．あえて「公共」と唱えることで，「公」と「共」の両領域をあいまいにしている．「公」領域は市民のために活動するように見えるが，納税義務など行政の命令に従わざるを得ない強制力をもち，各種の条例が地域住民を拘束する．もとより為政者による課税の強要はいつの時代にもあったが，地域住民が独自に共同で行ってきた「村仕事」の「共」領域まで公役として統制することがしばしばあった．その一方で市民もまた地域のインフラ整備や社会保障で「公」領域に依存するようになり，必要以上に要求することで「共」領域の機能を縮小させてしまってはいないだろうか．やがてそれは地域住民で支え合う「共助」はもとより，自らの力に頼る「自助」意識も希薄にするだろう．このような行政に

依存する過剰な援助社会は，市民と行政の信頼や信託の関係が統治や従属の関係に転化することを意味する．

「公」領域の拡大は為政者の強制と地域住民の行政への過剰な依存によるところが大きい．こうした「公」領域の拡大はいつ始まったのであろうか．それは統治体制の出現とともに始まるものであろう．何度も述べたように，本来地域住民が日々の仕事をこなしながら「公」的な領域に関わってきたが，それが片手間ではできなくなると，専従者にそれを任せたところから行政組織が生まれた．しかし為政者による中央の統治組織と並びこうした地方の行政組織が整備されたことで，種々の市民サービスを受けることは地域住民にとって大きな利益であった．それは応分の税負担に伴うもので，公正な行政サービスの提供は受益者の公平な負担に基づいている．しかし地域住民の生活は行政からの統制とそれへの過度な依存によって，「公」と「共」の各領域が密接に結びつき，やがて後者が前者に包摂されるようになる．これが「公」領域から「共」領域への勢力浸透であり，この過程は地域住民の連帯による共生社会を個人のアトム化による競争社会に変えることにもなった．

▷「共」領域を超えた「私」領域への勢力浸透

「公」領域はときには「共」領域を超えて「私」領域に浸透することがある．これは政府や地方自治体が民間への過度な介入を意味する．地域住民の私的生活への介入は，かつて「五人組」や「隣組」のように統制的な強制互助組織をつくる相互扶助の強要に見られた（恩田，2006年）．それが課税の相互監視や生活統制を伴っていたことは自明であり，それに対して自生的な共生互助組織が常に対峙してきた．日本では「私的なもの」が確立されず，常に「公的なもの」との抱き合わせで分離することなく区別されなかった点は個人主義の未発達としてしばしば指摘されてきた．これは「共」領域の存在を等閑視しているが，それはまた「公」領域の強さを示していると言えるだろう．

このような個人生活への「公」領域の介入に対して，「共」領域を超えた「私」領域への勢力浸透には私企業への統制がある．これは自由な経済活動へ

の国家（行政）の介入であるが，この点は規制緩和から「小さな政府」の役割が強調されるようになった．近年「公」領域と「私」領域の相互交流は平成15 (2003) 年に導入された地方自治体が設置する公共施設（「公」の施設）について指定を受けた民間企業や公益法人，NPOなどが管理者として運営する「指定管理者制度」，また公共サービスをめぐる官民の競争入札を促進する「市場化テスト」によって活発になっている．特に前者の制度によって市場メカニズムの効率性（経費削減）が重視され，市民組織よりも民間企業への委託が強まると，「公」と「私」両領域の関係強化によって「共」領域の存在がますます希薄なものになるだろう．

　ここでは，基礎的自治体による市民の個人生活への過剰な介入が地域社会の「共助力」を弱める点も指摘しておきたい．市民参加がカタチだけのものになってはいないか．参加によって地域住民の主体性は回復できるのか．行政に対して積極的に働きかけ，自分たちで地域をつくる行動力が欠かせない．納税をサービスの対価として取り戻そうとすることは当然の権利であるが，「公助」に期待しすぎてはいないだろうか．地域住民の支え合いが少ない分，行政や民間のサービスに頼ろうとする．何故「住民」が「従民」になってしまうのか．それは「共」領域が弱体化し，一人ひとりがバラバラになっているからではないだろうか．このため連帯し共生する「市民力」が弱くなっている．この「市民力」は地域住民がお互いに支え合う「共助力」と言い換えることができる．市民と行政の協働は，本来こうした「共助力」を再確認する過程でもあろう．

2．「私」領域の拡大

▷「共」領域への勢力浸透

　「共」領域に対して「私」領域の拡大は，たとえば日本の農村がかつてもっていた労力提供や葬儀の手伝いなど，相互扶助の慣行が人力に代わる機械の導入や互助サービス業の隆盛によって，しだいに衰退してきたところに見ることができるだろう．屋根葺きや田植え，稲刈りのユイ（互酬的行為），共有地

（コモンズ）を中心とした「村仕事」のモヤイ（再分配的行為），冠婚葬祭のテツダイ（支援〈援助〉的行為）がしだいに見られなくなった（恩田，2006年：Onda, 2006）．こうした機械化とサービス化の進行によって「共益」ではなく「私益」を求める利己主義的な風潮が高まり，互助意識が希薄になってしまった．この点はむしろわずらわしい人間関係にとらわれることが少なくなったとも言えるが，これと引き替えに地域住民が協力して社会を維持していく「共助力」が弱体化している．

　かつての農作業や「村仕事」，冠婚葬祭の活動が地域社会の連帯と共生を支えてきたが，すべて市場で解決する経済化と生活様式の都市化によって村民の互助ネットワークが切断されてきたところに，「私」領域の「共」領域への勢力拡大が現われている．田植えや稲刈りは機械化され，今では親戚どうしで手伝う程度である．茅葺きは瓦や洋風屋根が普及し専門職人がするようになり，もはや村民が協力してすることは少ない．結婚式や葬儀は業者がすべて取り仕切り，近隣関係に縛られることもなくなった．このような傾向の要因を市場化だけに求めることはできないとしても，その原因の一端をそこに見ることはできるだろう．何故なら，地域住民の互助行為の多くはサービスとして売買の対象にならない非市場領域の活動であったからである．

　こうして地域社会の「共」領域は弱くなり，「私」領域がその分急速に拡大した．共有地（コモンズ）は私有地化され，やがてそれは取引の対象となり「市場の論理」に飲み込まれ商品化していった．このため「共」領域を通してかつて共同体がもっていた「相互扶助の論理」も希薄になった．これは人々の互助ネットワークを切断し，市場のサービス業を通して個人間の社会結合が脆弱になることを意味する．何でも行政に頼る「行政の論理」と同様，すべてカネで解決する「市場の論理」が行き過ぎると，地域住民の「共助力」は萎えてしまう．しかしその一方で，誰もが地域社会の中で役に立つことができると考え，その奉仕活動の対価を「地域通貨」やその行為を時間換算する「タイムダラー」として，逆に市場で連帯し共生する「市民力」を高めようとする動きが

あることも忘れてはならないだろう（Cahn, 2000）．

▷「共」領域を超えた「公」領域への勢力浸透

市場での代表的な行為者は企業である．しかしこの企業が「企業市民」となるとき，それは「共」領域の行為者にもなり得る．市民と行政の協働は何も一般市民と行政の関係だけではない．市場で財とサービスを供給する私企業が「社会の公器」として企業の「社会的責任」（CSR : Corporate Social Responsibility）を自覚するとき，改めて企業の「共」的な存在価値も見直されるだろう．特に地域住民から支持されてきた地場産業の企業が「企業市民」として，地域づくりの事業や社会貢献の諸活動を通して行政との重要な協働のメンバーに成り得る点に留意したい．これは「共」領域が再生される一つの契機になるのではないだろうか．

先に述べたように，地方自治体が設置した公共施設を民間企業や公益法人，NPOなどが管理者として運営する「指定管理者制度」が各地で普及している[4]．これは，従来自治体や外郭団体が担当してきた公共施設の管理運営を民間に任せる「官から民へ」の動きである．こうして管理者の範囲が拡大され「市場化テスト」による効率的経営とサービスの向上を図ろうとするが，NPOがそれを担うことで市民の行政への参加意識が高まるだろう．これは管理を任されたNPOがさらに一般市民を巻き込むことで，新たな「共」領域の復興につながると考えられる．こう主張するのは，「私」領域の活動が「公」領域との関係を通して「共」領域の存在を再認識させる機会となることを期待したいからである．

ただし民間企業に任せ過度な効率優先と費用対効果の収益重視だけで進められるなら，単に「私」領域が「共」領域を超えて「公」領域を浸食するだけであろう．採算性だけでは推し量れない地域社会にとって必要なサービスが逆に損なわれる面にも配慮しなければならない．民間企業がいきなり伝統的な地域資源や図書館などの公的施設の管理運営を担う現状をどう考えればいいのであろうか[5]．これまで市の外郭団体が運営してきたため経済効率が悪化してきたと

されるが，こうした取り組みに地元住民はどのような意識をもつであろうか．地元の企業とは言え，地域資源を自分たちが所有しているという意識が希薄になりはしないか．確かに民間に任せることで行政の財政節約効果は大きいだろう．単なる収益を目指すのではなく，公益性と社会性を十分斟酌したうえで民間企業へ管理運営を開放すべきである．「私」領域による「公」領域への介入は，行政組織への企業会計の導入や「市場化テスト」でさらに加速されつつある．しかし「私」領域で支配的な「市場の論理」が「公」領域で支配的になるとき，ますます「共」領域の存在が影として薄くならないだろうか．その一方で地域社会にとって必要なサービスを生み出すコミュニティ・ビジネスにNPOが取り組むところに，「共」領域の存在価値を見ることができるだろう．

3．「共」領域の再生と創生──「公」と「共」のバランス

▷「共」領域から「公」領域への勢力伸長

　地域社会であまりにも「公」領域の勢力が強まると「共助力」が衰退する．「共」領域はこのまま「公」や「私」の各領域に吸収されるのであろうか．これに対して，逆に「共」領域からの影響について考えてみたい．かつてムラ社会では「共助」による「村仕事」があり，為政者からの苛斂誅求の中にあっても自力で地域づくりを進めてきた．それを促してきたのは二宮尊徳や大原幽学，小谷三志など近世の農村開発の運動家であり，いずれも地域住民の「共助力」を引き出すことに努力を傾注した点は共通すると言ってもよいだろう（恩田，2006年）．もとより農民だけでは十分でない大災地変や飢饉の対応には，藩の公権力による援助を必要とした．現代ではこの種の「公助」が得られないと，納税者として過小なサービスに対して公平原則を求める地域住民の不満は爆発する．「共」領域による「公」領域への勢力伸長は，こうした適切な「公助」を求めるところから始まる．

　しかし現実には，「公」領域から必要以上の過剰な介入とそれに対する過度な依存から，その勢力を容認し正当化してしまうことで「住民」が「従民」に

なっていないだろうか．これに対して行政が「権限は行使しても責任は負わない」方式で「従民」扱いするなら，地域住民も黙ってはいない．旧来の住民組織に代わる新しい市民組織が多く生まれているのは，そうした反応の現れと言えよう．グローバルな視点から見ると，社会主義体制の崩壊による国家への信頼が揺らぎ，東欧諸国で教育や福祉など公共サービスを担うNPOが多く生まれたとされる．先進国では福祉国家の行き詰まりから，行政では不十分な領域できめ細かく活動する市民組織がつくられるようになった．身近な地域社会では，かつての自治会とは別にNPOが活動している．しかしそれ以前から，互助精神に基づく相互扶助の組織が自生していた．行政に代わるNPOが登場したというよりも，改めてかつての互助精神に基づく組織が現代に蘇ったと言ったほうがよいだろう（恩田，2006年）．こうした新しい市民組織の活動は地域住民の「共助力」回復の契機となることが望ましい．

このような市民による地域づくりは「共」領域から「公」領域への勢力浸透の動きとして捉えることができる．選挙で直接選ぶ議員と異なり，行政が条例を執行する過程（公務）に市民が参加することはなく，条例の制定は議会でされても，必ずしもその執行が民主的なプロセスを経ている訳ではない．ここに計画の策定や実施，評価への市民参加の意味がある．本来市民から委託された公務員が地域住民から乖離するにつれ，NPOの活動もそれだけ活発になってきた．地域社会の一員として応分の負担が正当化されるのは，「公助」が正しく機能しているときである．納税に対する適切なサービスを求めその使途のチェックを市民が担い始めるとき，市民は「従民」ではなく自らの権利を積極的に主張する「自由民」となる．行政サービスが十分でないとき，また既存の自治会でも対応できないとき，新しい市民活動が生まれた．現在行政はNPOを取り込むように新たな住民サービスを模索している．これが市民と行政の協働に現れ，対等なパートナーシップ（partnership）の関係から新しい市民組織が行政に積極的に働きかけるようになった．こうした一連の動きも「共」領域による「公」領域への勢力伸長の動きと言えよう．

▷「共」領域から「私」領域への勢力伸長

　近代化は技術革新に基づく多様な生産主体による「経済的分業」，また「官僚制」による組織内外の「社会的分業」の形態を生み出した．この機能分化論に従えば，地域住民だけでは対応できないところで，「公」と「私」の役割分担が正当化される．特に「私」領域では市場を通して多様な財やサービスが日々生まれている．かつて「村仕事」として行ってきた防犯も警備会社に委託するなど，私的なサービス業が隆盛を極めている．しかしこうした「私」領域の拡大に対して，市民は私企業の対応では十分でない分野で地域社会に必要な財とサービスを提供し始めた．NPOがそうした隙間（ニッチ）を縫うように活動している．これは一私企業の「企業益」ではない「コミュニティ益」を求める動きである．このコミュニティ・ビジネスは市場（マーケット）を軸とするのではなく，地域（コミュニティ）を軸とする地域社会の「身の丈に合った事業」と言える（恩田，2002年）．それは環境や福祉，教育，情報などの生活価値事業であり，高齢者や女性，子供が顧客となることが多く，地域に根ざした諸問題を解決するビジネスである[7]．

　家庭で出た廃油を石鹸にする，あるいは障害者のファッションショーを開催するなど，主婦の何気ないアイデアをシーズ（seeds）として花開かせる市民主役のビジネスが生まれている．共同作業の「村仕事」が少なく希薄になった互助ネットワークの形成が，コミュニティ・ビジネス（市民事業）として現れているように思われる．本来それは無償の奉仕であるが，これが地域づくりと結びつくとき，それは一つの事業として展開される．ボランティアでやるには継続性が不十分なとき，また一過性ではない事業化に意味があるとき，それはコミュニティ事業となる．自治体もこうしたNPOの活動を支援することで，民間企業では対応できない領域で市民サービスを展開している．また地域社会でのみ通用する地域通貨も法定通貨とは異なる独自の住民サービスを提供している．このように市民による地域活動が生活の「ニッチ（隙間）市場」を生み自分たちで直接必要な財やサービスを供給するようになった．これは「共助」

の動きであり，NPOが行政の公的活動や民間企業の私的活動を補完することで，改めて「共」領域の存在意義が認知されたと言ってよいだろう[8]．

こうした動きは市民が社会起業家や市場創出者になることで「私」領域にインパクトを与えるだろう．コミュニティ事業の効果として，経済的効果では地域経済の衰退を防ぎ，新たな技能に基づくスキル・アップを通した雇用創出による失業対策，自立経済の達成，域外経済への依存からの脱却などが指摘されている[9]．この種の事業は直接の波及効果は大きくないが，いずれもコミュニティの活力を生み出す地域住民のための事業であり，地域への愛着や誇りの喚起，コミュニティ・アイデンティティの確認，地域文化の継承や創造につながる事業と言える．もととも「共」領域では地域住民が必要な生活手段を賄ってきた．かつての自給自足に近い生活に戻る必要はないが，過剰な「私」領域の市場志向に対して市民が本来求める財やサービスを地域社会の規模に応じて適正にコントロールする必要があるだろう．それが「共」領域から「私」領域に勢力伸長することの意味である．市民生活の多様なサービスが商業ベースに乗ることがいいことなのか，特定のカネのある者だけが私的なサービス（私助）を受ける状態が好ましいのかどうか．こうした判断規準が「共」領域の「私」領域への進出を正当化し，その勢力伸長の根拠を与えるだろう．

▷「共」領域の再生と創生

既に図示したように（前掲図1―1参照），近代以降「公」領域と「私」領域の勢力が強まり，「共」領域は両者から挟まれるような状態になった．社会生活が複雑化し生活領域が機能分化し，「公」領域と「私」領域がしだいに独立すると，「共」領域はやがて固有の領域を喪失するようになる．土地に着目すると，公有地や私有地が増え，共同で利活用してきた共有地（コモンズ）も少なくなり，道普請など地域住民が共同でする「村仕事」が減るに従い「共」領域が縮小してきた．また市民社会をめぐり新たにつくられた個人尊重の「市民像」によって，地域固有の伝統的な共同生活も変容を余儀なくされてしまった．こうして「共」は，先に述べたように「公共」という概念によってあいまいに

され，「公私を区別する」と言うときの「公私」という言葉の使用によって等閑視されてきた．「公」，「共」，「私」の各領域が渾然一体となった原初状態への回帰は時代に逆行するとしても，この三領域がバランスした状態はかつてあった「理念型」であると同時に，そのあるべき望ましい「理想型」でもあるように思われる．

　その一方で，現在NPOやNGOの市民活動が政府や地方自治体，民間企業では不十分な領域でその活動範囲を広げつつある．これは「公」と「私」の各領域に対する「共」領域の再生と創生の動きとして捉えることができる．地域の環境美化運動や道路の修繕に地域住民が取り組む「村仕事」も生まれ，特に環境や福祉，教育の分野で「公」領域への市民参加が多くなり，またコミュニテ

図1―3：「共」領域の勢力伸長

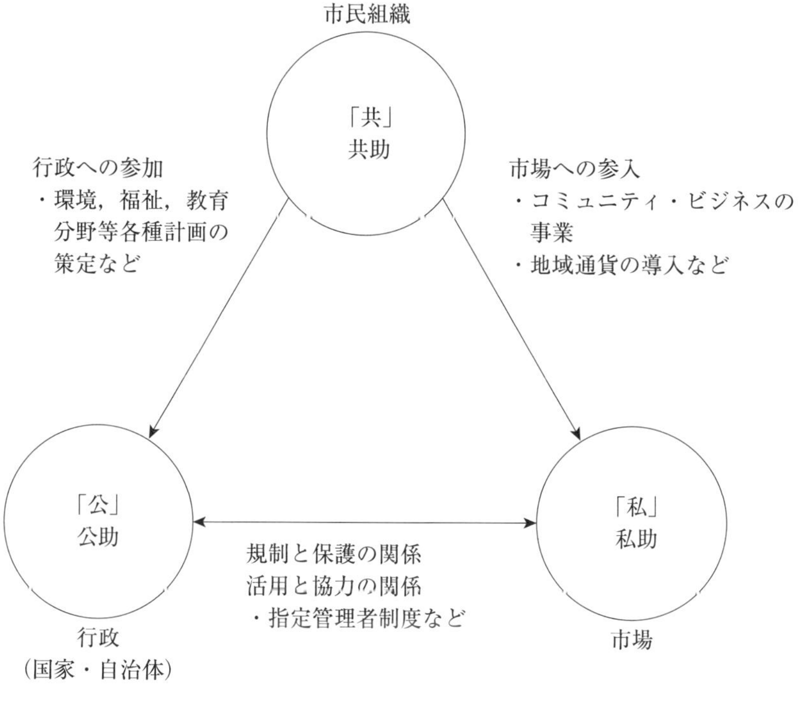

市民組織

「共」
共助

行政への参加
・環境，福祉，教育分野等各種計画の策定など

市場への参入
・コミュニティ・ビジネスの事業
・地域通貨の導入など

「公」
公助

行政
（国家・自治体）

規制と保護の関係
活用と協力の関係
・指定管理者制度など

「私」
私助

市場

ィ・ビジネスや地域通貨など「私」領域で市場を再創造する動きも見られる．これらは地域住民が共同生活圏である「共」領域を再編成する動きであり，地域づくりもこうした「共」領域の活動として捉えることが必要だろう．

しかしいくら「共」領域の勢力が強くなってきたとは言え，まったく「公助」を必要としないほど地域社会はかつてのように完結した生活圏ではない．また私的な援助（私助）も競争によって蓄積された成果（性能）と効率という点から欠かせないだろう．特に「共助力」が弱いところでは「公助」がないと地域づくりは難しい．これが市民から見た行政との協働を支える論拠と言えよう．「共」領域の再生と創出とは「公」と「私」の各領域に対して「共」領域の存在価値を高めることである（図1－3：「『共』領域の勢力伸長」参照）．これを地域づくりから考えると，これまであいまいにされてきた「公共」領域を「公」と「共」に分け，「共」領域の再生あるいは創生を市民と行政の協働から捉えることに他ならない．縮小しつつある「共」領域を復活させること，あるいは新たに創り出すこと，「共」と「公」および「私」の各領域のバランスをはかることが現在の地域づくりには求められている．

注
（1） 小田によれば，「みんな」であるかどうかが「みんな」で決められ，少数者は異端とされ「みんな」ではないという論理が多数決で決められてきた（小田，1972年〈上〉，118-131頁）．このように「多数決の論理」が少数者を排除している場合が少なくない．
（2） 先に述べたハーバーマスは私的（民間）領域と公権力の領域を対立的に捉え，前者が市民社会で後者が国家の領域とした（Habermas, 1962, 46-85頁）．そこでは望ましい「市民的公共性」が「制限された公共性」と異なり，公衆が集合した生活圏とされたが，この「市民的公共性」は社会生活が日常的に営まれる「共」領域として捉えられるべきであろう．なお「公共」に対して「反公共」（counterpublics）という概念もある（Warner, 2002）．
（3） 西洋では「公」領域が国家（政治）として，また「私」領域が市場（経済）として分離してきたのに対して，日本では「公」領域が強く常に「私」領域を統制してきた点は，丸山が指摘した突出した「国家主義」に示されている（丸

山,1952年;小室,2003年,269-334頁).
(4)　千葉県我孫子市では,「指定管理者制度」のようにあらかじめ決めた対象事業ではなく,公共サービスの事業費を公開して企業やNPO,市民活動団体などから委託・民営化の提案を募集する「提案型公共サービス民営化制度」を導入している (http://www.city.abiko.chiba.jp/).これは業務の委託・民営化を進め,スリムで効率的な市役所と充実した質の高いサービスの提供を目指し,民と官でともに担う「新しい公共」づくりを進めるものである.実際の採択状況は民間企業が多いものの,福祉や文化の領域ではNPOが採択されている.このような行政からの呼びかけに対して,民の「共」領域は今後ますます「公」領域に対して積極的に関与していくだろう.
(5)　北九州市では「指定管理者制度」によって,指定(契約)期間3年で小倉城の管理を学習施設「水環境館」とともに地元百貨店に任せている.
(6)　教育や住宅,医療,介護,出産,生業,葬祭で「健康で文化的な最低限度の生活」を保障する生活保護は「公助」であり,それは負担を前提にしない平等原則に基づいている.しかしこの場合でも最低生活費と収入との差が支給される.応分の負担に応じた見返りが明確でない点に不満をいだく者もいるが,課税による公平原則がこの種の平等原則を支えている.
(7)　しかしコミュニティと事業(ビジネス)は結びつくのであろうか.コミュニティ・ビジネスはコミュニティに密着した地域住民主体の事業である.換言すれば,それはコミュニティの特性を発揮するビジネスで,誰でも参加することによって地域社会で役に立つことができる個々人の潜在的な諸能力を活かす「人間開発」の事業でもある.ここで言うコミュニティの特性は三つある.一つは「自然性」で,これは地域社会集団あるいは共同生活圏としての自然集団の特性を示し,家族がもつ相互扶助,すなわち一体感(感情融合)と共属(同胞)意識から地域社会を支えることを意味する.二つ目が「機能性」で,これは組織がもつ機能集団の特性によって,地域の活性化という共通目標を実現する市民の協同(協働)を示している.最後三つ目は「地域性」で,これは地域社会がもつ連帯と共生による生活圏の共有を表している(恩田,2001年:2002年).
(8)　ここでは地域づくりに貢献するという意味から,コミュニティ・ビジネスを広く市民産業として捉えることができる.それが「ユイのビジネス」と言われるのは,日本の伝統的な互助行為であるユイ(互酬的行為)の現代的な現れと考えられるからである(恩田,2006年).むしろ必要なヒト,モノ,カネを地域内で集めその成果を再び地域社会に還元する点では,「再分配的行為」としてモヤイの性格をもつビジネスとも言える.このようにコミュニティ・ビジネスは相互扶助のビジネスと置き換えることができるだろう.
(9)　しかしこうした事業は直接大きな利益を生み出すわけではない.それは「コミュニティの論理」に適合することが多いため,「市場の論理」とかみ合わ

ないからである．その一方でこの事業はカネには換算できない社会的効果がある．それはカーンが言う「この世に役に立たない人はいない」という社会参加の効果である（Cahn, 2000）．こうした参加が相互扶助に基づくことをカーンは指摘し，その互助システムに基づく地域社会に貢献した行為を「タイムダラー」として交換することで地域社会の活性化を提唱した．これは他者依存ではない自尊心や自立心を養い，市場経済と非市場経済をつなぐ役割を果たすが，これらはコミュニティ・ビジネスの特性でもある．しかも自ら地域づくりに参加しているという意識は事業だけにさらに強いものがあるだろう．こうして「社会的排除」も防ぐことができるとする．地域で何かを提供できることで生まれる自信，そこから他者との関係また地域との関係も新たに築かれる．それは地域住民自らがつくる財とサービスの供給を通して，社会的ネットワークの構築にもつながる．市場で価値を得ない財やサービスとしてイリイチが唱えた「シャドウ・ワーク」に対して（Illich, 1981），それは地域独自で値づけ（数値化）することで価値を認めることができると考える．

3　地域づくりと「公共社会学」

1．「共助」の地域づくり

　地域づくりとは，地域固有の資源を活かして住民生活を向上させることである（恩田，2002年）．ここで言う地域資源は人文資源，自然資源，郷土資源の三つに大別される．人文資源は人間の手が加わった資源で歴史的遺産など，自然資源は人間の手が加わらない海や山，川など，郷土資源は伝統芸能や技能，祭りなどをさしている．こうした地域固有の資源を活かすことが地域づくりのポイントである．しかし実際には地域固有の資源とは言い難いどこにあってもおかしくない奇をてらった施設も少なくない．それは一時的な集客をもたらすかもしれないが，その誘客は永続しない．何よりも地域住民が支持する施設かどうかが重要である．そこには市民が自分たちで地域を支えるオーナーシップ（ownership）という所有意識が欠かせない．結局，地域住民がお互いに支え合う「共助」が地域づくりの要諦と言えよう．

　「住民の，住民による，住民のための地域づくり」が基本である（恩田，2002

年).地域づくりの主体と客体は誰であろうか.ここで「住民の」という言い方は地域に対する所有関係,自分たちの地域という所有意識を,また「住民による」という表現は担い手としての主体関係,自分たちが地域をつくるという主体意識を,さらに「住民のため」という言葉は対象としての客体関係,自分たちのために行動する客体意識を意味している.この点で地域づくりは住民が「主役」であり,行政は「脇役」にとどまる.本来地域づくりの主体は住民であって行政ではない.ここに市民参加の実践的根拠がある.

こうした市民参加はかつて村落の寄合を通して当たり前のように行われてきた.しかし現在の地域づくりは次章以下で紹介するように,「住民疎外(排除)」も少なくない.もちろん住民の側にも主体としての役割を放棄し行政に任せてしまう依存傾向があり,そうした他人任せの姿勢は問われるべきである.地域への関心のなさは,今住む所が自分にとって一生の定住地なのかどうかという意識とも関係しているだろう.そこに「仮の住まい」意識があるなら,当然地域への関心も低くなる.また行政の機能が高度に複雑化すれば,住民が地域づくりについていけないということも不参加の要因として考えられる.市民としての権利義務意識が明確でない人には,それが他人事のようにされているという気持ちが強いだろう.今求めれられているのは,「共」領域を中心とした地域住民がお互いに啓蒙し支え合う「共助」の地域づくりである.それは狭い意味での住民だけの地域づくりではなく,現実的な取り組みとして行政との協働を前提とした住民主導の地域づくりを意味する.

2.「公共社会学」とは何か

冒頭に述べたように,「公共」という言葉は「私」領域に対して用いられてきたことから,経済学では市場メカニズムを補完する「公共」の重要性を強調する「公共経済学」が一つの学問領域を形成している[1].この「公共経済学」と対照的に論じるなら,「公共社会学」は「公共」についての現象を社会学する学問となる.しかし「公共」を「公」と「共」に分けて捉える本書の立場から

図1—4：従来の「公共」領域

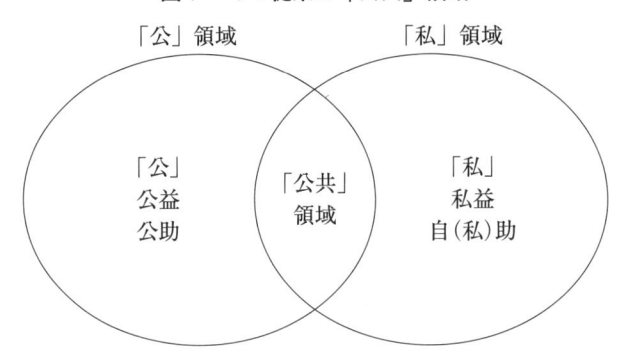

「公」領域　　　　「私」領域

「公」
公益
公助

「公共」
領域

「私」
私益
自(私)助

図1—5：「公共社会学」の分析対象

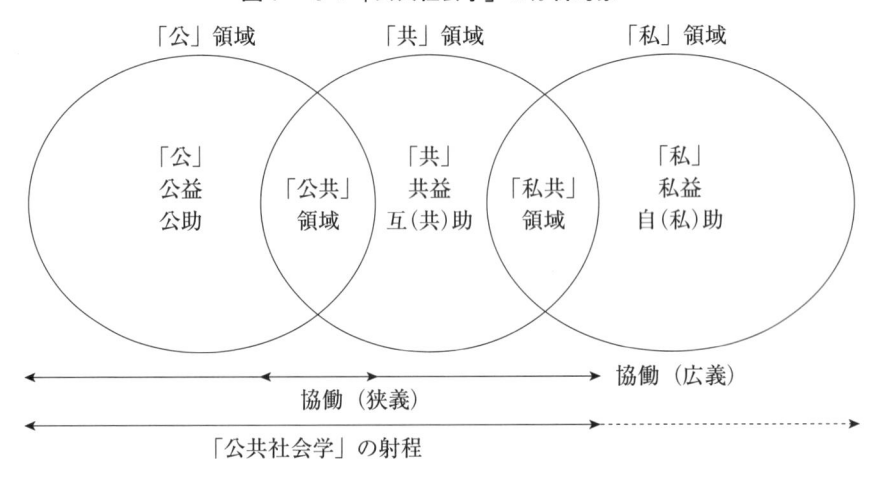

「公」領域　　「共」領域　　「私」領域

「公」
公益
公助

「公共」
領域

「共」
共益
互(共)助

「私共」
領域

「私」
私益
自(私)助

協働（狭義）
協働（広義）
「公共社会学」の射程

　すると，「公共社会学」は「公」と「共」各領域の社会について分析し，その両者の関係から望ましい社会の創出を目指す学問と言うことができる．本書ではその具体的な実践の場を地域づくりに求めている．「公共社会学」は特に「公」領域との関係に焦点を当てながら，「共助」の地域づくりを目指している．
　本来「共」領域は人間の共同生活圏の中核を形成していたが，「公」領域と「私」領域の間に挟まれそれが喪失しつつあることを繰り返し述べてきた．「公」と「共」の関係は，地域づくりでは市民（共）と行政（公）の協働とい

う言葉で盛んに言われるようになった．しかし実際にはむしろ「公」と「私」の協働のほうが先行し，「共」領域の存在価値が見失われている．こうなると「公」と「私」の両者重なるところが「公共」領域とされるだろう（図1—4：「従来の『公共』領域」参照）．ここでは「共」領域の独自性の意識は希薄である．これに対して「公共社会学」は「公」と「共」が重なる「公共」領域を協働領域（狭義）として扱うが，この両者のあり方（広義の協働領域）を「私」領域との関係にも配慮しながら分析するフレームワークをもつ（図1—5：「『公共社会学』の分析対象」参照）．

これまで「公共」を総体として捉えあいまいにされてきた「公」と「共」各領域を分け，その重なる範囲を「公共」領域と位置づける視点は「公」に対して「共」領域の独自性を強調する．ここに「公共社会学」の存在意義がある．地域住民から見ると，生活保障や福祉など市民の諸権利の領域と納税に代表される様々な義務の領域が「公」領域を構成する．ここは「公益」を求める行為が中心となる領域であるが，「共」領域は地域住民が同じ住民に働きかけ，地域社会の「共益」を求める行為の場である．この両者が重なる「公共」領域で，行政の市民に対する行為と市民の行政に対する行為が出会う．なお「共」と「私」が重なる領域は地域住民の「共益」と個人の「私益」が融合する場で，これは「企業市民」など私的な行為と地域住民の共同行為が出会う「私共(しきょう)」領域であるが，「私」がいくつも集まり「共」となる両者一体の「私共(わたしども)」領域でもある．広義には「公」と「共」各領域における社会的行為とその行為からつくられる社会集団や地域社会を，また狭義には「公共」領域における「公」「共」の相互関係を分析対象とする社会学が「公共社会学」である(2)．

3．「公共社会学」の使命

「公」と「私」の各領域によって狭められてきた「共」領域の復権をはかることが，「公共社会学」の使命の一つである．それはかつて市民のものであった「共」領域を再び取り戻すための理論的フレームワークを提供する．また実

践では,「公」と「共」各領域のバランスを考慮した地域づくりを目指す．これまで「公」と「私」の対比から「公共」領域として一括りにされてきた点に対して，本書はこの「公」と「私」各領域と「共」領域との対峙を明確にし，「公」と「共」が重なるところを「公共」領域として両者の望ましい関係を考察する．換言すればその実践は「公助」や「私助」に対して「共助」を強調するが，「共助」を中心に「公助」や「私助」の補完も得ながら地域づくりを進めることである．このうち「公助」と「共助」の相互関係に焦点をあてるとき，その具体的な取り組みが市民と行政の協働である．

　本書の「公共社会学」は地域社会における「公」と「共」の各領域，さらに「私」領域間のバランスを考慮した地域づくりを目指している．それはアカデミックな理論の裏づけを得ながら，その実践として一人ひとりの住民生活を向上させる地域をつくることを意味する．なお地域づくりは「まちづくり」や「むらづくり」のように，ひらがなで表記されることが多い．これは「まち」や「むら」と書くことで行政主導の硬いイメージを払拭し市民による地域づくりを強調するときに使われている．(3) この点で「公」と「共」の社会学は，市民中心の「共」領域の地域づくりの再生と創生を政策課題としている．

　以上述べたように「公共社会学」は「公共」について社会学する学問であり，それは「公」と「共」の各領域を峻別し，その両者の関係から望ましい社会を目指す学問である．その実践的な役割は「公」と「共」，すなわち市民と行政の協働による生活向上にある．同時にそれは「私」領域の存在を否定するものではなく，「公」領域との関係同様，「共」領域で不十分なところは「私」領域との補完関係，特に「共」と「私」の各領域が重なる「私共」領域に着目する．それは「私どもの○○」と言うときの所有意識が投影された場であり，これも「共」領域を構成する部分である．(4) 結局地域づくりとしての「公共社会学」は「共」領域を中心として「公」，「共」，「私」各領域のバランスのうえに成り立つ社会を志向している．次章以下，特に「公」と「共」の協働関係に焦点を当て「私」領域との関係にも配慮しながら，「共助」による地域づくりについて

考えたい．次章では，筆者自身の市民参加の体験を通して行政との協働について検討することにしよう．

注
（1） ちなみに「公共経済学」の定義は「市場機構がその解決に失敗する経済問題にかんする非市場的な社会の意思決定過程をあつかう」あるいは「公共財の供給量の決定，費用の負担の決定など」を対象にする経済学とされる（『経済学辞典』（大阪市立大学経済研究所編，1965年，380頁）．この「公共財」とは「公共部門が提供する財・サービス」であり，その特性として排除原則が成立しないこと，消費における非競合性とされる（同上，381頁）．ここでは「公共」の意味が自明のものとして扱われ，その意味が明確にされないまま定義されているように思われる．

（2） 「公共社会学」の定義は今だ十分確立されたものが見られない．アメリカ社会学で近年「公共社会学」（public sociology）について議論されたことがある（Burawoy, 2005：2006）．それは公衆との会話を促す社会学という程度の意味で捉えられた面もあるが，国家と市場の協働への拒否，政策，科学志向，より実質的な批判，社会への積極的な関与を目指す社会学でもあった（*ibid.*, 2007）．いずれも本書の「公」と「共」を区別し，「共」領域を強調しながら両者の関係を分析する定義とは異なる．しかしその実践志向は共通するだろう．なお日本でも，公共社会学を政策科学として捉える「公共政策の社会学」（武川，2007年）やその規範理論を深める立場（盛山，2006年）がある．本書の「公共社会学」はあくまでも身近な地域づくりという実践的な課題とその問題を解決するためのフレームワークを，「公」（行政）と「共」（市民）各領域の関係から捉える社会学を念頭に置いている．この意味で，それは「地域づくりとしての公共社会学」である．

（3） 本書は「地域づくり」という表記を使うが，地域社会の特性に着目するときにはそれぞれ「まちづくり」や「むらづくり」の表記を用いることにする．なお市民や住民による地域づくりについて，市民では権利・義務関係を，住民ではその地域性を強調するとき，両者を区別して本書では表記している．

（4） かつて村落で地域住民が共同使用した井戸や集会所などは，こうした「私ども」意識が表れた施設と言えよう．それは個人の所有意識と集団の共有意識が融合している．しかし公園や公道と言うとき，そこには「共」の意味も含まれるが，その管理は国立や県立，市立の各公園，国道や県道，市道のように国や県，市で，地域住民の共有意識はそれほど強くないと言えよう．

第2章 市民参加のケーススタディ
　　　　　—さいたま市の地域づくり

1　市民懇話会への参加

1．市民参加の歩み

　さいたま市は平成13（2001）年5月に旧浦和・大宮・与野の3市が合併して誕生した．また平成15年4月には全国で13番目の政令指定都市に移行し，西区，北区，大宮区，見沼区，中央区，桜区，浦和区，南区，緑区の9つの行政区ができた(1)．さらに平成17年4月には旧岩槻市を吸収合併し，岩槻区を加え10の区をもつ人口120万人の大都市になった（人口約1,201,700人，平成19年12月現在）．この合併に多くの市民が賛同したわけではない．旧大宮市では住民投票のない合併に対して，「行政サービスが低下した」という声が今なお小さくない．このような状況で合併後のまちづくりに市民の声を反映させるため，9つの区に公募委員から成る市民懇話会が設けられた．

　合併間もない一連のさいたま市のまちづくりを三段階に分けると，この懇話会は最初のホップの位置を占めるだろう（図2—1：「さいたま市の市民参加のまちづくり」参照）．これは筆者自身のまちづくりへの関与のプロセスでもある．懇話会から代表として審議会の委員になり，総合振興計画の策定に参加した段階はステップになる．これは公募委員として審議会に参加し計画について意見を述べるのではなく，事前に市民意見を集約する組織をつくりその代表が審議会の委員として参加するものであった．このような地域づくりへの市民参加はどの自治体でも増えているが，それらの多くは行政主導の住民参加と言えよう．

　こうしてさいたま市の総合振興計画の「素案」が策定され，政令指定都市として区制になると，今度は各区ごとに市民と行政の協働組織として区民会議が設けられた．筆者は見沼区からの要請に応じて区民会議の委員として参加した．

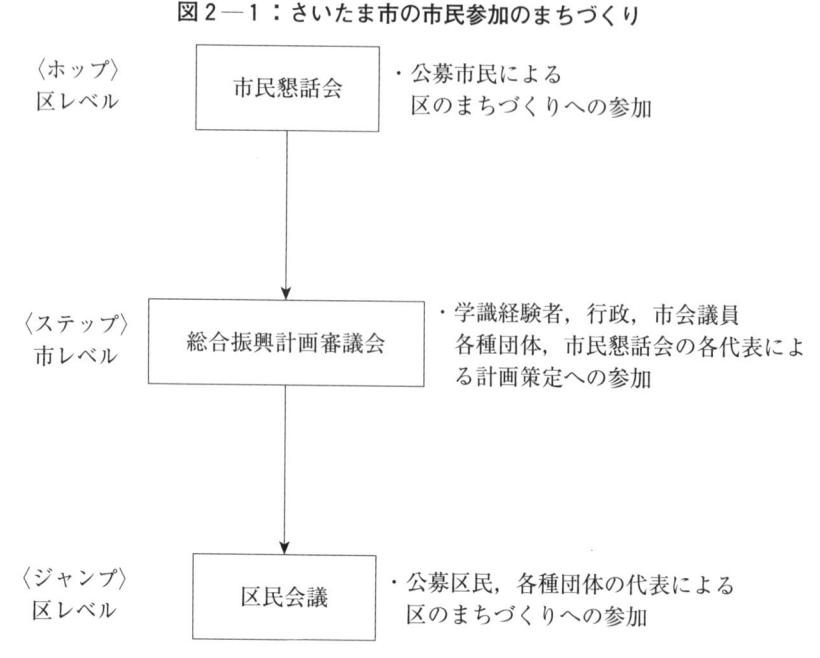

図2－1：さいたま市の市民参加のまちづくり

〈ホップ〉
区レベル　　　市民懇話会　　・公募市民による
　　　　　　　　　　　　　　　区のまちづくりへの参加

〈ステップ〉
市レベル　　総合振興計画審議会　・学識経験者，行政，市会議員
　　　　　　　　　　　　　　　　　各種団体，市民懇話会の各代表によ
　　　　　　　　　　　　　　　　　る計画策定への参加

〈ジャンプ〉
区レベル　　　区民会議　　・公募区民，各種団体の代表による
　　　　　　　　　　　　　　区のまちづくりへの参加

この段階でようやく新しい市の構想と計画が決まり，区ごとのまちづくりが始まる．一市民としてまちづくりの参加体験と重ね合わせると，この区民会議の取り組みはジャンプの段階に位置するだろう．それは新市と市民の協働によるまちづくりであった．以下，筆者が直接関わった5年近い体験（市民懇話会約半年，審議会約2年，区民会議約2年）を紹介しながら，市がこれまで公開してきた報告書では伺い知れない事実と問題点，課題を指摘し，市民と行政の協働による地域づくりについて考えたい．

2．市民懇話会とは何か

市民懇話会の参加者が市の広報誌「市報さいたま」を通して募集されたのは平成13（2001）年の11月であった．その条件は地区のまちづくりについて応募用紙に意見を述べることである．当時まだ政令指定都市になる前で正式な区名がないためAからIまでアルファベットで呼称され，筆者の居住区はD地区

(現在の見沼区)であった．その応募要領には市民懇話会が次のように記されている．「この懇話会は，地区の特色あるまちづくり，そのために必要な方策，これからのさいたま市のめざすべき方向などについて話し合い，総合振興計画の素案作成に対して提案を行うことを目的としています」．こうして政令市を目指した区別のまちづくりが始まった．

これは従来からあった住民参加型のまちづくりと同じであるが，特筆されるのは各区の懇話会から一人が市の総合振興計画審議会の委員として参加することにあった．この点は当初の応募段階でも告知されていた．懇話会は総合振興計画の「素案の素案」をつくるための住民組織と言える．筆者は何よりも学識経験者としてではなく，一市民として地域住民と同じ視線でまちづくりに参加したいと思い，この懇話会の委員に応募した．こうして12月各地区ごとに委員が決定した．これは区のまちづくりの方向を市民自身の手で打ち出す試みであったが，同時にそれは行政による協働の始まりと言ってもよかった．

市民懇話会の正式名称は「さいたま市総合振興計画市民懇話会」である．その目的は設置要綱第1条で，「さいたま市総合振興計画の策定にあたり，市民意見等の計画内容への反映を図るため，さいたま市総合振興計画市民懇話会を設置する」とされている．懇話会の議事録はホームページで公開された[2]．最終目標は各区のまちづくりの青写真を描くことにあった．そのため何が現在問題になっているのか，その問題点から課題を抽出し解決策を見出していくために議論されたが，それは限られた時間の中で進められた．

3．活動内容と提言

▷組織の発足

平成14（2002）年1月第1回の市民懇話会が市内で開催された[3]．この全体会は全委員が一同に会する場であった．議題は「懇話会の趣旨，今後の進め方等について」で，まず全体の説明がされた後「まちづくりと市民参加について」をテーマに基調講演があった．その後「懇話会の進め方」の説明があり，「講

演内容についての質疑応答」,「各地区別の会員紹介」があった[4].懇話会の取り組みはまちづくりへの市民参加,換言すれば,より意思決定を明確にした市民参画を促す試みと言えるだろう.

　この全体会で一部の委員から「行政主導でない,コンサルタントを使わない市民中心の議事進行をすべきだ」という意見もあったが,そのまま議事が進められた.今でも忘れられないのは「講演内容についての質疑応答」で「講演で示された市民参加が机上のプランではないか」という指摘である.市民と行政の協働について考えてきた筆者にとって,他人事ではない痛い指摘であった.これから実際に協働をどう実践していくかが重い課題として突きつけられたように思われた.

　第2回目から各区ごとに分かれ,まちづくりの議論が始まった.D地区の懇話会も当初からコンサルタントが司会をする中で進められた.この業者の利用は市があらかじめ決めていたことで,他の地区でも自前のまちづくりを考えていた市民から反発を買ったところがあった.実際効率的な運営をするため,コンサルタントに外部委託をすることが多い.いろいろな意見が出る中で市民が議長として全体をまとめることは大変で,この点コンサルタントはそれなりの役割を果たしていたと言えよう[5].しかし地域づくりはこうした会議の運営自体から手づくりであることが望ましい.市民が司会をし議事録も自ら作成することが理想であるが,この種の業務は事務局に任せるのが一般的である.

▷ 具体的な活動

　以下,市民懇話会の活動内容を筆者の所属したD地区(見沼区)を中心に述べることにする.第2回の活動は平成14(2002)年1月にあった(場所は「旧大宮総合行政センター」,毎回土曜日開催).そのテーマは「地区の現況と問題点の把握」で,まず自らの地区の現状を知り問題点を列挙する作業を始めた.2月開催の第3回のテーマは「まちづくりの課題の整理」および「課題解決に向けた地区づくりのポイント」であった.そこでは問題点を受け課題を整理し,どれを優先して処理していくべきかが話し合われた.参考までに筆者はD地区

の現状と課題相互の関連を示した「特性要因図」を資料として提出し，議論のたたき台にしてもらった（巻末資料2－1：資料「『D地区のまちづくり』の特性要因図」参照）．これを基に課題の優先順位を挙手して決めた．その内容を整理すると，都市基盤の整備（ハード），自然環境の整備（ハード），社会環境の整備（ソフト・ヒューマン）に大別される（表2－1：「課題解決に向けたD地区のまちづくりのポイント」参照）．

　3月開催の第4回目は「地区の将来像の検討」と「『懇話会からの提案』に盛り込む内容の検討」がテーマであった．ここでは分野別の目標を話し合い，以下のような目標が確認された．都市基盤のうち交通アクセスでは「コミュニティ・アクセスの実現」，生活インフラでは「人間と自然にやさしい生活基盤づくり」，自然環境のうち見沼の自然では「見沼の水と緑を活かしたコミュニティ拠点づくり」，土地利用では「土地利用計画への住民参加」，社会環境のうち地区住民の交流では「コミュニティ・アイデンティティの形成と多方面の交流の実現」，コミュニティ活動では「市民意識の向上と情報拠点づくり」が指摘された．地区の将来像では「見沼の自然との共存」などいくつかキーワードが出たが，この段階ではまだまとまらなかった．こうしてD地区のまちづくりの問題と課題が整理され，どういう方向に進むべきか，最終提案に向けてまとめる段階を迎えた．

　提案書の概要を固めたのは4月開催の第5回のときであった．テーマは「懇話会からの提案」である[6]．自然環境との共存では「見沼と生きる」を，また都市環境づくりでは「動きやすいまち」を，さらに生活環境の整備では「人とふれあう」を，それぞれ将来像とするかどうか議論した．こうして最終的な内容を提案書として提出し，各懇話会が集まる全体会で発表することになった．最後の活動となった第6回目の全体会は5月上旬開催された．当日は提案書の提出，市長のあいさつ，提案発表，講評があった[7]．各地区からの報告を通して，改めて懇話会で熱心に議論された内容が伝わってきた．

表2−1：課題解決に向けたD地区のまちづくりのポイント

Ⅰ：都市基盤の整備（ハード中心）
　①交通アクセス（拠点整備）
　　―市役所（駅）を中心とした拠点整備・交通アクセスの整備
　　　「拠点づくり」，「公共交通機関」，「区役所周辺の交通問題」，「区役所」，
　　　「自治医大の駐車場」
　②道路整備
　　―拠点（区役所，駅）を中心とした幹線，支線の整備
　　　「道路全体」，「生活道路」，「大和田駅前，七里駅の問題」，「上下水道整備」，
　　　「ガス」，「情報システム」

Ⅱ：自然環境の整備（ハード中心）
　③見沼の緑
　　―自然環境を守る．人間と自然との共存
　　　「見沼田んぼ」，「見沼の保全の方法・しくみ」，「緑のためのハード施設」
　　　「緑のためのソフトのしくみ」
　④土地（農地）の利用計画
　　―農地，宅地，河川，雑木林
　　　「農地の保全」，「宅地開発における配慮」，「雑木林の保全管理」，
　　　「河川保全・活用」

Ⅲ：社会環境の整備（ソフト・ヒューマン中心）
　⑤地区住民の交流
　　―地区内の住民の相互交流
　　　「交流」，「シンボル」，「大学と地域の交流」
　⑥コミュニティ活動
　　―地区の生活に密着した住民主体の活動を促進する．
　　　「コミュニティ」，「バリアフリー」，「治安」，「図書館」，「保育」，「医療と
　　　福祉」「ゴミ」

注：各項目「　」は巻末資料2−1の特性要因図の問題群に対応

4．問題点と課題

▷ 一般市民の参加

　この市民懇話会には259人の応募があり，最終的に108人が男女・年代別に抽選で決まった．しかし筆者が委員となったD地区には学生が4人いた．本来地域別に定住者を優先して入れるべきであった．D地区の委員12人のうち4人は

割合から言えば多い.[8] 10代から50代までと60代以上で男女一人ずつにすれば,合計12人になる.ここには年代別の人選が抜け落ちている.しかし年齢を見ると60代と70代が多く,職種ではサラリーマンや働く女性は少ない.結局時間に余裕のある自由業の人が多かった.サラリーマンでも社長など自分である程度時間をつくることができる人に限られる.

　市民参加という言葉が多く使われるが,そもそもこの市民とはいった誰をさすのか.結局他の懇話会に応募した市民も,60代以上の時間に余裕のある自由業の人が多かったように思われる.特に建築設計の事務所を経営する人,また自治会の会長や副会長,そのOBあるいは第一線を退いた高齢者の参加が目立った.D地区の懇話会は土曜日に開催されたが,審議会は通常平日の昼間にあり,仕事のある人が参加することはまず無理である.各種団体の代表者はその組織の専従者で,結局組織の拘束を受けない人しか参加できないのが現状であろう.普通の市民がまだまだ参加できる状況にはない.この点,東京都三鷹市で住民参加のまちづくりを進めてきた「みたか市民プラン21会議」ではいくつかの分科会を昼と夜設け,普通の市民が参加しやすい状況をつくりだしてきたのは好ましい事例と言えよう.

　この種の委員になる特典は何であろうか.薄謝の謝金は別にして,何よりも一般市民より多くの情報(口頭情報,紙情報)を入手できる点にあるのではないだろうか.この点建築設計コンサルタントなどが公募委員に多い理由も理解される.そこには市の様々な計画を自分たちのビジネスチャンスに活かしたいという意図もあるだろう.計画プランナーの参加が多いのは組織に拘束されない分,時間が自由になることに加え,理想的な都市計画を提示したいという気持ちから,それだけまちづくりへの関心が普通の人よりも高いと言えるかもしれない.しかし委員になることでいち早くまちづくりに関する情報を入手できるため,それをビジネス化するチャンスが同業他社より多く有利な立場に立てるように思える.偏りがない参加という点で,一般市民がより多く参加できる環境を整えるべきである.

▷市民活動の難しさ

　普通の市民によって行われる活動とはどういうものなのか．市民懇話会の議事進行はコンサルタントが仕切ることで，市民の主体性がきわめて希薄であった印象が拭い切れない．たとえ不慣れであっても，市民がお互いに協力して会議を運営すべきであったように思う．先に述べた5月上旬にあった各地区からの提案書の発表会は，まるで都市計画プランナーのプレゼンテーションの場，あるいは都市計画専攻学生による研究報告の場であったと言ってもよい．9つの地区のうち，プレゼンテーション用ソフト（パワーポイント）を使わなかったのは一地区だけであった．

　カラフルな図と視覚に訴える手法は一般に普及しているとは言え，まだ普通の市民で用意できるものではないだろう．逆に視覚機器を使わず，たんたんと発表された主婦と10年も旧浦和市に住んでいるという「中国人市民代表会議」を提唱した外国人の発表が筆者の印象に残った．最新の都市計画の言葉を盛り込んだプレゼンテーションよりも，主婦や普通の市民が自分たちの言葉で語る提案のほうが説得力があったのは何故であろうか．こうした素朴な一般市民の声に耳を傾けることを忘れてはならない．私たちはどうしてもはやりの先端的なカタカナ言葉や「声の大きい人」の意見につい耳を傾けてしまう．そういう言葉は響きもよく，また実際声も大きいため耳に残りやすいだろう．しかし地域づくりでは，一般市民の「声なき声」を聞くことが肝要である．

　市民活動とはごく普通の市民の行動に基づくものではないのか．NGOやNPOの意見が「NGOエリート」や「NPOエリート」の声になっていることも少なくない．政治や軍事，経済に加えマスコミが「第四の権力」と言われてきたが（Halberstam, 1979），市民セクターの力が急速に増大する中，NGOの力が政府や国際機関にまで影響力を行使している．本来市民の中から生まれた組織や代表が，しだいにプロ化することで市民からかけ離れ「第五の権力」になろうとしている．ある程度の勢力をもたないと，大きな権力に対抗できないことは間違いないだろう．しかしそのためにプロ化やセミプロ化した組織や人に

よって普通の人が参加できない市民活動が進められるなら，それは本末転倒であろう．市民の主体性を引き出す啓蒙活動まで否定しないが，一般市民の活動こそ地域づくりの原点である．

注
（1） 政令指定都市は地方自治法では「政令で指定する人口50万人以上の市」とされるが，一般的には1．人口100万人程度であること，2．人口密度が2,000人／km^{2}であること，3．第一次産業就業人口比率が全就業人口比率の10%以下であること，4．県からの移譲事務を適正かつ能率的に処理できる能力など，大都市の経営に対応できる行財政能力が備わっていること，5．都市的形態・機能を備えていること，6．行政区を設置し，区の事務を処理する体制（区役所）が実質的に整っていること，7．政令指定都市移行について，県と市の意見が一致していることが要件とされる（さいたま市政令指定都市準備室，2001年「政令指定都市を目指して」）．政令市移行によって，県が処理することとされる民生行政，保健衛生，都市計画などに関する事務を処理することができ（事務配分上の特例），知事の承認，許可，認可などの関与を必要としている事務についてその関与をなくし，あるいは直接主務大臣の関与になる（行政関与上の特例），区を設置することができ（行政組織上の特例），国や県からの財源の譲与や交付金・支出金についての増額措置がとれる（財政上の特例）．
（2） 議事録の多くは概要を記した要点筆記で，これは記録として残すとき意見のニュアンスが伝わらないことが往々にしてある．視点を変えると都合のいいところだけが記録として残り，具合の悪いところは微妙に表現を変えることも散見される．なおこの点県議会や市町村議会では，議事録を要点筆記てはなくすべて逐語的に残すところ（全部筆記）もある．もっともすべて議事録は出席者に後日送付され，修正があれば修正する仕組みがとられているので，後で議事録を確認するときには注意して見なければならない．それでも忙しいときにはきちんとチェックできないため，誤った記録を見逃すこともあるだろう．少なくとも自分の発言だけはきちんとチェックしたい．これは筆者が審議会や他の会議でも経験したことである．
（3） なお委員宛に事前配布された資料は，第1回全体会説明資料「総合振興計画策定に関わる市民懇話会について」，合併後の新市のビジョン（将来像・目標）を示した「新市建設計画」（将来像は「21世紀をリードするみどりの広域交流・生活文化都市」），「さいたま市行政区画審議会答申マップ」，「さいたま市ガイドマップ」であった．
（4） 「さいたま市民会館うらわ」で開催された全体会の基調講演は，市内にキャ

ンパスをもつ大学の教授（都市計画）が「これからの街づくり・環境づくりに公民協働の果たす役割」というタイトルで行った．「地域の自立・自助」，「地域の環境づくり」，「大規模公共事業の評価」，「地域活性化」，「循環型社会の実現」という点で公民協働が広がり，さいたま市でも市民懇話会がこの公民協働の大きな契機になる点，地域の問題を市民自らの手で解決しながら街づくりを進める重要性が強調された．またそのスキーム（仕組み）として情報開示，行政サービスの質的向上，市民活動団体への支援措置を通した公共セクター（市役所）との地域づくり，行政サービスの補完，組織的求心力を担う民間セクター（市民・企業）が協力するスパイラル的発展を唱えた．その具体的な優良事例として地域の緑地管理では港北ニュータウン，地域の水系管理では多摩ニュータウン，中心市街地の活性化では早稲田商店街が紹介された．しかし，さいたま市の公民協働の取り組みは三市の対等合併でできた市だけに難しい印象をもった．またハード中心の講演内容であったため，ソフト，ヒューマン面の地域づくりに関心をもつ筆者には具体的な協働の指摘が足りないように思われた．

（5） 実質的なスタートとなった第2回目の懇話会に学内業務で出席できなかったため，筆者は事前に「KJ法」（問題整理の手法）による問題点の指摘をすることから始めてはどうかという提案をした．実際コンサルタントの主導で，これに沿った議論がされたようである．

（6） D地区の委員の中には学生が4人もいてフレッシュなアイデアが期待されたが，学生生活の期間だけあるいはたまたま同じ区に大学があるというだけで都市計画のプランを出してくるのはどうであろうか．もちろんそれは教育の実習（インターンシップ）として一定の意味をもつとしても，卒業すればどこに住むかわからない学生に考えさせるよりも，長く地元に住む人の考えを入れるべきであるというのが筆者の率直な感想であった．

（7） 第6回の全体会は「さいたま市民会館おおみや」であった．各区の提案書について，市民懇話会発足時の全体会で基調講演をした地元の大学の先生がコメントした．

（8） 全体会で基調講演をした先生のゼミの学生が入っていたのが当初から気になっていた．

2　総合振興計画審議会への参加

1．総合振興計画の概要

▷ 計画の三層構造──────────────

　さいたま市は当初から旧浦和，大宮，与野市との合併効果を活かした政令指定都市を目指していた．その青写真が「さいたま市総合振興計画」である．これは基本構想，基本計画，実施計画から構成される（図2—2：「基本構想，基本計画，実施計画の三層構造」参照）．一般に地域総合計画は期間および内容別に三層構造をもっている．基本構想は基本理念や将来像，施策展開の方向を，基本計画は施策展開の目標（政策目標）や分野別計画を，実施計画は基本戦略や計画の事業を明らかにする．なお「市町村は，その事務を処理するに当たっては，議会の議決を経てその地域における総合的かつ計画的な行政の運営を図るための基本構想を定め，これに即して行うようにしなければならない」という地方自治法第2条第4項に基づき，基本構想は議決事項となっている．

　さいたま市の基本構想，基本計画，実施計画の期間を見ると，まちづくりの基本理念と目指すべき将来都市像に加え，行政施策の大綱（あらまし）を示し

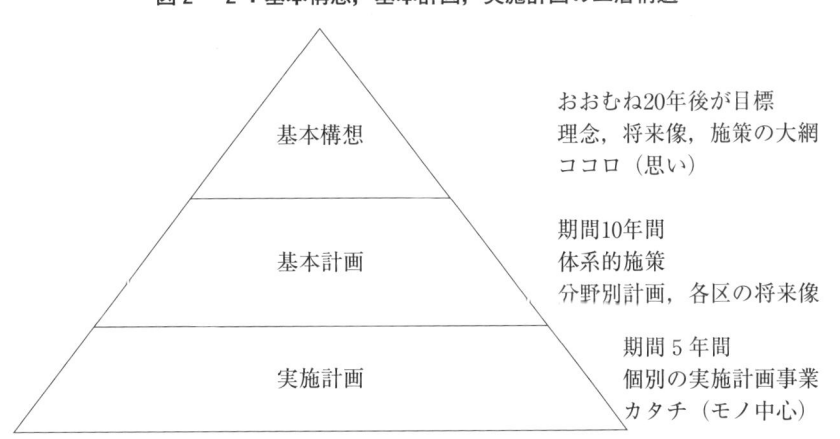

図2—2：基本構想，基本計画，実施計画の三層構造

基本構想
　おおむね20年後が目標
　理念，将来像，施策の大網
　ココロ（思い）

基本計画
　期間10年間
　体系的施策
　分野別計画，各区の将来像

実施計画
　期間5年間
　個別の実施計画事業
　カタチ（モノ中心）

た基本構想ではおおむね20年後の平成32（2020）年度が目標年となった．またこの構想に基づき各行政分野の施策を総合的かつ体系的に示す基本計画は，平成16年度から平成25年度の10年間の長期計画である．さらにこの基本計画で定められた施策を展開する個別の事業を示す実施計画は平成16年度から平成20年度の5年間の中期計画となっている(1)．この三層構造の内容をさらに詳しく見ると，以下のとおりである．

　基本構想の理念は都市のあり方やその基幹となる考え，将来像は基本理念に基づき目指すべき実現可能な都市像，施策展開の方向は基本理念と将来像に基づく施策の方向性を述べたもので，言わば「～であるべき」というゾルレン（sollen）のレベルを示している．その前提として地域社会をめぐる国際化や情報化，高齢化など社会全体の動向という外部環境および人口と世帯数，都市構造（都市軸，土地利用ゾーン，拠点地域）など地域社会の内部環境の分析が行われる．また基本構想を「～である」というザイン（sein）のレベルにするため，基本計画では地域らしさ（地域固有の資源）を分析し，将来の都市像に応じた目標（政策目標）が提示される．この段階で具体的な数値目標を示す場合もある．さいたま市では施策展開の方法論として，市民と行政の協働や行財政運営のあり方が述べられ，次に分野別計画として整備推進項目が盛り込まれる．さらに実施計画では，地域らしさの事業化を前提として，基本計画の施策展開の方法を具体化する基本戦略，分野別計画を実現する担当部署の事業と事業実施年を示す実施計画事業が示される．

▷ **策定の流れ**

　総合振興計画策定の流れは図2−3のとおりである（図2−3：「総合振興計画策定の流れ」参照）．

2．基本構想 ■

▷ **構想策定の組織**

　基本構想の議論は総合振興計画審議会の基本構想策定部会で行われた．審議

第 2 章 市民参加のケーススタディ

図 2 ― 3：総合振興計画策定の流れ

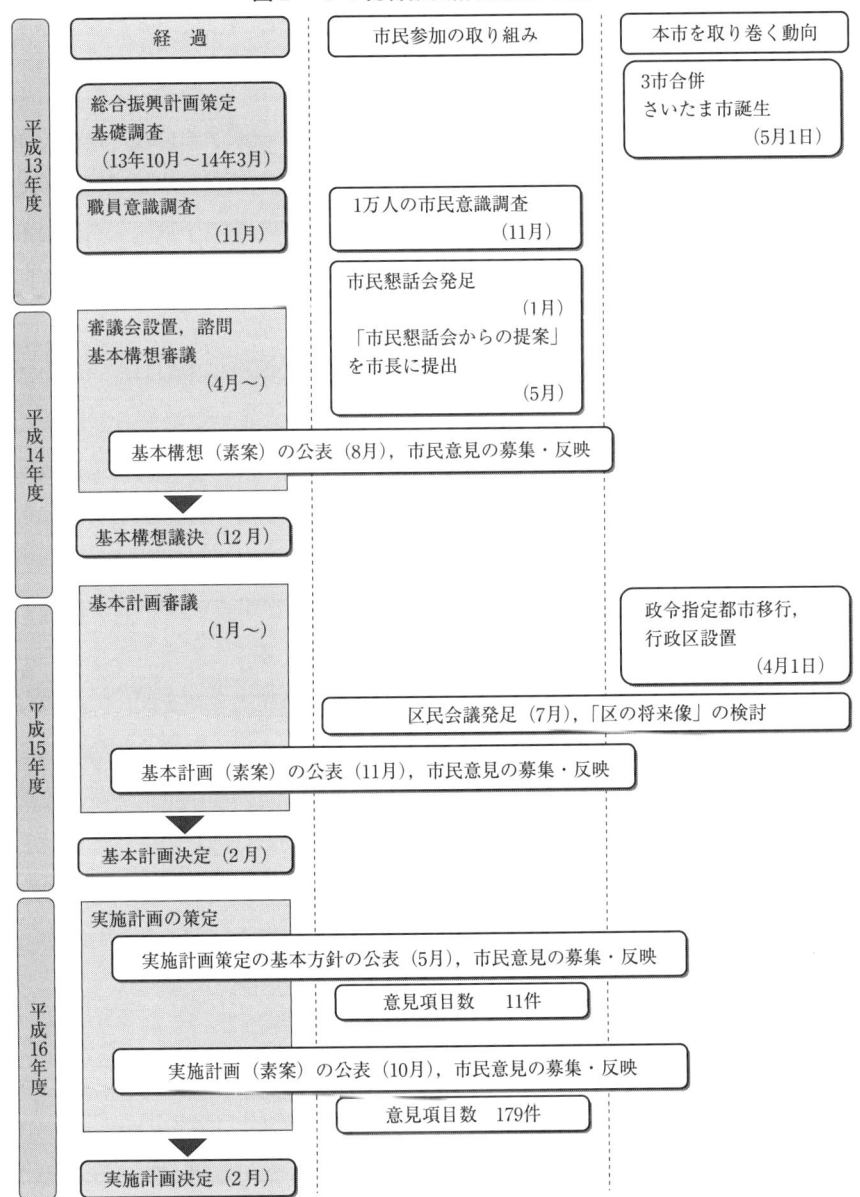

年度	経過	市民参加の取り組み	本市を取り巻く動向
平成13年度	総合振興計画策定基礎調査（13年10月～14年3月） 職員意識調査（11月）	1万人の市民意識調査（11月） 市民懇話会発足（1月） 「市民懇話会からの提案」を市長に提出（5月）	3市合併 さいたま市誕生（5月1日）
平成14年度	審議会設置，諮問 基本構想審議（4月～） 基本構想（素案）の公表（8月），市民意見の募集・反映 基本構想議決（12月）		
平成15年度	基本計画審議（1月～） 基本計画（素案）の公表（11月），市民意見の募集・反映 基本計画決定（2月）	区民会議発足（7月），「区の将来像」の検討	政令指定都市移行，行政区設置（4月1日）
平成16年度	実施計画の策定 実施計画策定の基本方針の公表（5月），市民意見の募集・反映 意見項目数　11件 実施計画（素案）の公表（10月），市民意見の募集・反映 意見項目数　179件 実施計画決定（2月）		

出所：『さいたま市希望(ゆめ)のまちプラン（総合振興計画・実施計画）』（2005年）

会の全体会は平成14（2002）年4月から始まったが，それ以前（同月）に先に述べた市民懇話会の代表者が集まる事前打合せがあった．事務局から懇話会の代表委員が何人かに分かれ基本構想策定部会と専門部会（総務部会，教育市民部会，環境経済部会，保健福祉部会，都市開発部会，建設水道部会）に入る提案があった．これに対して委員予定者の中からいくつか不満の意見が出た．それは「市民代表は特に専門があるわけではないので，むしろ全員が基本構想策定部会に入るべきだ」という意見である．この事前打合せに参加した者が皆同じような意見を述べたので，結局市で検討することになった[2]．

第1回の審議会全体会でも，他の委員から複数の委員会に参加したいとの意見があった．これは基本構想策定部会の位置づけが大きいと理解されたこと，また自分がどの専門部会に入るのか，基本構想というココロのレベルで発言できなくなる不安が様々な意見となって噴出したように思われる．基本構想は全体のココロにあたり，理念，基本方針・方向（将来像）は地域住民の「思い」に当たるものであろう．その「思い」を具体的なカタチにするレベルが計画で，分野別計画や各地域別計画はそのカタチの骨組みになるものと言える．

結局審議会会長の意見もあり，事務局で各委員に所属の希望を聞いて調整し，複数の部会への参加が可能となった．6月に開催された第2回の全体会で，各委員の希望を勘案して専門部会の委員指名があった．この結果市民懇話会代表者全員9名が基本構想策定部会に入り，また各自の関心に応じて専門部会にも所属することができた．このように構想と計画の両レベルで一般市民の参加が実現できたことは，住民参画型の地域づくりとして大きな前進であった．この点は市の事務局の英断に感謝したい．

▷ 構想策定の経過

（市民参加のスタート）

以下基本構想策定部会の活動を中心に全体会の動向にもふれながら，市民がどのようにして計画づくりに参加（参画）したのか，その経過を述べることにしたい（巻末資料2—2：「審議会開催概要」参照）．第1回の審議会全体会は平

成14（2002）年4月に開催され，市長から各委員へ委嘱状の交付（委嘱式）があった．委員は審議会の条例により50人以内をもって構成された（「さいたま市総合振興計画審議会条例」，平成14年4月1日施行）．学識経験を有する者8名，市議会の議員8名，関係団体の代表者21名，市民代表者9名，関係行政機関の職員1名，市職員3名が委員である．このうち市民代表者9名が市民懇話会の委員で，関係行政機関の職員は県の総合政策部地域政策局長（当時），市職員は3名の助役である[3]．こうして改めて市民懇話会の各地区代表者が，基本構想策定部会に入ることが承認された[4]．

この全体会では，計画策定の流れと審議会の日程（案）について説明があった．総合振興計画は「長期総合ビジョン（仮称）」と「5カ年計画（仮称）」から構成され，このうち審議会で議論するのは「長期総合ビジョン（仮称）」の基本構想と基本計画であった．さらに，この計画策定のため市が実施した『基礎調査報告書』（平成14年3月）と，『市民意識調査報告書』（平成14年3月）の紹介があった．前者は広域的に見たさいたま市の位置づけ，地域構造，将来人口の推計などの報告書で，後者は市民1万人を対象にした意識調査の報告書である．これらは市で閲覧でき，後者の報告書は市のインターネットのホームページでも公開された．意見交換では，基本計画の専門部会の開催をできるだけ早くしてほしいという要望，基本構想策定部会に入らない委員にも何らかのかたちで参加する機会（傍聴等）を設けてほしいという希望があった．

第1回目の基本構想策定部会（委員18名）は同年5月に開催され，部会長選出の後事務局から基本構想の構成（目的と期間，さいたま市の将来像，将来像の実現に向けた基本戦略，施策展開の方向）について説明があった[5]．ここでもコンサルタントが基礎資料づくりに関わっていた．たたき台がないと議論できないことはわかるが，市職員が自前でつくるようにしないと，議事次第などの会議資料の作成はできても，いつまでたってもこの種の構想力や計画力の「力」はつかないだろう[6]．さらに財政事情厳しい折，こうした外部委託（アウトソーシング）が望ましいのかどうかも考える必要がある[7]．

（基本構想の素案作成）

　第1回基本構想策定部会では，市民懇話会からの提案が将来像・地区づくりのポイントとして示された．千葉市や川崎市など他の政令指定都市の将来像と目標年次や基本理念，基本目標，都市像なども紹介された．なお三市が合併する際，合併協議会が策定した合併の必要性や市の概況，主要指標の見通しを述べた「新市建設計画」（平成12年8月）の紹介もあった．これは「21世紀をリードする緑の広域交流・生活文化都市」を新市の将来像とするもので，都市では「広域交流都市の形成」と「持続的活力都市の形成」が，市民生活では「生活文化都市の形成」と「環境共生都市の形成」が基本目標であった．

　第2回も5月に開催され，基本構想の骨子案について事務局から説明があり，意見交換が行われた．さいたま市の将来イメージと将来都市像のキーワードが前回の意見や市民懇話会の提案書から抽出され，議論の参考資料として示された．このとき，筆者は市民参加（協働）は手段であって目的ではなく，パートナーシップにはオーナーシップという「自分たちのまち」という所有意識が必要な点，また市民参加は「計画」（plan）レベルだけでなく，「実施」（do）と「評価」（see）のレベルでも必要なことを述べた．この他構想は10年以上先を目標にするが，必ずしも期間にこだわる必要はないという意見もあった．

　審議が先行している基本構想の骨子案を部会長が説明する第2回の審議会全体会が6月に開催された．この後第1回の各専門部会が開かれ，筆者は総務専門部会に参加した．部会長選出の後，基本構想の骨子案に対し専門部会として「新市建設計画」も参考にしながら意見交換を行った．しかし，そもそもこの総務専門部会は他の部会と異なり，国の総務省同様名前からその所管事項がわかりにくいため，まずその担務を明らかにしてほしいという意見があった．市の「審議会各部会の所掌事務について」の資料によれば，「広報，情報化，政令指定都市化に関すること．行政管理，統計，情報公開，防災，人権及び同和対策に関すること．財政，市税，財産管理，用地取得に関すること．消防に関すること．他の部会の所管に属さない事項に関すること」が総務部会の管轄で

あった．

▷ 基本構想の決定

　第3回の基本構想策定部会も6月に開催され，基本構想を公表する素案について説明があった．このとき先の審議会全体会の後で議論した各専門部会で出た個別テーマを踏まえ，基本構想（骨子案）に対する意見や入れるべき要望を示した意見書が出された．それを受け事務局から市報で公表する素案について提案があった．総務部会からは都市イメージの確立で合併都市として市民が一体感をもつこと，教育市民部会と保健福祉部会の合同会議からはまちづくりの主体は市民であり，「全市民が一体となって活動するための環境づくり」や「男女共同参画社会」の提唱，環境経済部会と都市開発部会，建設水道部会の合議からは施策展開にあたり，新しいハードの施設をつくるよりも市民による維持管理・運営を含め既存施設の活用が指摘された．また改めて構想策定部会でも，市民と行政の協働と言っても，それぞれが役割と責任を明確にすることが望ましいという意見を出した．

　7月には第3回の審議会全体会が開催され基本構想公表の素案を承認し，市民向けに公表することになった．これは8月の市報の折り込みで市民に告知された．パブリックコメントは広く市民の声を行政に反映させる仕組みであるが，今回は総合振興計画という特定のテーマに基づく意見集約であった．基本構想（素案）に対する意見・感想が郵送，ファックス，直接持参の方式で行われ，全部で114人からあった．(11)「『市民と行政の協働』では行政の責任があいまいである」，「市民参加の道筋をつけるため具体的に提示する必要がある」，「『東日本の交流拠点都市』は現実的ではない」，「『持続可能な都市づくり』の具体的なイメージがわからない」などの意見があった．

　10月の第4回基本構想策定部会では，基本構想（素案）に対する市民意見をどう反映させるかについて事務局から提案があり，これを受け基本構想（素案）の修正版について意見交換を行った．こうした議論を踏まえ，同月第4回の審議会全体会で，基本構想策定部会長が市民意見を受けた基本構想（素案）

の修正版について説明をした．このとき「行政評価の仕組みや民間資金を活用した社会資本整備であるPFI（Private Finance Initiative）の記述については慎重であるべきだ」という意見も出た．いろいろな議論もあったが基本構想策定部会での検討を尊重し，白熱した議論は議事録に残して次の基本計画に活かしたいとの会長のまとめで議論は終了した．休憩の後，審議会会長から市長に基本構想（案）が答申された[12]（巻末資料2-3：「さいたま市の都市づくりの基本理念と将来都市像（基本構想）」参照）．平成14（2002）年12月の市議会定例会の議案として出された「基本構想」は議決され，市民に市報で告知された．

3．基本計画

▷ 専門部会の組織と計画の内容 ─────────────

　審議会の専門部会には総務専門部会（委員8名），教育市民専門部会（委員8名），環境経済専門部会（委員8名），保健福祉専門部会（委員6名），都市開発専門部会（委員11名），建設水道専門部会（委員5名）があった（複数所属委員も含む）．この各部会の構成は市議会の委員会に対応した組織であった．この点「始めに組織ありき」の考えではなく，生活分野別の組織が望ましいように思われる．市役所の所管部署別に見ると，総務部会は総合政策部，総務部，財政部，総合行政センター，消防本部他，教育市民部会は市民文化部，教育委員会，環境経済部会は経済部，環境部，農業委員会，保健福祉部会は福祉部，保健衛生部，市立病院，都市開発部会は都市計画部，都市開発部，建設水道部会は建設部，下水道河川部，水道部に該当する（市の組織はいずれも当時）．基本計画はこれらの専門部会で所管別に審議され，全体会で調整をする方式が採られた．

　基本計画の議論が始まったのは，平成15（2003）年1月の第5回審議会の全体会からであった．このとき基本計画の今後の策定スケジュール（案）とその構成（案）について事務局から説明があり，事前に郵送で送付された他の政令指定都市（千葉市，川崎市）の基本計画も紹介された．この基本計画でも市民

に素案を公表し意見募集するようになっていた．基本計画の構成はその目標と期間，各種指標の見通しや目指すべき都市像を示した総論，分野別計画，都市づくりに向けた方針，行政区別構想から成る．

この全体会終了後第2回の専門部会が開催された．各専門部会共通で審議する項目は基本計画の総論部分を構成する計画の目的と期間，主要指標の見通し，都市構造の基本的な考え方，市民と行政の協働，さいたま市らしさの都市づくりであった．筆者が所属した基本計画の内容に応じた総務専門部会の担当事項は，行財政運営，文化の創造，情報基盤，防災・消防体制，交流・コミュニティ（都市づくり，地域社会の形成）で，このときは基本計画の構成など総論的な内容について意見交換を行った．

▷ **基本計画の素案作成**────────────────────

（全体会の議論）

第6回の審議会全体会は平成15（2003）年3月にあり，基本計画の構成（案）について意見交換をした．構想レベルと異なり現行の具体的な計画との整合性もあるため，市の各種計画の概要について事務局から説明があった．事前郵送資料には「基本計画（案）」，「分野別計画」と「都市づくり」の構成と施策に加え，市の既存資料として「公共施設適正配置方針」，「平成15年度施政方針」，「平成15年度予算関係資料」があった．当日の配付資料では，「庁内各部の計画・ビジョン等の策定状況」と各専門部会に直接関わる個別計画の概要があった．このうち総務専門部会では「さいたま市PFI活用指針」，「さいたま市情報化計画」，「さいたま市行政改革大綱」，教育市民専門部会では「さいたま市生徒指導総合計画」，「さいたま市男女共同参画まちづくりプラン」，保健福祉専門部会では「保健福祉総合計画」，環境経済専門部会では「見沼田圃の将来像とセントラルパーク基本構想」，「さいたま市環境基本計画」，「産業振興ビジョン」，都市開発専門部会では「総合都市交通体系マスタープラン」，「さいたま市都市計画マスタープラン」，建設水道専門部会では「さいたま市住宅マスタープラン」が該当する資料として提出された．

このように資料が多く，すべてのものに目を通して精査することはまず一般市民には無理である．だからこそ専門に取り扱う人が必要で，そこにこの種の事務を担う公務員制度（官僚制）のもつ意味がある．これらのチェックは本来市民を代表する市議会議員の仕事でもあるが，市民と議員や行政との単なる信頼関係に任せるのではなく，一般市民でも容易にチェックできる仕組みをつくる必要性を痛感した．先の全体会ですべての部会に関わる資料として説明があった「公共施設適正配置方針」では，既に一定の水準にあることから原則「ソフト面の充実を図る」，「既存施設の有効活用を推進する」，「新規整備に当たっては重点施設を優先する」という三つの方針が紹介された．ここで言う重点施設とは図書館やコミュニティ関連施設，児童センターである．なおこの他，市民と行政の協働によるまちづくりの組織として「区民会議」について説明があった．これは市の政令指定都市の移行に伴い新たにつくられる組織で，主として区民から意見を聴取する機関とされ，現在その設置要綱を策定中とのことであった．この組織については後で詳述したい．

先に示した個別計画やビジョンは市の各部局がつくるが，このような部局計画と全体の総合計画との整合性が常に問題にされ，総合計画は総論としてすべての部局の諸計画を反映させるため総花的なものになることが少なくない．しかしその役割はけっして小さくない．実際の行政事務や事業は各部局で実施されるが，すべての計画を束ねる上位に位置する「青写真」が総合計画に他ならない．全体会終了後開催された各専門部会では所管別の個別計画について説明があり，こうした諸計画を考慮しながら意見交換を行った．

（総務専門部会の議論）

第3回の総務専門部会でも，先の「さいたま市PFI活用指針」，「さいたま市情報化計画」，「さいたま市行政改革大綱」に基づいて意見を交換した[13]．このとき，市民と行政の協働には行政中心，市民中心，両者の中間的なものなどいくつかタイプがあることを指摘した．特に筆者のいるD地区（見沼区）では後述するように「区名問題」で行政に対する不信感が強いので，この点も含め抽象

的な表現ではなく具体的な協働の仕組みを示すこと，また協働はパートナーシップに加え市民の所有意識から責務を担うオーナーシップが必要なこと，さらに職員の意識改革が欠かせない点，たとえば福岡市で「DNA運動」（D：「できる」から始めよう，N：納得できる仕事をしよう，A：遊び心を忘れずに）を実施していることなどを筆者は述べた．

　5月末の第4回総務専門部会では，各部会で出た議論を反映した基本計画の素案（たたき台）が示されたので，これに基づいて所管事項について再度意見交換を行った．市民と行政の協働では「協働を実現していくための仕組みづくり」の文言をめぐり，筆者は市民が公的施設の運営に関わる志木市の「行政パートナー制度」や市民の目線で問題解決に取り組む横須賀市の「市民協働審議会」など先進事例を紹介し，さいたま市でもこの種の積極的な取り組みが必要なことを述べた[14]．また計画・実施・評価の各レベルで市民との協働を推進する必要性を強調した．行財政改革のうち行政改革では，まず「最大の顧客は市民である」ことを前提に，公務員の意識改革を促すことを再度主張した[15]．これは積極的に行政に関与していく市民の意識改革と対をなすものである．さらに「成果指標」を作成し明確な目標を設定している福岡市などの事例を紹介しながら，成果重視の効果的かつ効率的な行政運営を進めるため，基本計画の数値化目標を筆者は提案した．

　財政改革では，何よりも無駄な費用（経常経費）の削減が必要なことを感じていたため，結果の評価だけでなく途中のモニタリングが必要な点を指摘した．ただ「行政マネジメント」（NPM：New Public Management）という文言の箇所では，特に市民にわかりやすい表現にすべきことも述べた．この種の新しい概念を単に提唱するのではなく，実際の取り組み内容を明確に示すことこそ肝要であろう．この他「区民に身近な行政区」では形式的に区民の参加を促すのではなく，実質的な住民主体のまちづくりを要望した[16]．個別計画の「交流・コミュニティの分野」では「世界に開かれた都市」のところで国際交流からさらに国際協力による都市，また「ふれあいのある地域社会の形成」で余生を安

心して過ごせるコミュニティでは,「生きがい」のみならずそこで死んでもよいと考える「死にがい」のある居住地でもあること,さらに血縁や地縁にとらわれない知識や知恵で結びつく「知縁」あるいは情報ネットワワに基づく「情縁」などによる新しいコミュニティ形成の可能性について筆者は意見を述べた.

(基本計画の素案決定)

その後も基本計画の素案(たたき台)をめぐる議論が続いた.7月の各部会では,基本計画の第1部「これからの都市づくりに向けて」,第2部「将来都市像実現に向けて」,第3部「分野別計画」で新たに構成の変更を受け,事務局からたたき台を修正する案(たたき台・修正案)が示された.第5回の総務専門部会では,特に将来都市像をめぐり「さいたま市らしい」アプローチのところで,アプローチは独自性をつくるプロセスであり,アプローチそのものが独自ということではなく,「さいたま市らしさ」をつくることが本来の目的であることを筆者は指摘した.この他基本計画第2部「将来都市像実現に向けて」の「さいたま市らしさを生み出す都市づくり」で,新たな変更部分を受け修正された説明が事務局からあり,この再修正案である基本計画(たたき台・修正案2)をめぐり同月専門部会が再び開催された.第6回の総務専門部会でもこの再修正案をめぐり意見交換をした.このとき第5部を構成する「行政区別構想」の案として,初めて「区民会議」で議論された各区の将来像がひな型として示された.

このような修正案をめぐる各専門部会での議論を踏まえ,基本計画の素案が固まった.これを審議会で諮るため第7回の全体会が8月に開催され,公表素案の説明後意見交換を行った.その際これまでの各専門部会での審議状況の報告があり,基本構想と基本計画の関連について最終的な確認もされた.こうしてその後気づいた点も含め個別の意見集約が反映され,最終的に素案が修正された.筆者は特に第4部分野別計画「交流・コミュニティ」のところで,従来の自治会など地域を基本としたエリア・コミュニティから特定の関心に基づい

たテーマ・コミュニティの形成についてふれるよう事務局へ意見を送付した．

　この最終調整を受け9月に第8回の審議会全体会が開催され，基本計画（公表素案・修正版）が示された．なおこのとき既に発足していた「区民会議」の議論による区全体の将来構想が基本計画の第5部「各区の将来像」として示された．筆者が住む見沼区では「見沼の自然との共生―私たちがつくり育てる緑・心・動きあふれる　ふるさと　見沼―」がその将来像であった．(17)このようにして専門部会と全体会で「キャッチボールのやりとり」があり，市民に公表する前の審議が終わった．市報11月号で紹介する基本計画の概要と市民からの意見募集も全体会で確認された．なおこれに合わせ，基本構想と基本計画を含む長期総合ビジョンに対する名前（愛称）の募集があった．

▷ **基本計画の決定**──────────────────

　こうして基本構想に続いて基本計画でも，パブリックコメントが市報を通して行われた．この後，基本計画（素案）に対する市民意見とその対応（案），それに伴う基本計画（案）の修正箇所が各専門部会で示された．このとき長期総合ビジョンの愛称についての応募資料の紹介もあった．平成16（2004）年1月に開催された第7回の総務専門部会は，市民からの声をどのように基本計画に反映させるべきか，パブリックコメントについて行われた該当箇所の修正について議論した．これが最後の専門部会であった．市民意見の反映について「趣旨は盛り込まれているもの」，「意見を受けて修正するもの」，「今後の事業立案の参考とさせていただくもの」，「参考とするもの」，「その他」の5つに事務局は分け，結局「意見を受けて修正するもの」として採択したものが基本計画（案）の中に入った．

　これらの市民意見は全体で68人99件寄せられた．見沼区の将来像では意見が一つで，他の区も1件あるいは2件でまったく意見がない区もあった．これはあまりにも少ないと感じ，そもそも記名式でコメントを求める意図がどこにあるのか，この点について総務専門部会で事務局の意見を求めた．これに対して「コメントの形式が決まっている」，「記名式で内容を確認する」という発言が

あった．確かに「無記名では責任感がなくなり，意見に責任をもたせるため記名式が望ましい」のかもしれない．しかしそのことで市民のホンネが聞けなくなることもあるだろう．タテマエのコメントを受けるだけで，一種のセレモニーのようになってしまうのでは意味がないように思われる．[18]

各専門部会で市民意見を反映し最終修正がされ，2月の第9回審議会全体会で基本計画（案）が提出された．このとき専門部会長から「専門部会の意見一覧」の資料に基づき経過報告があった．その後休憩に入り，答申文書を表紙にした総合振興計画の基本計画（案）が審議会会長から市長に手渡しされた．これで審議会の審議はすべて終了した．市長に答申された基本計画（案）は，同月16日開催されたさいたま市政策会議で基本計画として正式に決定された．なお市は実施計画の案を後日各委員宛送り意見を求めたが，同年10月実施計画でも素案に対する市民意見を募集し，平成17（2005）年2月に実施計画が決定した．[19] 同年4月岩槻市との合併により，市は総合振興計画（基本構想・基本計画）の「改訂版」を平成18年1月に出している．

4．問題点と課題

▷ 総合計画と個別計画の調整

もともと総合振興計画のような地域計画を策定する意味はどこにあるのだろうか．何故計画が必要なのか．それはあくまでも「目的（目標）のための計画」であり，数多くつくる「計画のための計画」という策定自体が目的（目標）ではない．行き当たりばったりの政策ではない，中長期的な視野に基づいた政策を行うために計画がある．そこに「計画行政」の意味があり，時代の変化や社会のトレンドなど外部環境と当該地域の人口や資源の変化など内部環境を的確に反映した計画をつくることで，常に地域住民の生活を最善の状態にすることが目的（目標）でなければならない．

近年「マニフェスト」（manifesto）という言葉が聞かれるが，これはやるべきことを数値化する本来当たり前のことで，地域住民に対する約束事として当

然であろう[20]．このような計画目標（値）や費用を明示することで，その成果を客観的にモニタリング（中間評価）あるいは事後（最終）評価することができる．こうした数値化は抽象的な公約と異なり，中間・事後のチェックが主観によって左右されることなく，事前の計画内容の説明に地域住民も納得するだろう．

　総合計画では特に各部門間の調整が重要で，総合計画と他の部局の個別計画との整合性が常に問われてきた．結局総合計画と個別計画の策定部署間の調整が不十分だと，計画倒れの「画餅」に終わりかねない．さいたま市では総合計画の策定は政策企画部企画調整課（当時）が所管部署であるが，都市計画課の「都市計画マスタープラン」や公園みどり課の「緑の基本計画」など重複した計画がつくられている．分野が違う都市計画と環境計画で重なるところも少なくないだろう．この整合性という点で，行政内部で意見交換の調整会議（プロジェクト委員会）を設置しているところもあるが，何よりも地域住民にとってわかりやすい一貫性ある「計画行政」でありたい．

▷ 住民参加から住民参画へ

　本来地域住民によって選ばれる県会議員や市町村議員が必ずしも県民や市町村民の声を代弁しているわけではなく，また現場を知らない行政の代弁者にとどまる学識経験者や各種団体の代表者が市民の意向を正しく理解しているわけでもない[21]．参加型計画として市民を参加させる意味は，何よりも地域住民の声を直接反映させることにある．しかしそれは単に機会を与える形式的な参加ではなく，明確な意思表示をする実質的な参画が望ましい．しかもそれが計画に反映されなければ意味がない．計画の素案段階で市民の声を聞くパブリックコメントも制度上のセレモニーにしてはいけない．市民との協働は手段であって目的ではない．そのためには住民もまたパートナーシップに加えオーナーシップという「自分たちのまち意識」をもつことが求められる．総合計画の策定にあたり，行政は様々な市民参加の機会を設けた（巻末資料2−4：「総合振興計画策定に関わる市民参加の状況」参照）．果たしてどれだけの市民が関心をもっ

て参加(反応)したであろうか.

　また第4章で述べるように,「計画」(plan)だけでなく「実施」(do)や「評価」(see)のレベルで住民のチェックを受ける必要がある.それらの方法をどうするのか.「いつ,どこで,誰が,何を,なぜ,どのように」(5W1H)するかが問われている.特に評価とフィードバック(評価の反映)では,当然内部評価だけでない学識経験者や一般市民による外部評価を導入することが必要だろう.総合計画をつくりっぱなしにするのではなく監視することが肝要で,その役割を市民が担わなければならない.「計画」・「実施」・「評価」の各レベルは近年「PDCA」(Plan, Do, Check, Act)と言われるようになったが,住民の行政に対する監視能力を高め,次の「改善」(Act)に反映させる必要がある.

　住民参加の先駆的な自治体ではあくまでも一市民としての参加を促し,既存の自治会を始めとする各種団体の代表者に限定されることがない.三鷹市の「みたか市民プラン21会議」などの参加はタテ割り組織でないフラットな組織であった.それは市民の水平的な集まりで,しかも各分科会は生活場面に即したテーマ別で,市議会の各種委員会に基づく分科会ではない.しかもこうした組織を横断する運営委員会をつくり,自分たちの情報を広く発信する広報担当の「コミュニケーション推進委員会」まで設けていた.また神奈川県横須賀市の行政評価では行政が主体となり市民が参加できる環境を整備する方式ではあるが,市民評価の度合いが非常に強い.さらに埼玉県志木市でも,少人数の学校教育や職務に市民を参加させるなど様々な規制緩和を打ち出した.本来地域住民が主導的な役割を果たす参画が望ましいが,住民参加はまず行政が用意した参加の機会を最大限活用するところから始まる.

▷ **行政のモラル**

　行政はその最大の顧客が地域住民であるということを忘れてはならない.しかし現実には「権限は行使しても責任は負わない」方式の行政スタイルが常態化している.これは行政組織の問題というよりも公務員のモラルの問題である.

第4章で詳述するように，結局「審議会で皆さん方が決めたことです」ということになりかねない．公僕意識の欠如は論外であるが，行政は前章で述べた公務員の「奉仕の精神」という原点に立ち返るべきである．そこには当然情報の公開性と透明性が求められる．しぶしぶ公開してもそれが一部や加工した情報であるのなら，そこには透明性がないと言わざるを得ない．

またコンサルタント利用の功罪もある．もちろんそれなりの専門知識を駆使した知見は役に立つだろうが，どこでも同じような計画に加え非効果的なアウトソーシングでは，いつまでたっても自治体の政策能力や市民の提言能力は向上しない[22]．これも広い意味でモラルの問題に含めてよいだろう．自前の計画という点で，時間をかけてでもオリジナルな計画をつくり職員の分析力や市民の行動力を高めたいものである．財政事情もあるが，コンサルタントを使わずに総合計画を策定している自治体がある．筆者はこの自前の計画ができているところを「先進的な自治体」と考えたい．

先に述べたように三鷹市では，市の基本構想や基本計画の「素案の素案」を策定するため審議会の専門部会に相当する分科会を自分たちでつくり，市がつくった素案に地域住民の意見が反映されているかどうかをチェックした．このように組織を自らつくり，「提案型市民」から「行動型市民」を実践している．こうした「行動型市民」の参加はNPOの活動と共に広がりを見せているが，これは市民と行政の協働という点で市民が主体で行政が参加する形態として捉えることもできるだろう．何よりも行政は自分たちの「組織の都合」ではなく，あくまでも「住民の都合」を考えなければならない．また市民も地域づくりの主役が市民で行政が脇役であると思うくらいの強い参画意識をもってもらいたい．

注
（1） 以下総合振興計画の内容のうち，基本構想と基本計画は最終的に『さいたま希望(ゆめ)のまちプラン（総合振興計画）』（平成16年3月）として，実施計画は『さいたま希望(ゆめ)のまちプラン（総合振興計画・実施計画）』（平成17年2月）とし

てまとまった．審議会発足当初（2001年）の基本計画の期間は平成15（2003）年度から平成24（2012）年度，また実施計画は平成15（2003）年度から平成19（2007）年度であったが，旧岩槻市を編入合併した後最終的な計画書は基本計画が平成16（2004）年度から平成25（2013）年度，実施計画が平成16年度から平成20（2008）年度に修正された．なお当初基本構想と基本計画を合わせて「長期総合ビジョン（仮称）」，また実施計画は「5カ年計画（仮称）」とされたが，新しい都市イメージづくりを進めるためつくられた市歌のタイトル「希望（ゆめ）のまち」が総合振興計画の愛称として採用された．

（2）　筆者も市の総合政策部企画調整課（当時）に対して，懇話会の代表者が基本構想策定部会に入れるよう文書を出した．その内容は以下のとおりである．「市民懇話会代表者皆さんが強く基本構想策定部会への参加を希望したのは，他の部会に参加する専門性に対する疑問もあるが，各地区の代表者として自分たちの『思い』を反映させる機会がなくなるという不安が大きかったということ．それはとりもなおさず，各地区で積み上げてきた意見を代弁する機会が失われることへの不安であること．たとえそれが具体性に欠ける構想レベルのものであっても，自分たちの意見を述べたかったこと」，これらの点を指摘した．さらに各テーマ（分野）別に施策を示す基本計画策定の専門部会への所属について，「市全体の中におけるゾーニングによって各地区の特性が明確にされるため，各地区の『目玉』すなわちこの地区では何に力を入れてまちづくりをすべきであるという優先順位も出てくるため，できるだけ構想レベルの『思い』を具体的な施策としてカタチにするため，専門部会のどこかにも所属することが望ましい」ことを付け加えた．

（3）　この種の審議会ではいわゆる「委員会屋」がいて，常連のメンバーになっていることが少なくない．特に各種団体の代表者では固定した団体が選ばれる傾向があり，出てくる代表者が同じであることも少なくない．また学識経験を有する者（学識経験者）も固定した人が多く，特定の人に偏っていることに問題があるように思われる．いくつかの委員会の常連（指定席）となっている「委員会（御用）学者」として行政の代弁者にとどまる者もいる．単なる学者の「お墨付き」を得る「行政の盾」にされている人もいるだろう．人口100万を超える市で人材は豊富にいるはずである．しかも市に住まない非居住者の識者を入れて，真剣に地元のことを考えられるのかどうか疑問に思わざるを得ない審議会もある．外で発言する者に限って，地元の地域社会に関わっていないように思われる．これは県も同様で，多様な意見や考えをもつ学識経験者を活用することが望まれる．中央官庁の審議会も同じで，最大の関心は誰が審議会の会長になるのかという点にあり，これは官権統治（行政主導）の弊害につながる（田中，1999年，168頁）．審議会委員の人選を密室で決めるのではなく，またいつも決まった人に固定するのではなく，オープンな人選をしてもらいたいもの

である．
（4）この市民懇話会の代表者で意見交換を行う「連絡会」をつくることを筆者とG地区代表者の二人で参加を呼びかけた．これはお互いの地区でどのような意見があるのか，問題を共有するねらいもあった．実際にはそれぞれ忙しく，審議会終了後に簡単に意見をかわす程度であったが，それでも筆者はG地区など他の地域社会の情報がわかり，浦和区とはその後の区民会議の活動でも情報交換を行うことができたことは大きな収穫であった．
（5）基本構想策定部会の委員18名は市民懇話会の代表9名，総合振興計画審議会会長1名，同審議会会長職務代理（基本構想策定部会長）1名，さいたま市自治会連合会（会計理事）1名，さいたま市都市計画審議会委員1名（基本構想策定部会長代理），さいたま市助役1名，東日本旅客鉄道（株）大宮支社企画室長1名，さいたま市市議会議長1名，さいたま市市議会副議長1名，埼玉県総合政策部地域政策局長1名である．
（6）むしろこの種の審議会をいかにうまく運営していくかが職員の能力評価につながっているところもあるためであろうか，無事審議会が進行することにエネルギーが傾注されているように思われる．行政の「権限は行使しても責任は負わない」方式は，こうした「お墨付き」をもらう審議会の下準備から始まるようである．
（7）地方の自治体ほど「自前の計画づくり」が進んでいるように見える．たとえば筆者が直接聞いたところでは，島根県や浜田市ではコンサルタントを使っていない．もとよりそこには厳しい財政事情もあるだろうが，職員が汗をかきながら市民のために仕事をしていることが地域住民にわかることが理想であろう．
（8）この時期筆者はD地区（見沼区）の市民懇話会の代表としてできるだけ地域住民の意見を反映させたいと思い，懇話会の委員に対して意見を聞かせてほしい旨の文書を配り，活動最終日で各地区の提案発表会のとき呼びかけた．また審議会の委員になってからは地元自治会にもヒアリングをした（2002年5月）．そのとき，自然を残すと逆に発展が難しいということ，道路を拡幅しないと火災のとき消防車が通れないところがあることを知った．また同じ地区に住んでいながらマンションの住民だけ別の自治会を構成しているところがあり，そこでも貴重な意見を聞くことができた．その中で子供たちの遊び場が少なくマンションの建物自体が遊び場になっていること，また地域の連携という点で子供会は既存の自治会と同じで交流もあるが，自治会は別につくったという経緯も知った．このマンションの自治会は自治会連合会に相談したところ，「世帯数（約250世帯）が多く，別につくったほうがいい」と言われたという．そこには同じ地区でありながら，旧住民と新住民の間で溝のようなものが感じられた．
（9）市町村の合併の特例に関する法律（合併特例法）は，財政措置を講じる基

礎となる合併市町村の建設に関する基本的な計画（新市建設計画）を策定するよう定めている．なお市が推進する主要な取り組み（まちづくりのポイント）として「内陸型の立地特性を活かし，広域的な交流を推進」，「子育てを応援し，子どもたちの個性を育む」，「保険・医療・福祉が行き届き，市民に安心を届ける」，「良好な自然環境を守り，市民に安らぎと潤いを与える」，「市民生活の利便性に配慮した交通のまちづくり」，「文化を創造し，さいたま市らしさを全国に発信」，「市民と協働し，市民の視点に立った開かれた市政を推進」，「産業，農業の振興に努め，持続的な活力を図っていく」，以上8項目が盛り込まれていた．

(10) 所属専門部会について当初特に希望はなかったが，市民懇話会から代表として審議会に参加することが決まったとき，市の懇話会担当者から「総務専門部会に所属してほしい」という意見があり，それがそのまま心の片隅に残っていたが，他の専門部会のように名称からすぐに活動内容が連想される部会ではない．全体の調整をする意味では他の部会にない役割を担っているように思えた．実際には行財政運営や交流・コミュニティなど幅広い領域に関わる部会で，全体を見渡せる議論ができるのではないかという思いで筆者は参加した．もっとも業務一覧の資料を見たとき，ようやくこの部会が何を議論すべきなのかわかったというのが率直な感想である．

(11) 年代別では，20代が4，30代が11，40代が11，50代が28，60代が31，70代が23，80代以上が1，団体が4，無記名が1であった．年齢で60代，70代が多いのは第一線を退いた人の地域社会に対する関心が高いことを示している．会社員など勤め人が地域社会への関心が希薄なのは，自治会活動への関心が低いのと同じである．なお回答が少なかったのは記名式で，意見や感想を書くうえで抵抗になったことも考えられる．

(12) 答申前最後の全体会は意見の微調整に終わるセレモニーという印象を筆者はもった．

(13) 行政改革では中央省庁も同様であるが，一部の高額給与所得者に対する減額がなく，一律に公務員の給与を下げることに対しては反対であることを筆者常々思ってきた．もちろん特別職の高額者ほど削減率を高くすればいいが，もともと絶対額が庶民感覚とかけ離れて突出している．これは市会議員も同様で政務調査費などの付加的な支給を含めると，高額な給与と言わざるを得ない．低額給与者の公務員まで減額の対象にするのは公平性に欠けるように思われる．

(14) 1980年代半ば頃アメリカで導入された「公共施設アダプトプログラム（里親制度）」は公共施設の維持を市民に任せる取り組みである．この「アダプト」（adopt）が養子にすることを意味するように，市民が公共スペースを養子のように愛情をもって管理するもので，日本でも90年代に導入された．これは公園の手入れや道路清掃を市民団体や企業に任せ，「養親」（行政の「公」）を離れた

「子」としての公共施設を「民」に託す制度である．かつての「村仕事」による共有地（コモンズ）の維持管理同様，この市民による管理は自分たちの所有意識が明確になり，地域アイデンティティの育成にもつながるように思われる．

(15) この意識改革に関連して，職員の事務処理能力また政策立案能力を高めるため専門の機関が必要な点を指摘し，たとえば他の政令市でいくつかある市立大学の設置を提案した．もとより18歳人口が減少し2007年には迎えるとされた「大学全入時代」，また財政事情厳しい折，公立大学の法人化が進む中で難しい面もあるが，この種の地域密着型の高等教育機関の検討も必要だろう．コンサルタントにいつも頼る計画ではだめであるという点も理解してほしかった．この人材育成として市立大学を設け，市のシンクタンクとしてまた広く市民の生涯学習に応える高等教育機関にしてはどうか，またそれが旧三市のシンボルにもなるのではないかという発言をしたところ，部会長から「時代遅れもいいとこだ」と一蹴する発言があったことは残念であった．しかし現実には札幌市では2006年4月に札幌市立大学が設立されている．それは市立高等専門学校と高等看護学校が母体となった大学化とは言え，「市民に開かれた大学」，「市民の力になる大学」，「市民が誇れる大学」を中心に地域貢献を使命とした点は先行事例として参考になるだろう．あながち時代錯誤でないことをここで述べておきたい．

(16) 第5章のところで再度述べるが，まちづくりの市民団体に対する活動支援金を，行政ではなく市民（市民税の納税者）が決める千葉県市川市のような自治体もある（納税額の1％支援制度）．その仕組みは以下のとおりである．学識経験者と市民委員など7名（うち3名は公募委員）で構成する「市民活動支援制度審査会」で書類および面接による第一次審査を行い適格団体を決め，その結果をホームページおよび広報で公表する．第一次審査により適格とされた団体は市の広報特集号やホームページで自らの活動内容をPRしたり，公開プレゼンテーションをする機会が与えられる．市民は市の広報やホームページなどから，支援したい団体を一つ選ぶ．その際本人確認を行うため納税通知書または税額通知書のコピーを同封し，所定の用紙に記入して市民団体を選択する(http://www.city.ichikawa.chiba.jp/)．

(17) 特に見沼区に対して，「見沼の自然をめぐり環境学習ができる施設や景観を楽しむ場所について現状をよく認識すべきである」という全体会での指摘を受け，区民会議の代表者として検討する旨の発言をした．

(18) このときの総務専門部会長の「パブリックコメントはこんなものである」という発言には驚いた．ほんとうは見沼区の将来像に対して市民懇話会でまとめたもの，また区民会議で付け加えた内容を区民の人たちにチェックしてもらいたかった．実際区民会議の委員の中にも，このパブリックコメントの意見があまりにも少ない点を指摘する者がいた．確かにさいたま市民は「埼玉都民」

と言われるように，東京のベッドタウンとして発展したため，身近な行政に対して無関心な層が多いとされてきた．それだけに，数少ない意見にはもっと耳を傾ける必要があるように思われる．区民の意見をどう吸収していけばいいのか，いくつかアイデアもあるが，「出前トーク」や「見沼区版タウン・ミーティング」を考え，こちらから出向いて区民の意見を聞くことも必要ではないだろうか．この点は区民会議でも区民の意見集約の機会を設けることを，筆者は事務局との打ち合わせのときに言った．しかしこの意見に対して，コンサルタントが「それは何でも要望を聞く機会になってしまう」という発言があったが，外部の者からとやかく言われる筋合いはない．このようなコンサルタントを使わざるを得ない行政当局にも区民の意見を出向いて聞く「自前の汗」をかいてもらいたいものである．確かに自治体で行っている「出前講座（説明会）」は行政の業務内容についての説明会で，情報公開や行政改革などあらかじめ講座メニューが用意されている．しかも市民の学習機会を広げることが目的で，その内容に関する質問や意見交換はしても，苦情や陳情を受ける場ではないことを注意喚起している．

(19) 審議会委員にも引き続き実施計画についての意見を求められる機会があった．平成16（2004）年8月末には実施計画の「検討資料」が各委員に送られてきた．これは5月に実施計画の基本方針を公表して市民意見の募集が行われ（このときはわずかに11件の意見），それを受けてまとめたものである．すなわちそれは基本計画を踏まえた施策の体系と施策展開で示された計画をより具体的な実施事業として示したものであるが，この段階ではまだ個別の事業計画名は出ていなかった．この後実施計画の素案がつくられ，市民意見の募集が市報を通して行れ，計画の内容はインターネットあるいは区役所の情報公開コーナーで閲覧されることになった．意見項目数は全部で179件あった．この素案の計画は審議会の各委員にも配布され，一般市民同様意見が求められた．

(20) もともとマニフェストは政策，宣言（書），声明（書）を意味するイタリア語とされる．これは「政権公約」であるが，政策の実現時期や数値目標が示され，抽象的な「選挙公約」とは異なる．古典的なマニフェストには，有名なマルクスの「共産党宣言」(the Communist Manifesto) がある．

(21) これまでの審議会（全体会）を振り返ると，各種団体を代表した人が審議会の委員になっているのはわかるが，やはり団体の人選に偏りがあることは否めないことを痛感した．果たしてほんとうに市民（団体）を代表しているのか疑問に思わざるを得ないこともあった．特に会議の基本的なマナーが守られていないのにはあきれた．携帯電話の電源を切ることもしないで，平気で呼び出し音を鳴らし続けていた非常識な団体の代表者もいた．

(22) こうした自治体の計画請負は，コンサルタントが大学の都市工学や社会工学系の研究室とも競合しながら行われているようである．競争入札で質の高い

ものが期待できるのであればいいが，アカデミックな立場からは行政に迎合しない政策提言が望まれる．

3 区民会議への参加

1．区民会議とは何か

▷ 設置の目的とねらい

　平成15（2003）年4月政令指定都市の発足により9つの区が誕生したが，区民会議はこの区制下において総合振興計画で唱えた市民と行政の協働の証（あかし）として生まれた．区民会議は区民による会議ではなく，区民活動の組織を指す．その活動は準備の都合で実際には同年7月から始まった．平成17年4月には岩槻市がさいたま市に吸収合併され区民会議も10になる．見沼区（人口約154,900人，平成19年12月現在）の「区民会議設置要綱」によると，区民会議とは「魅力あるまちづくりを推進し，市民共同参画社会の実現を目指すため」に設置された組織で（第1条），その内容は「提案された諸課題についての協議及び政策提言」，「区民と行政の協働による魅力あるまちづくりのための活動」，「その他，区の健全な発展に寄与する活動」（第2条）となっている．[1]

　また「区民会議設置に関わる基本方針」によると，「区民会議とは，コミュニティ会議の代表者を含む区民が主体となって，区（市）と区民（市民）との協働，区の特徴・特性を活かした魅力あるまちづくりを行うとともに，区政（市政）に広く区民の意見を反映させることを目的とする」組織である．ここでコミュニティ会議とは地域住民の会議ではなく，その組織を指している．「コミュニティ会議に関する要領」の第1条で，「地区のまちづくり，公益活動，福祉活動など，地域的な課題解決のための実践的な自主組織をコミュニティ会議として位置づけることを目的とする」と規定されている．その具体的な活動には「地域美化，防災等地域環境の向上に寄与する活動」，「地域的な課題の解決に向けた活動」，「その他，地域連帯感の醸成に寄与する活動」が第2条で指

摘されている．これは広くまちづくりを行う区長の認定を受けた団体で，認定を受けるために「登録申請書」を提出しなければならない．この登録によって得られるメリットは区の公的な認定と活動助成金が得られることに加え，区民会議のメンバーに団体代表として参加できる点であろう．

　従来住民組織は自治会が中心で，また農業協同組合や青年会議所，商工会議所など既存団体もあるが，これらが行政と個別の関係をもつのに対して，区民会議はNPOなど新しい市民組織や一般区民も加え，広く市民と区の協働を進める横断的な組織であることを，筆者は会長として文書や挨拶などで述べてきた．区民会議は行政主導の組織とは言え，むしろそれを積極的に活用しまちづくりを区民にとって身近なものにしたいと当初考えていた．すなわちこの区民会議を既存団体（地元企業も含む）と地域住民から成る区民と行政の媒介役となる組織にしたかった．しかし区民会議の活動は集団広聴機能が中心であった．

▷ 組織の構成 ─────────────────────────

　区民会議は「各種団体の代表又は推薦を受けた者，コミュニティの推薦を受けた者及び公募により選ばれた者，その他区長が認めた者によって構成される委員20名程度」で組織された（見沼区区民会議設置要綱第3条第1項）．先の審議会では基本計画の中に各区の将来像が示されたが，それは市民懇話会の提言を受け区民会議でも再度議論して出したものであった．区民会議は従来の各種団体や自治会など個別の意見を集約する機関と言ってもよいだろう．それがより多くの意見集約機関であれば問題ないが，区民会議の意見が区民全体の総意であると解釈されると，また問題が生じるだろう．このように区民会議が手っ取り早い区行政に対する広聴機関になっている点は，市の各部局がつくる諸計画についての意見聴取に如実に現れた．なお委員の任期は2年で，再任を1回までと多選禁止を規定したのは同じ人が委員になる弊害を除去するためで，市内の自治会で会長を長く務めている者がいる現状を考慮したものであろう．事務局は区役所の区民生活部コミュニティ課に置かれた．

　筆者は先に述べた市民懇話会の代表として審議会に参加したが，このとき区

のほうから会長就任の打診があった．当初の立ち上げということもあり，市民懇話会や審議会への参加に対して，その最後のステップとして市民と行政の協働を実際に確かめるため引き受けることにした．[5] 会長1名，副会長2名で，定例会の他に必要に応じて臨時会を開催できるが，会長が区民会議を招集し議長になるよう規定されている（要綱第4条，第5条）．こうした要綱は区（市）でつくられたもので，そもそもこの種の要綱自体を区民とともにつくっていくところに本来の協働の意味があるのではないだろうか．ここで会長がいかに多くの業務を担わされているかについては，次の項目を見ればよくわかる．「会長は，区民会議の議事の概要を議事録として記録する」（要綱第6条），「会長は，年度の期日までに，当該年度に係る活動報告書を作成し，区長の意見を付して市長へ提出する」ようになっている．まず議事進行を進めながらの記録は難しく，当然記録者が必要になる．

　以下筆者が会長をした見沼区での第1期の活動を中心に，市民参加のまちづくりについて考えたい．[6] 第1回の区民会議は平成15（2003）年7月に開催された．当日は市長の挨拶があり，委員の紹介と会長，副会長の選出があった．[7] この他運営支援業者としてコンサルタントが紹介された．この後区民会議の活動とまちづくり推進事業の予算について事務局から説明があった．市民懇話会は区の将来方向について提案したが，これを基に総合振興計画の基本計画で「各区の将来像」が入るため，この区別構想について早急に区民会議でも議論する必要があり，その内容説明は市民懇話会での作成経緯を知る筆者がした．

▷ 組織の運営

　ここで区民会議に関わる予算を見ると，当初この組織が発足したとき新聞紙上で区民会議が自由に使える予算が1億円あるとの記事が出たが，実際は大きく異なる．まちづくり推進事業にかかる見沼区の予算は，初（平成15）年度で「区民まちづくり推進事業」は114,490千円で，これは区毎に均等割と人口割で配分された．その内訳は交通安全施設修繕や下水道管渠清掃，下水道施設緊急補修工事，道路緊急修繕，排水路・防護柵等緊急修繕，コミュニティ施設緊急

修繕から成る「区民満足度アップ経費」が87,930千円，区民会議運営等と地区別まちづくり計画策定から成る「区民まちづくり経費」が10,105千円，区民ふれあいフェア関連や区制定記念事業関連，区ガイドマップ作成，区報作成から成る「区民まちづくり事業経費」が16,455千円であった．「区民満足度アップ経費」は区の生活課が，また「まちづくり基本経費」と「まちづくり事業経費」はコミュニティ課が所管する．前者がまちづくりの施設整備などハード面とするなら，後者は管理運営などソフト面の予算になる．「区民まちづくり推進事業」のうち1千万円強が区民会議に直接関わる活動経費である[8]．

　「区民満足度アップ経費」は自治会からの要望を聞き入れながら決めているため，区民会議もこうした予算要求をしたいという思いが当初からあった[9]．区民会議で施設の要望をしても，区で判断できるものは「区民まちづくり推進事業」の範囲内で可能だが，それは区民会議が直接執行権をもつことを意味しない．先に述べたように「区民満足度アップ経費」がハード面の必要経費とするなら，「まちづくり基本経費」はソフト面の固定費的なもの，また「まちづくり事業経費」はその変動費的なものと言える．この後者の「経費」が各種イベントなどの事業費として実際に使える部分である．迅速に対応できるよう予算の執行権をできるだけ地元住民に近い区に委譲したことはわかるが，直接区民がその執行を決定することはできない．この点で区民会議がどのように区と区民の間に入り，その媒介役を果たせるかが大きな課題であろう．

　区民会議でこの種の予算要求できる仕組みをつくりたかったが，立ち上がりの時期でもあり，筆者の任期中それを果たすことはできなかった．初年度の第1期は組織づくりに忙殺され，また市からの検討事項が矢継ぎ早に入るという時間制約も加わり，予算要求は議論だけにとどまり具体的な制度化には至らなかった．それでも年度末に作成される「活動報告書」にその予算要求の根拠を示すことはできる．この提案を制度化し，「活動報告書」を市長はじめ市の関係部局長が精査するなら，各種の予算に反映されるはずである．しかしスケジュールから言えば，毎年7，8月頃にはこの種の要望を出さないと間に合わな

いだろう．前年度の「活動報告書」が次年度に予算要求として反映されるとするなら，その予算執行はさらに次の年度になる．このような事情と第1期が立ち上がりという点を考えると，予算要求が直接反映されるのは第2期以降ということになる．それでも区長裁量で執行できる即決型の支出は，区民の緊急要求度に応じて当該年度の区民会議から要望できる仕組みが必要だろう．次に区民会議の組織づくりについて見ることにしたい．

2．活動内容

▷ 活動の立ち上がり

（活動の方向づけ）

第1期は何よりも区民会議の活動をどう進めていくか，これが当面の課題であった．立ち上がり当初，市からの検討事項が次から次と入り，区民会議独自の活動ができないという状況も少なからずあった．第2回の区民会議では先に述べた区別構想の検討があり，この他「国際化推進基本計画に係る意識調査」もあった．それでも区民会議の独自性を確保するため，必要な検討課題をあげるようにした．当初事務局では2ヶ月に1回程度の開催を考えていたようであるが，これでは市の懸案事項について広く区民を代表して意見を言うだけの広聴機関に終わってしまう．このため活動が活発になるよう月1回の会議開催を定例化した．

第1回は各委員の「顔合わせ」の意味が強く，2回目以降少しずつ委員の要望を取り入れ区民の期待に応えた実りある会議にするため，筆者は今後の区民会議の運営方針と活動についての提案を区の事務局にした[10]．まず平成15(2003)年度の活動として何をするのか，おおよその活動計画（予定）を立てる必要があった．また期待の反面不安に思う委員もいるため，初年度は多少なりとも「走りながら考える」ことになるが，今後区民会議が進むべき方向を明確にする必要があった．

こうした会長としての思いを会議で各委員に伝えた．当面の課題すなわち期

限つき課題処理の活動としては既述した「さいたま市総合振興計画」の「行政区別構想」の策定に加え，新組織発足時の課題として区民会議の運営方法，また何よりも恒常的な課題（定例活動）として見沼区固有のまちづくりについて議論することが必要であった．この区民会議の運営方法では全体会方式と部会方式など考えられたが，その位置づけと役割を明確にし，次年度以降の活動指針にすることも筆者は各委員に述べた．
（独自の活動を求めて）

　行政との協働をどう進めるのか，コミュニティ会議や区民と連携したまちづくり活動を推進するためにどういうテーマを取り上げるべきか，委員からの発議に加え区民からの意見を吸い上げながら議論していきたいと考えていた．また第1回目の会議で「まちづくり推進事業」の予算に関して委員から質問が多く出たが，区政振興費の予算化要求に向けた意見をとりまとめる必要があるのは，その要望を実行に移してはじめて活動の成果が得られると考えるからである．さらにこうした自らの課題提示と年間の活動計画を求めたのは，市や区からの受け身でない主体的な活動をするためであった．

　この他，まちづくり活動の先進事例の研究や区内の現状視察も必要であることを筆者は述べた．[11]特に各種団体の委員の中には自分の専門領域は理解していても区内の現状について意外と知らないことが多く，何よりも自らの区の現状を知ることがまちづくりの第一歩であろう．[12]またできれば市内の他区あるいは他市の視察もしたかった．さらに専門家の意見を聞く機会を設けてはどうかという提案もした．以上のことを8月の第2回会議の議題にしてもらった．

　しかし，市からの検討事項がその前にあった．総合振興計画とは別に各部局が個別計画をつくるが，「さいたま市国際化推進基本計画」の策定では，区民会議の各委員に対して国際化に関する意識調査の協力依頼があった．先にふれたように，その前に当面の課題として総合振興計画に盛り込む「行政区別構想」について議論しなければならなかった．これは10月開催の総合振興計画審議会に提出する意見のまとめで，結局8月に開催した第2回と翌月3回目の会

議で議論した．その内容は「都市基盤・環境」，「地域資源」，「コミュニティ」の項目に加え，見沼区の現況が紹介される区の特性と将来像を示す「まちづくりのポイント」から構成された[13]．こうして第3回の会議で，先に基本計画のところで紹介したように，見沼区の将来像がまとまった[14]．

▷ 組織づくり

（総論）

　他の案件同様たたき台がないと議論してもまとまらないことを2回の会議で実感していたので，区民会議の理念や目標，方針，組織の運営について，会長メモとして第3回の会議で提案した（巻末資料2―5：「見沼区区民会議の活動（案）」，図2―4：「区民会議の組織（案）」参照）．また第1期（平成15・16年度）の活動スケジュールについてもたたき台を出した．特に見沼区のまちづくりにおける社会的使命（ミッション）を明らかにしたかった．会議の運営では，全体会で出た問題をテーマ別の部会で議論してもらい，それを再び全体会で意見交換する効率的な組織活動を目指そうとした．しかし第1期は立ち上がりの時期で，活動を重ねていくうちに方針や運営も定着していくものだろう．「始めに理念ありき」ではなく「活動しながら考える」ことを念頭にいくつかの提案をした．

　何よりも普通のサラリーマンや働く女性が参加できるまちづくりにしたいという思いがあった．家と会社の往復生活ではなく，より多くの人が地域社会に関心をもってほしかった．ここで掲げた「行動する区民会議」の方針は，その社会的使命を述べたものである[15]．区民と行政の「カタリスト」（catalyst, 触媒者）としての役割は，区民会議への応募意見の中にもこの点を期待する声が多かった．政令指定都市移行のメリットは，区がすべきことは区がすることで行政が区民に身近な存在になることである．この活動（案）は区民会議が主役となり，区民を先導する役割を強調している．地域づくりの方向として出した「一燈照隅，万燈照国」は一つの灯は一つの隅しか照らさないが（一燈照隅），多く集まれば全体を照らすことできること（万燈照国）を意味する．皆

図2−4：区民会議の組織（案）

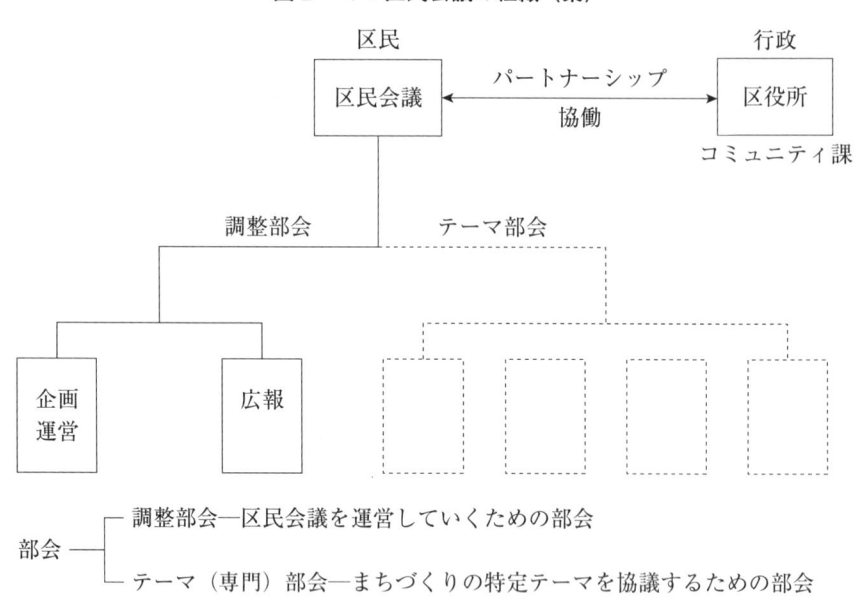

```
        区民                              行政
     ┌────────┐   パートナーシップ   ┌────────┐
     │区民会議│ ←――――――――――→ │区役所  │
     └────────┘      協働         └────────┘
         │                          コミュニティ課
    ┌────┴─────────────┐
  調整部会          テーマ部会
    │               ┌──┬──┬──┬──┐
 ┌──┴──┐          ┆  ┆  ┆  ┆  ┆
┌────┐┌────┐     └──┘└──┘└──┘└──┘
│企画││広報│
│運営││    │
└────┘└────┘
```

部会 ┬ 調整部会―区民会議を運営していくための部会
　　 └ テーマ（専門）部会―まちづくりの特定テーマを協議するための部会

が力を合わせればどんな大きなことでもできるという市民ネットワークの強さを，区民会議が示すべきだと考えた．

「区民会議の予定表（案）」は一定の活動方向を示し，各委員がスケジュールを立てやすいようにするため出したものである．初年度は区民会議の組織体制づくりが中心になるが，できるだけ区民の意見を吸収するためパブリックコメントあるいはタウン・ミーティングの開催も入れてみた．また次年度は区の基本構想はできているので基本計画の策定も必要と判断した．こうした活動については様々な意見があり，基本計画などよりもう少し身近な日常生活に密着した問題を取り扱ってほしいという声もあった．しかし身近な活動は自治会レベルでするものだろう．残念ながらこれらの計画の多くは実施されなかった．何よりも早い段階で会議の運営方法を確立したかったが，市から検討課題が次から次と入ってくる中で議論する時間も少なく，各委員の区民会議への思いや期待が交錯する中，「走りながら考える」ことにならざるを得なかった．それで

も区民会議の位置づけと役割だけは，年度内を目途に一定の方向性を示し委員の共通理解をはかりたいと思った．

（各論）

定例活動としての提案では，初年度既に「まちづくり推進事業」の予算で具体的な内容が決まっていたが，それについて随時意見を述べていくこと，また先に述べたように予算化要求のための提言がいつ頃までに必要なのか，その時期に合わせた議論が必要であった．来年度は時期的に無理としても，まちづくりの予算にできるだけ反映させるための意見集約をすること，次年度の活動計画を今年度末の活動報告書で明確に示すこと，また区内外の視察では区民の意見収集も合わせ年度内の可能な時期に実施したいことを提案した．今から考えるとずいぶん盛りだくさんの内容だが，それだけ当初の意気込みが強かったことがわかる．

会議の運営では，区民会議は必要に応じて部会を設置することができるという規定があった（要綱第3条第3項）．他の区民会議では事務局が既に部会をつくり，それに応じて委員の役割が決まったところもあった．しかし会長としてあくまでも区民会議主導の組織をつくりたかった．[16] 運営方式としては先に述べたような全体会と部会の二本立てで行うことを考えた．[17] 全体会では全委員の意見を反映した区民会議の承認を必要とする項目について内容を議論し，「さいたま市総合振興計画」の「行政区別構想」の策定などは全体会で進めた．組織運営の方法や会議の位置づけなどは当然全体会で議論すべき内容であった．

これに対して部会方式のメリットは，各委員の専門性や関心に応じて集中的かつ自由に議論できる点にある．グループワークという点から，ワークショップでは20人を2あるいは3グループに分けることが好ましく，これらがワーキンググループとして機能する．専門部会は区役所の区民生活部と健康福祉部の組織に対応させることも当初考えられたが（「区民生活部会」と「健康福祉部会」），既に述べた総合振興計画の審議会で市議会の委員会に合わせて専門部会が設置された経緯があり，「始めに組織ありき」ではないのでその必要はない

と判断した．その一方で結局テーマ別の部会を設けなかったのは幅広く議論したかったことに加え，これだけのメンバー（20人）でいくつも部会を設ける必要はないと考えたからであった．こうして区民会議のテーマを設定する企画と調整など総合的な機能を担う「企画調整部会」と広報宣伝機能を担う「広報部会」の二つを設けることにした．

▷ 第1期の諸活動

（活動組織の決定）

運営や組織のあり方について事務局やコンサルタントがたたき台を出してきたのでは，区民会議の主体性がなくなる．このため会長として強力なリーダーシップを発揮する必要があった．「企画調整部会」ではまちづくりのテーマなど必要に応じて議論してもらい，部会長がその議論を全体会で報告し，それを受けて全委員で協議して結論を出すという方式を採用した．市から検討課題が随時出てくる中，まちづくり固有の課題を検討するためにはやはり議論に道筋をつけないと進まないだろう．なお「企画調整部会」と「広報部会」の所属は個人的な打診と希望を聞きながら決めた．[18]

また活動は1回の会議で2時間を目安にし，始めの1時間を全体会に残りの1時間を部会にあてること，月1回開催する定例化も決まった．[19] こうして見沼区の区民会議の組織と運営方法が承認され，全体会・部会方式による活動が10月から始まった．当初事務局が2ヶ月に1回程度の開催で考えていた点からすれば，この運営方式は大きな前進と言ってもいいだろう．この程度の開催回数を予定していたことからも，区や事務局が市の検討課題を議論する広聴機関として区民会議を捉えていたことがわかる．[20]

初年度は総合振興計画の区別基本構想で見沼の自然が取り上げられたこともあり，年間のテーマを環境問題にしぼり活動することになった．区民会議の活動は，区役所の情報公開コーナーで会議開催のお知らせ，開催結果，議事録，会議配付資料が公開された．あわせてインターネットの市のホームページでも閲覧できる．なおこの全体会と部会方式は2年目に入り広報部会への参加メン

バーが減ったため，平成16（2004）年9月以降は「企画調整部会」と「広報部会」を全体会に統合した．

（環境問題への取り組み）

　自分が住む地域がどうなっているのか，現状を知るために区内の視察を最初に行った．環境は住民誰もが取り組める身近な問題である．折から市の公園みどり課で「緑の基本計画」をつくるため区民会議で議論してほしいとの要請があり，初年度のテーマが環境問題であることから，市に対して区の緑の現況と将来像を積極的に提言できる機会と考え，区内の視察を実施した．限られた時間ではあったが，区のマイクロバスで浄化センターや多目的遊水池など関連施設を回った（2003年11月）．また特に区内の河川汚染やゴミの不法投棄がひどいことから再度視察を行った（2004年2月）．

　リサイクル法により家電製品の引き取りが有料化されると，区内でも空き地に放置することが多くなった．それらは林などの影で目立ないところに放置されていた．また業務用と家庭用のゴミが混在しているゴミ置き場があり，個人商店や工場などが粗大ゴミを出していることもわかった．さらに道路脇には車窓から投げたと思われるペットボトルや空き缶が散乱しているところが何カ所もあった．地域社会でよく問題になるのが，こうしたゴミ置き場の管理である．各家庭でゴミの分別処理をするが，その分類が煩瑣になり過ぎている点も問題ではないかと思われる．かつて「近隣居住区」（近隣コミュニティ）に必要なものとして，小学校，公園や遊び場（オープン・スペース），地域の店舗（商店街），居住環境（街路体系）が指摘されたが（Perry, 1929），現代では特にゴミ処理施設の配置が消費社会の拡大に伴い重要な問題となっている．

　このような視察を受け，2年目も引き続き環境問題を中心テーマに検討していくことになった．区民がいっせいに地域社会の掃除をする「クリーン・デー」を設けてはどうかという提案も行った．この種の取り組みは既に自治会でされているが，区民共通の環境意識を高め，併せて区民会議として積極的に取り組んでいることをアピールしたかった．この他広い公園があるにもかかわら

ず，駐車場がわかりにくいため有効に活用されていない「宝の持ち腐れ」的な施設があることも視察でわかった．「箱モノ」施設は利用者サイドに立った視点が欠かせない．新たに施設をつくるのではなく，既存資源を活かしたまちづくりが望まれる．これは市の「公共施設適正配置方針」で言われているとおりで，どうしてもつくる必要があるなら，後世に悔いのない施設にしてもらいたいものである．[22]

(その他の活動)

他の自治体への視察については初年度7月の全体会で，区民と行政の協働によるまちづくりを積極的に進めている横浜市や川崎市，志木市，三鷹市，横須賀市などいくつか視察先の候補を検討した．しかし結局後述する「提案箱」の設置や地元のフェスティバル（見沼区ふれあフェア）への参加，市からの検討事項も加わり第1期では実現しなかった[23]．市長（当時）の強力なリーダーシップに負う行政主導の市民組織とは言え，特に市民参加の機会を多くつくってきた志木市はぜひ視察して意見を聞きたかった．

この他，区民会議独自のイベントとして区民コンサートを実施した[24]．この目的は区民会議をより多くの区民に知ってもらうためで，できるだけ手づくりの催し物にしたかった．初年度に引き続き2年目には，区内在住で音楽教室を開いている方にお願いし，区役所でニューイヤーコンサートを行った．区のホールを利用して生の演奏を聴くことは区民の一体感や子供たちへの情操教育にも好影響を与えるものと考え，ファミリー向けの曲目を選定してもらった．これは大好評であった[25]．なお区内の自然を知るウォーキングのイベント（「てくてく見沼」）も実施した．

3．区民意見の集約

▷「パブリックコメント制度」の導入

(「提案箱」をめぐる議論)

次年度の活動は引き続き環境問題をテーマにしたが，合わせて区民の意見を

どう吸収していくかが議論の中心になった．区民会議が地域住民の声を取り上げる「カタリスト」（catalyst，触媒者）になること，区民と行政の「橋渡し役」の役割を果たすことを，これまで会長として強調してきた．さいたま市では「わたしの提案」制度があるが，区民の声を反映させるため「目安（意見）箱」のようなものを考えてはどうかという提案をした[26]．これは不特定多数の区民からまちづくりについて意見を吸収する方法である．本格的な議論は2年目の平成16（2004）年6月の全体会から始まった．7月の全体会で「提案（意見）箱」の設置について具体的に検討した．

このときの議論はおおむね以下のようなものであった．「確かに趣旨は理解できるが，区民会議が何から何まで区民の苦情を聞く機関になりはしないか」，また「提案されたものがすべて実現されるような希望をもたせるのはどうか」，さらに「出てきた意見に対するフィードバックをどうするか」ということが指摘された．「県知事や市長への一言として直接意見を言う機会が既に設けられているのに，区長ではなく区民会議にあえて意見を言うことにどのような意味があるのか」という意見もあった．もちろん「提案（意見）箱」の形や大きさをどうするか，どこに設置するかという技術的な問題もあった．なお，「『意見』というよりも『提案』として前向きな姿勢を区民に理解してもらうため，名称は『提案箱』のほうがいいのではないか」という発言があった．

箱はコストを押さえた頑丈な木箱になり，委員の協力もあってつくられた．また当時区民会議の広報誌（区民会議だより）の愛称を募集していたが，このとき出てきたものを参考に箱の愛称を「みぬまめ～る」にすることも決めた．箱には「まちづくりへの提案」用紙を備えつけ提案や意見を書いてもらうが，記名式で氏名と住所，電話番号などを記入すべきかどうかも議論になった．既に述べたように，総合振興計画のパブリックコメントの記名式がかえって市民の反応を少なくしている要因のようにも思われた[27]．しかし「意見や提案内容を確認するため，何よりも書いた内容に責任をもってもらうためにも記名式にしたほうがいい」という意見が大勢を占め記名式にした．もとより企業の内部告

図2—5：『提案箱』による意見（提案）の取り扱いについて

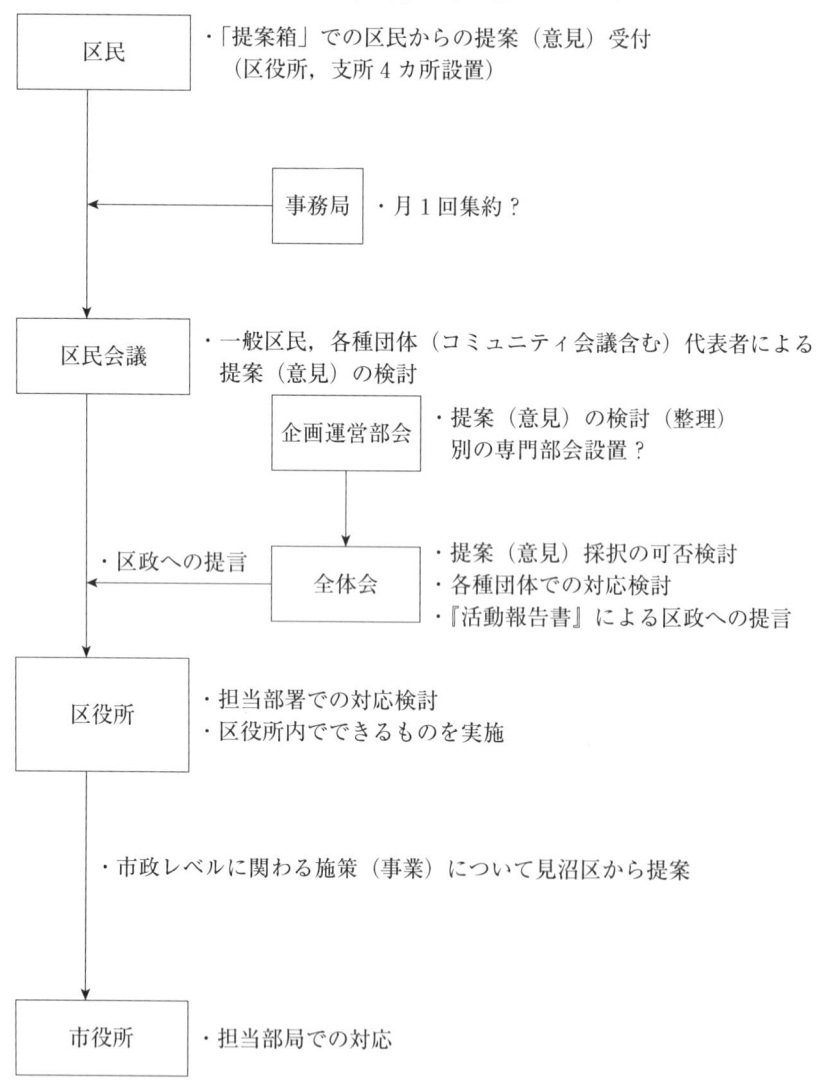

```
┌──────┐   ・「提案箱」での区民からの提案（意見）受付
│ 区民 │     （区役所，支所4カ所設置）
└──┬───┘
   │        ┌──────┐
   │←───────│ 事務局 │ ・月1回集約？
   │        └──────┘
   ↓
┌────────┐ ・一般区民，各種団体（コミュニティ会議含む）代表者による
│ 区民会議 │   提案（意見）の検討
└────────┘
          ┌──────────┐ ・提案（意見）の検討（整理）
          │ 企画運営部会 │   別の専門部会設置？
          └─────┬────┘
                ↓
  ・区政への提言  ┌──────┐ ・提案（意見）採択の可否検討
  ←─────────────│ 全体会 │ ・各種団体での対応検討
                └──────┘ ・『活動報告書』による区政への提言
┌──────┐
│ 区役所 │ ・担当部署での対応検討
└──┬───┘ ・区役所内でできるものを実施
   │
   │ ・市政レベルに関わる施策（事業）について見沼区から提案
   ↓
┌──────┐
│ 市役所 │ ・担当部局での対応
└──────┘
```

＊不特定多数の区民からの意見集約に加えて，区民会議の各種団体代表委員からの提案（意見）も必要．

発とは異なるが，記入欄は載せるものの本人が最終的に差し支えない範囲で書けばよいということになった．こうして「提案箱」を試験的に導入することを決め実施した．
(「提案箱」への反応と対応)
　「提案箱」は平成16 (2004) 年11月下旬に区役所と支所に設置され，郵送やファックス，メールでも受付けできるようにした．ニューイヤーコンサートに対するお礼の意見やビオトープ（動植物の生息空間）を設置して小中学校の環境学習に役立ててほしいという提案，見沼田圃の保全，区内の植木，草花の地産地消，美しい区づくりの「福祉園芸」，区の歴史や文化を学ぶため小中学生と地域交流の場を設けてはどうかという意見，さらにゴミ捨てがひどい側溝の清掃運動や緑化・植樹などの意見，道路の舗装，通学路への横断歩道と信号の設置，市報で図書館や公民館活動の案内をしてほしい要望などがあった．[28]
　こうして「提案箱」に寄せられた意見は区民会議で検討し，取り上げるべきものは実施していくことが必要である．その対応は「検討中」あるいは「今後の参考にさせていただきます」など，一定の様式（フォーマット）もそろえ意見を寄せた区民に知らせるべきであろう．年度末の活動報告書の中にも区民から寄せられた旨，明記して対応していくことが望まれる．県知事や市長に寄せられた意見の処理が現在必ずしも迅速にされているわけではないことを考えると，区民から寄せられた意見の迅速かつ適切な処理こそ肝要で，区民会議が区民にとって身近な存在であることをぜひ知ってもらいたかった．一部寄せられた意見に対して「区民会議で今後の参考にさせていただきます」との返事を出した．しかし残念ながら任期の時間切れもあり，すべてに対応できなかったのは心残りであるが，環境問題に関して寄せられた意見では道路事情などは別にして，既に区民会議で委員が述べた「緑の基本計画」に一部反映されたように思われる．[29]
　出てきた区民の提案や意見をどう区政あるいは市政に反映させるか，その点まで考えないと単なる受け皿（ガス抜き）に終わるだけだろう．そこで翌年1

月の全体会で,「提案箱」の処理について一つのたたき台を示した（図2－5：「『提案箱』による意見（提案）の取り扱いについて」参照）．区民の提案について事務局あるいは部会で精査し全体会で協議する方式を考えた．「提案箱」で受けたものがすべて採用されるという誤解を与えないこと，その対応を提案者に報告する点についても議論した．先に述べたように，区役所ではなく区民会議に意見が寄せられることの意味は何かということも焦点になった．この点は出てきた区民の提案や意見をもとに，より具体的な政策提言の内容に変えていくことが区民会議の役割ではないかと思う．また区民会議には各種団体の委員がいるため，専門の視点から出てきた意見や問題点を掘り下げられる点，出てきた意見を時間をかけて区民会議で検討することにも意味があるだろう．さらにいろいろな意見に共通する問題をまとめることも，この組織に課せられた務めである．今後は提案より苦情のほうが多く出てくるのではないかということも話題になったが，とにかく区民会議が区民と行政のパイプ役になるという点ではどの委員にも共通認識が得られたように思う．第1期はこうした取り組みの試行錯誤の時期であり，2期目以降で軌道にのることを期待したい．

▷ 区民の意識調査

　区民の意見を聞く方法にはもう一つアンケート調査があり，これは当初特定のテーマを決めて実施することを想定していた．しかし新しく区が誕生したことを受け，平成16（2004）年2月に18歳以上4千人を対象に意識調査が行われた．総合振興計画策定の際にも「市民意識調査」はあったが，それは市民を対象にした質問で，区民にしぼった調査にはそれなりの意味があった．市民に最も身近な行政としてより効率的な運営の推進ときめ細かい行政サービスを提供するため，他の区はアンケート調査を既に実施していた．この調査は最終的に区民会議ではなく区長名で行われた．区民会議でも組織の認知度や活動への期待を含め質問項目をいくつか検討した．生活環境（安全性，利便性，快適性，文化性，総合での満足度），日常生活の活動範囲（区内，区外），まちへの愛着（区内への居住希望），まちづくり活動への参加，これからのまちづくりの方向

(大切な地域資源，自然・環境，都市基盤，生活基盤の重点施策など）が，その質問項目であった．

　区民がどのように自分たちの区を考えているのか，区制になって初めてのアンケート調査で大変興味深く結果について検討した．さいたま市の「市民意識調査」では，区別の意見として「環境が優れている」,「交通の便が悪い」,「ボランティア活動への参加率が高い」,「市政への関心が高い一方で，無関心の人も多い」,「市民意向の反映」という点で，見沼区は特に評価が低かった．なお，区の将来像では「緑豊かな都市」が多かった．こうした点は区民の意識調査でもほぼ同じ傾向が読み取れた．区民会議自体の認知度では「名前だけは聞いたことがある」が21.1％,「まったく知らない」人が76.4％を占め，「活動内容も知っている」人は1.9％に過ぎなかった．60歳代，70歳代と高齢になるほど認知度は高くなるが，区民への浸透が十分でないことがわかった．区民会議が知られていない点はこちらの広報不足もあるが，これは他の区も同様で，市全体として区民会議の認知度向上に取り組む必要性を痛感した[31]．

　この調査で改めて環境問題に対する区民の意識が高いこともわかった．特に区名問題を契機に区民の行政に対する関心は強く，自分たちの意向が反映されないことに対する不満がまだ根強く残っているように思われた．区民会議の認知度の低さもあるが，こうした受身的な意識調査でなく，こちらから出向いて地区別に現状や課題について意見を聞く機会をこの意識調査以前から筆者は提案していた．これはタウン・ミーティングであるが，もう少し気軽に話ができるスタイルを考えた．それは住民の要請を受けて行政が施策について説明するのではなく，テーマを設け区民と膝をつき合わせて意見交換する「車座集会」のようなものである．特に区内視察と連動させると効果的で，「『区民会議』は頑張っているな」という意識を区民にもってもらい，組織の存在もアピールできるだろう[32]．これは単なる苦情を聞く集会ではない．それはまちづくりに積極的になってもらう区民の意識向上運動でもある[33]．しかし時間とエネルギーに余裕のある委員と事務局のスタッフだけでは実施が難しく，また会場設定の問題

図2—6：区民参加型まちづくりシステムの構築
　　　　（コミュニティ・アイデンティティ確立のステップ）

ステップ1
- 区民に見沼区を知ってもらう．
  - 「見沼区ガイドマップ」の活用
  - 史跡，地名由来，伝承などの解説や写真の常設展示
    （区役所，図書館，公民館，コミュニティセンターなど）
  - 区民対象の見沼散策（見沼ウォーク）ツアーなどの実施

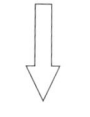

ステップ2
- 区民参加のきっかけをつくる．
  〈一般住民としての区民〉
  - 「見沼区ふれあいフェア」への参加
  - 「見沼区クリスマスコンサート」への参加
  - 「見沼区区民会議だより」への誌上参加など
  〈団体としての区民〉
  - 各種イベントへの参加（協賛）

ステップ3
- 「自分のまち」という意識（わがまち意識）を育てる．
  - 地元に誇りと愛着をもつようにする．
  - 見沼区民の日（週間）の創設
  - 一人ひとりのモラルの向上
  - 環境問題，青少年問題，防犯問題など解決の糸口を見出す．

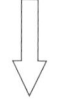

ステップ4
- 区民自ら動くことでまちが変わることを実感してもらう．
  - 区民会議への公募委員としての参加，区民会議の傍聴
  - 「見沼区版パブリックコメント」の導入
  - 「提案箱」の設置（不特定多数の住民意見の吸収）
  - 「タウン（コミュニティ）・ミーティング」の実施
  - 「ミニ集会」による区民意見の吸収（特定地域住民対象）
  - 「出前トーク」による区政の報告（説明）

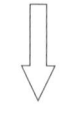

ステップ5
- 提案された諸課題について検討する．
  - 緊急性や重要度などを考慮して区民会議で検討する．
  - 必要に応じて関連諸団体や区役所に提言する．
  - 区民とともにまちづくりを実践する．

もあり，さらに区民意識調査で現状がだいたい把握できているという意見から，結局第1期ではこの「車座集会」は実現しなかった．

4．活動の成果

▷ 活動報告書の作成

　年度末には活動報告書の作成があった．「手づくりの報告書」にするため各委員にも主体的に参加してもらいたかった．しかしこの種の報告書は結局事務局とコンサルタントが作成する．初年度ではこれまで述べたように「走りながら考える」活動をしてきたが，区民会議の理念や目標，方針を確立することに重点を置き，「人任せにしないまちづくり」から参加型のまちづくりの仕組みを目指してきた．そこで改めて「区民参加型まちづくりシステムの構築」として報告書に入れることを筆者は提案した（図2−6：「区民参加型まちづくりシステムの構築」参照）．

　活動報告書では，特に初年度の課題として区民会議の組織と運営方法について明確に記述した．この組織と運営について明文化したものが，今年度の重要な「成果物」の一つと言えるだろう．これは次年度（次期）以降の区民会議の「基本方針」として，一定のレールが敷かれることを念頭に置いたものである．本来各委員に執筆をお願いしたかったが，それぞれ忙しい中で時間がなく結局は事務局（コンサルタント含む）と両部会長がたたき台を出して全体会で議論してもらった．こうして初年度の活動について報告書が作成された．他の区では，果たしてどれだけ手作りの報告書ができたであろうか．

　初年度，すなわち区民会議が発足して初めての活動報告書を市長に報告する集まり（区民会議活動報告会）が平成16（2004）年5月にあった．このとき各区ごとに活動内容の説明があったが，多くの区があらかじめ用意された事務局作成の文書を読み上げる報告であった．そのときの配付資料に各区民会議がどういう活動をしてきたのか一覧にまとめたものがあった．この資料は見沼区の区民会議の全体会でも紹介し，各委員の参考にしてもらった．これは見沼区以

外の区民会議の活動を理解し，必要な活動を取り入れたいと考えたからである．これまで他区の活動は区民会議の担当事務局は把握していても，各委員に共有されることはなかった．

▷ 要求提示型から政策提案型へ

2年目も活動報告書が初年度同様作成された．この報告書は第1期の活動報告書としてまとめの性格をもつため，「区政への提言」に加え「次期区民会議の活動にむけて（引継事項）」の項目を入れるよう，第1期の会期末を迎えた平成16（2004）年2月の全体会で提案した（巻末資料2－6：「次期区民会議の活動にむけて（引継事項）（案）」参照）．

区行政への提言としては，総論で区民会議と行政の協働，区民意見の集約，またその各論として「提案箱」（みぬまめ～る）による区政へ政策提言，環境意識の高揚策，区民会議の認知度向上（広報誌の発行，「見沼区ふれあいフェア」への参加），定期イベントの実施について述べた．次期区民会議の活動（引継事項）では理念・目標・方針（区民参加型のまちづくり，区民の幅広い意見集約による政策提言，区民活動とコミュニティ・アイデンティティの創出）の継続と発展，具体的な活動内容として組織づくりと「区の基本計画」の策定，区民の意見吸収，各種団体の組織活用などを提案した．いずれも単なる「要求提示型」ではない「政策提案型」を目指したものである．果たしてどれだけ，この第1期の「思い」が次期の組織に伝わったであろうか．

なおこの2月の全体会では，「第1期の活動を振り返って」と題して自由に意見や感想を述べる機会を設けた．また任期が終わるため各委員が活動を振り返り，一言報告書にコメントを入れてもらうことになった．区の将来構想は市の総合振興計画の基本計画の中に盛り込まれたが，その具体的な取り組みは「区の基本計画」として示される．この計画策定も行いたかったが，第1期の立ち上がりでは時間が足りなかった．この他既に作成している区もあるが，「区政要覧」も手づくりのものを作りたかった．今にして思うとあれもやりたいこれもやりたいと，会長として気負いや思い入れが強かったような気がする．

第2章 市民参加のケーススタディ 83

表2—2：市政についての区民会議での検討課題

年度	検 討 課 題	所 管 部 署
平成15	・「さいたま市総合振興計画」（基本計画）の（行政区構想「区の将来像」）	総合政策部企画調整課
	・「国際化推進基本計画に係る意識調査」（区民会議委員対象）	生活文化部国際交流課
	・「岩槻市との合併協議について」	政策企画部政策調査課
	・「緑の基本計画の協議について」（第1回）（区民会議委員対象「緑の基本計画アンケート」）	都市計画部公園みどり課
平成16	・「緑の基本計画の協議について」（第2，3回）	都市計画部公園みどり課
	・「都市計画マスタープラン」（区民の意見交換について報告のみ）	都市計画部都市計画課
	・「さいたま市文化芸術振興計画」に関連する「地域の誇るべき文化について」のアンケート（区民会議委員対象）	生活文化部文化振興課
	・「さいたま市次世代育成支援対策行動計画（仮称）」の素案資料の配付	福祉部子育て支援課

注：部局名は当時の組織

しかし何よりも区民会議に一定の方向性を与えることはできたのではないかと思っている．次に，この区民会議の問題点と課題についてこれまでふれなかったことも含めて指摘したい．

5．問題点と課題

▷市の広聴機関と自主的な活動

市から寄せられた主な検討課題を列挙してみよう（表2—2：「市政についての区民会議での検討課題」参照）．このような協議は今まで以上に市民の意見を積極的に述べる機会が増えることを意味する．しかしその一方で，区民会議が手っ取り早く市民の意向を聴く機関として利用される場合もあるだろう．たとえば岩槻市との合併協議では任意合併協議会で検討中，市民への意向調査の参考にするため平成15（2003）年の10月と11月，2回区民会議で意見聴取があった．「地下鉄7号線の延伸によりさいたま市が東京と直結することを歓迎すべきである」という意見，また「岩槻市が蓄積してきた歴史的アイデンティティ

が失われるのではないか，逆に行政サービスが低下しないか」，さらに「そもそも岩槻市民で合併に賛成している人が多くいない」など，合併について賛否両論の意見があった．

　こうした意見を述べるとき各種団体の代表委員の念頭にあるのは，組織としての意見と個人の意見の区別であった．その意見には出身母体の組織利益を担う意見もあれば，個人的な意見もあるだろう．区民会議の委員としての選出背景を考えると，組織としての意見を言うことが望ましいように思われる．しかし合併についての意見交換では，あくまでも見沼区民としての意見を述べる者が多かった．なお合併に関する調査票が事前に配られ，さいたま市のまちづくりの方向，岩槻市のイメージ，合併協議について前向きあるいは否定的な見解について意見を求められた．[38] この調査票のうち「区民会議における『さいたま市のまちづくりの方向性』に関する意見について」（政策企画部政策調査課）の結果がまとめられ後日各委員に配られた．いくつかの意見の中で，市民主導のまちづくりができる環境をつくることが大切で，役所の意向が強くならないよう市民の声をダイレクトにキャッチして市政に反映させることが必要であるという主張には賛成である．ここに区民会議の自主活動の意味もあると言えよう．

　なおこの他，市民団体の代表として会長宛に「見沼田圃の保全・活用・創造における市民協働に関するアンケート」（政策企画部企画調整課）があった．ここでは区民会議も市民団体の一つとして位置づけられている．このときは会長の意見というよりもむしろ個人の立場で書いた．この中で市民協働を支える仕組みづくりでは，特定団体の意見のみ聞くことなく一般市民の声にも耳を傾けること，またパブリックコメントでは間接的な市民の声になってしまうので，タウン・ミーティングのような直接市民の声を聞く必要があることを述べた．[39] これは行政が自分たちの活動を市民に知らせるねらいもあるが，一方通行の伝達ではない市民の意見を吸い上げる回路をつくることが重要である．

▷ 区民との連携

　2年目に入ったとき特に組織運営で問題になったのは，各種団体の活動との連携であった．どちらかと言うと，区民会議が一般区民（個人）との橋渡しのほうに力点を置いた活動を進めてきたからである．一般区民および団体区民と区民会議の関係をどう有機的に結びつけるのか，これが当初の組織づくりと並び問題の一つとなった．本来区民会議の構成は一般区民の代表者と区内在住の各種団体の代表者から成る．このため会議で決めたことを実行するのは行政だけでなく，こうした団体を通して依頼し実行を促す場合も，また団体からの提案を区民会議が受けそれを区内全体に広げることもあるだろう．区民会議でまとまった環境問題などの取り組みの方針やその具体的な活動を各種団体に知らせることで運動が促進されることもあれば，また逆に現在自分の所属する団体の活動を区民会議で検討し区民に周知徹底してもらいたいという積極的な情報提供や提案も考えられる．(40) もちろん区民会議で発言するときは団体業務に関わる内容だけでなく，広く環境問題への取り組みについての個人的な意見もあるかもしれない．こうした個人意見を否定するつもりはないが，日常の団体活動を背景にした専門的な知見に基づく意見を期待しているからこそ，区民会議の団体委員として参加しているという点は理解されるべきであろう．

　このような連携の対象は一般区民や諸団体だけでなく，区に活動基盤をもつ民間企業の「企業市（区）民」も含まれる．こうした広い区民との連携の「要（かなめ）」になるのがこの区民会議である．諸団体との関係では，たとえば地区の「青少年を守る会」で行われている「あいさつ励行推進運動」など，区民会議が率先して運動の広がりを支援することも考えられる．この運動は「<u>あ</u>さの『あいさつ』明るい家庭，<u>い</u>つもニコニコ元気な『あいさつ』，<u>さ</u>らりと『あいさつ』なごむ人心，<u>つ</u>くろうよ人の和・地域の和『あいさつ』で」を合い言葉に，毎月第三日曜日を「家庭の日」と定めその普及に努めている．この種の運動の具体的な方策を区民会議で議論する，あるいは他の団体にお願いして広く呼びかけることも必要だろう．同様にスポーツ団体や地元中小企業の活動を，

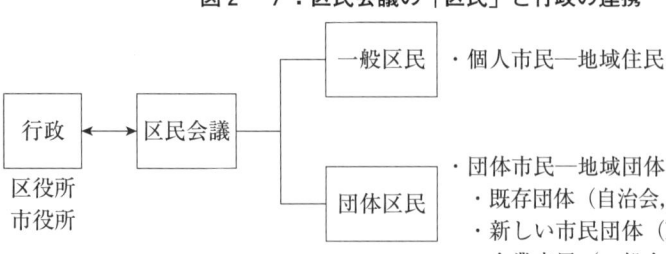

図2―7：区民会議の「区民」と行政の連携

```
                  ┌─ 一般区民 ・個人市民―地域住民
行政 ←→ 区民会議 ─┤
区役所             │                ・団体市民―地域団体，業界団体
市役所             └─ 団体区民       ・既存団体（自治会，商工会，農協等）
                                    ・新しい市民団体（NPO）
                                    ・企業市民（一般企業，地場産業の企業）
```

区民会議を通して活かすことも必要だろう．残念ながら，こうした点については第2期以降の課題として申し送り事項にとどまった．

　区民会議が「区民」の集まりであることに変わりはない（図2―7：「区民会議の『区民』と行政の連携」参照）．その関わり合い方に違いがあり，一般（個人）区民は地域住民としての意見を，団体区民は団体としての意見あるいは団体を背景とした意見を述べてもらうことが原則であろう．各種団体選出の委員には，本来あくまでも諸団体の専門的な意見が期待されている[41]．ただ場合によっては合併問題など組織としての意見ではなく，組織の意向を反映しない個人的な意見を述べることもあるだろう．団体自体は見沼区になくても，その本人が見沼区に居住しているため当然区民としての意見をもっている．しかし団体代表としての委員であることを自覚して，そのうえで区民として地域の問題に引き寄せて個人の意見を言うことが望ましいように思われる．まったく個人の意見を述べるのであれば，公募委員として参加すべきではないだろうか．

▷ **集団としての凝集性の欠如**

　また区民会議どうしの連携も必要である．これは他の地区でどのようなことが行われているのか，お互いを知ることでいいところを吸収し，この連携によって区を超えた共通の問題にも取り組むことができるだろう．このような地域づくりの意見交換ができればと思い，区民会議のヨコの連携を深めるため「会長連絡会」（ただし1区だけ会長ではなく，委員長という名称を使っている）

のような組織を筆者はつくろうとした．そのため市長と区民会議の会長，副会長が一堂に会したときに文書を配って参加を募ったが，この代表者会議に対する反応は鈍く賛同者は少なかった．まちづくりのノウハウをお互いに吸収し合う効果は一部の区民会議では他の区民会議のメンバーも参加する合同シンポジウムなどに結実しているものの，相互の交流は少ないのが実態である．自治会に代表される旧来の秩序（連合自治会）が維持されているところほど，この区民会議の連携の動きに対して反応が鈍いことを「膚(はだ)」で感じた．

これに対して行政（事務局）のほうでは，各区の区民会議の活動について意見交換する場があったのと対照的である（コミュニティ課長会議など）．この点で他の区民会議が既に行っているから，あるいは乗り遅れまいとする「バンドワゴン効果」が各区の活動に現れたのではないだろうか．たとえば他区で行われていた意識調査をしてみてはどうかという提案が，既に述べたように事務局からあり実施した．この種の同調行動がいい方向に作用するならいいが，区民コンサートなどの催し物は他の区でも広がりを見せている．

なお特に筆者が会長として組織運営でやりにくさを感じたのは，何よりもその補佐役（副会長）を始めから選べなかったことである．これも区民会議の組織としての凝集性欠如の遠因であった．すなわちそれは会長職の規定から始まり，事務局で執行部とその団体委員を決めていた点にある．これは立ち上がりの第1期の組織で，いたしかたない面もあるだろう．区民会議の委員選出は今後再考を要する(42)．この点でNPOなど同じ志をもつ者が集まる集団と，この種の寄せ集めの集団ではまとまりが当然異なる．凝集性が高い集団では失敗しても組織がそれを学習することで態勢が改善されることもあるが，この種の行政によってつくられた市民との協働組織ではそれは難しい．

こうした集団の凝集性は一般の市民運動にも共通するものだろう．小田はその原理として「何を，いつ，どこで，どのようにして，どこまで」という問題追究の行為が市民運動の基本で，「問題を身にしみて感じること」を前提に「身銭を切ること」で初めて「人びとの運動」になると言っている（小田，1972

年).それは「人間の都合」から考え,自分のことは自分で決めるという一人ひとりの生身の「人間のくらし」に即した行為に他ならない.1960年代,70年代のベトナム反戦運動から得た教訓は現代の市民運動にも十分通用するように思われる.この原理は要するに「自分のしたいこと,またできることをする」,「言い出しべエが率先してことを行う」,「他人のすることにとやかく文句を言わない」ことである.具体的に自分の手を使ってすることが大切で,「当為と必然のことばを運動の論理と倫理の基本におかない」ことが肝要で,それは「くらしそのものの論理と倫理」にも言える.「しごと」や「しくみ」の言葉でなく「くらし」の言葉で考え,「無数のひとりの人間の運動」になるのであれば,それはグローバルな広がりをもつだろう.

▷ 区民会議への期待

本章は筆者自ら市民懇話会,総合振興計画審議会,区民会議という三つの組織への参加を通して,市民と行政の協働をめぐるケース・スタディとしてさいたま市の地域づくりについて検討してきた.今後はさいたま市がさらに市民との真の協働によるまちづくりを進め,特に区民会議が第2期目以降単なる行政の下請け機関的な「苦民会議」にならないことを祈るばかりである.(43) これは区民の生活をますます苦しめるような会議と同時に会議に参加した者が苦悩することを意味するが,何度も強調したように区と区民の間に入る「触媒者(触発者)」として区民活動を促す組織であってほしいものである.

既に述べたように第1期終了直前の最後の区民会議の場で,各委員から約2年間を振り返り自由な意見を言ってもらった.それぞれの委員が就任当初もっていた「思い」をどのくらい実現できたであろうか.(44) 筆者もまた今思うとあれもやりたいこれもやればよかったといくつか出てくるが,組織発足時の任期としてはそれなりのことができたのではないかと自負している.第1期はどうしても立ち上がりの時期だけに「走りながら考える」ところが多かった.それでも一定の成果は果たせたと今でも思っている.(45)

こうしたさいたま市の地域づくりへのホップ,ステップ,ジャンプという筆

者にとっては三段階の参加体験から得た教訓は，何よりも市民として確かな「目」をもって行政の取り組みを見ていくことが大切であるということ，そして市民が積極的にまちづくりに関わっていく必要があるということであった．これらは行政が用意した住民参加の機会とは言え，それらを最大限活用するところから始めた筆者は，これまで述べたような貴重な体験を通して学識経験者ではなく一市民としての「目線」で様々なことを考えることができた．次章ではどのようにすれば市民と行政の協働が効果的なものになるのか，この点を全国の政令指定都市に対して実施したアンケート調査から考えることにしたい．

注
（1） なおこの種の市民組織としては横浜市緑区などの「区民会議」が1974年に設置され，30年にも及ぶ歴史をもっている．その後幾多の変遷を経て組織変更があり，中には設置していない区もあるが，会議参加の心構えを記したマニュアルも整備され，地域住民主導のまちづくりに一定の成果をあげている．当初はそうであったとしても，横浜市では現在「区民会議」を行政主導による市民との協働組織とは位置づけていない．
（2） コミュニティ会議として申請を出した団体がそれにふさわしいかどうか，またその組織に活動助成金を出すかどうかの判断を区民会議でする区もある．これは区民自身が区民の組織を審議して活動資金まで決める自主性が一見あるように思われるが，そのために時間をとられ本来のまちづくりのための議論ができなくなるように思われる．
（3） なおこの区民会議には公募委員もいたが，その応募の際に寄せられた意見には「区民が行政に参加することで区のまちづくりがさらに推進される」，「見沼区はさすがと言われるようになるには区民会議の果たす役割は大きい」，「初めての区民会議なので，区民一人一人の考えをどう反映できるかといった方法を検討することが先決」，「区民一人一人が住み良いまちづくりに意見できるようになってほしいし，そのまとめ役・案内役として区民会議があるべき」などの要望があった．区民が大変期待を寄せていることがわかり，改めて区民会議を区民と行政の協働を進める組織にしたいという思いを筆者は強くした．
（4） 実際自治会長を数十年もやっているところが市内にある．区民会議にこの種の自治会関係者が加わることで従来の旧慣を踏襲するなら「新しい市民組織」とは言えないだろう．
（5） 筆者は会長を依頼されたとき，見沼区が置かれている現状を踏まえ，第4章で詳述するように区名問題で住民の不信感が増しているときであり，この不

信を払拭して区民の信頼を回復する好機にしたいことを区の担当者に述べて引き受けることにした．当時を振り返ってみると，その思いがあったからこそ会長を引き受ける気持ちが強かった．なお筆者は第1回目の会議で「会長を引き受けてもいいが，一委員として積極的に発言もしたい」と言った．

(6) 年間の活動記録は「活動報告書」が作成されているので，ここではこの組織の立ち上がりの事情を中心に述べたい．

(7) 区民会議のメンバーは20名で，見沼区民生・児童委員協議会，大宮商工会議所，地区社会福祉協議会，(社) 埼玉中央青年会議所，芝浦工業大学，大宮文化協会，青少年育成さいたま市民会議，さいたまスポーツクラブ (見沼準備委員会)，リサイクル女性会議，さいたま農業協同組合，大宮医師会，異業種交流会WES21，見沼区PTA協議会，見沼区自治会連合会の代表で，これに公募委員5人，そして筆者が総合振興計画D地区市民懇話会委員として参加した．ここで注目したいのは自治会の扱いである．自治会は行政の基本的構成要素とされてきたため，他の各種団体も自治会がその関連活動として関与することが多く，その影響力が何らかのかたちで現れている．すなわちそれは自治会が各種団体の選出母体に事実上なっていることを意味する．また会長の他に副会長が2名いたが，自治会出身の副会長の人選も正直言って問題があった．会長である筆者の意向が反映されない人事で，単に自治会に配慮するというだけで決められたように思われる．第1期の期間中，会議の足を引っ張る発言がこの副会長から頻繁に出たことに，筆者は憤りを感じざるを得なかったというのが正直な感想である．

(8) 次 (平成16) 年度の予算は以下の内容であった．「区民満足度アップ経費」が98,647千円でその内訳は交通安全施設等緊急修繕，下水道管渠清掃，道路緊急修繕，排水路・防護柵修繕，下水道施設緊急他，「まちづくり基本経費」が11,196千円で区民会議運営関連，区まちづくり計画策定，区民会議広報誌発行他，「まちづくり事業経費」が10,157千円で区ガイドマップ作成，区報作成，ふれあいフェア関連，文化事業補助，まちづくり推進事業補助であった．このうち区民会議運営関連にはコンサルタントを使用する経費 (業務委託料) が，またまちづくり推進事業補助にはコミュニティ会議への助成金が含まれている．

(9) 区の組織は総務課，コミュニティ課，生活課，区民課，課税課，収納課，支所から構成される (区民会議発足当時)．実際の予算要求は区の総務課を通して市の区政課から財政課にされ，市全体の予算に反映されるようである．なお区長裁量で自由に使えるものも一部ある．

(10) 会議に先立ち事前の打ち合わせはよく行われるが，この区民会議では当初コンサルタントが入った打ち合わせがあった．しかしその後その必要性がなくなり，コンサルタントは出席しなくなった．第三者からの意見が参考になることもあるが，当事者だけの手づくりのまちづくりが望ましい．また副会長を含

めた打ち合わせがふさわしいと思ったが，都合がつかないこともあり，結局筆者と区の担当者との打ち合わせになった．もっとも後述するように部会方式を採用してからは，特に年度末の活動報告書の作成時など，必要に応じて企画運営部会と広報部会の両部会長にも参加してもらった．筆者はほぼ毎回会議の前に議題の要望を出し，また終了後には会議の総括コメントを区のコミュニティ課に述べてきた．こうした事前打ち合わせで気づいたことは，何事も「ぶっつけ本番」を嫌う「役所の体質」であった．区民会議が発足してから，市長を囲む区民会議の会長と副会長が集まる機会があった．このとき市長への質問があれば，事前に教えてほしいと区から言われたときには驚いた．この一連の行動を通して，あらかじめ想定問答集を用意しておく「役所の議会対策」の裏面をかいま見る思いがした．

(11) 筆者は市民懇話会の委員になってから車や自転車で区内をまわりながら，また自分の所属する自治会の会長などにも話を聞いて区の現状を把握してきた．

(12) 横浜市は既に長い市民活動の歴史をもっている．初年度，こうした先進地の視察に行った区もあった．見沼区でも横須賀市や県内志木市など市民と行政の協働が進められている「先進自治体」への視察を提案したが，結局他の懸案事項や時間的な制約もあり第1期では実現しなかった．個人的には同じように比較的最近発足した千葉市の「区民懇話会」への視察を考えていたが，この行政によってつくられた市民組織にはすべてコンサルタントが入って活動していることを知り，参考にはならないと判断し思いとどまった経緯があった．

(13) なお「行政区別構想」の議論のとき，区民会議の公募委員に応募した人たちの「区のまちづくりについての意見」が紹介された．この中で注目すべき意見として，住民と行政が補完しながら，できることから始めること，既存の資源を活用し補うものと省くべきものを考えること，薄れつつある隣人愛や家族愛の復活，「農の再生」と「人の交流」，商店での「一店一品運動」，道路・側溝などを清掃するクリーン運動などがあった．この他子供をめぐる凶悪犯罪が増加する中で，通学路や公園に防犯カメラを設置する希望もあった．

(14) さいたま市では平成16（2004）年4月に「区の色」を決め，各区ごとのカラーを出そうとした．Jリーグのチームカラーに決まった区もあるが，筆者の住む見沼区は「自然が豊かで澄んだ空が広がる」空色になった．色だけでない区ごとの特色あるカラー（政策）を打ち出したまちづくりを望みたい．

(15) 筆者自身15年間サラリーマンを経験し，自らの反省のうえにたち地域社会へのコミットメントを強くしたいと感じていた．

(16) こういうとき必ず批判的な発言をする者がいる．対案を出す生産的な批判であればよいが，「批判のための批判」では「百害あって一利なし」である．足を引っ張る意見は差し控えてもらいたいというのが当時の会長として，そしても今も変わらない偽らざる感想である．

(17) この部会に参加しない者がいたことも付け加えておきたい．その理由は本人の仕事が忙しくて参加しない場合と，もともと公募委員と違い団体の割当枠として所属団体から指名を受けて委員になったモチベーションの低い者である．後者はやる気がないため，当然区民会議への帰属意識も弱い．実際医師会の代表者は全体会すらまったく出てこなかった．このため代わりになる団体委員あるいは公募の一般委員を出すべきではないかという意見があった．

(18) 一つの部会への所属を原則としたが，筆者は会長として二つの部会に所属した．

(19) それぞれ仕事をもち忙しい中での活動であり，月1回が限界であった．できるだけ昼間の時間が自由にならない人に合わせたかった．このため毎回夜の7時から始めた．この1回の開催を1時間ずつ配分する全体会と部会方式は初年度継続した．はじめの全体会だけ出席して帰る人もいたが，あとは本人の活動に対するコミットメントの違いが出たように思う．全体会をコンパクトにして，部会の時間を多く取ってはどうかという意見もあったが，部会に参加せずに早く帰りたいという心理が働いたようである．もちろんより積極的な意味では，議論しやすい場で徹底的に話を詰めたいという意図もあっただろう．必要に応じて定期的な全体会とは別に会合をもつこともあった．

(20) なお委員の活動は原則ボランティアであるため，その報酬は1回につき交通費見合い程度の1,000円であった．こうした市民活動は本来ボランティアが望ましいが，コンサルタントに何百万円ものお金をかけるのであれば，その分区民会議独自の活動に使いたいものである．

(21) 単純に「燃えるゴミ」と「燃えないゴミ」の分別だけでなくさらに細分化されているため，日頃ゴミ出しをしたことがない男性にとって奥さん不在時の対応にとまどう人もいるだろう．ゴミ置き場が自分の家近くにあるのは誰もが嫌がることだが，一番いいのは特に影響のない場所に設置することで，さらに網をかぶせて頑丈なものにすることが望ましい．だいたいゴミ置き場のスペースが各世帯のゴミの量を勘案して作られているため，違う区域（組，班）の人がゴミを置いていくのは困りものである．さすがにゴミ袋に名前まで書いてはいないが，日頃からゴミの量がわかっているため，年末は別にしてゴミが異常に多いときはどこかからもってきたのではないかとすぐわかる生活嗅覚が鋭い．筆者の家がゴミ当番のとき，隣の組所属の人がゴミを置いていったことが判明し，その家に組長を通して注意してもらった．

(22) 昔から埼玉県は「災害の少ない県」と言われてきた．この地域防災に加え，ひったくりなど軽犯罪が区内で多いため，防犯も重点的に取り組まなければならない課題であった．

(23) 先に述べたように，必ず反対意見を言う「反対のための反対者」がいることを知るとともに，月1回の開催という時間的な制約もあり，改めて背景の異

なる委員の合意を得ることの難しさを再認識したことは，筆者にとっていい経験であった．

(24) このコンサート実施にあたり，「まちづくり推進事業」として補助金（20万円）を申請したが，この中から音楽家への謝金や飾り付けなどの費用を出した．その申請書に会長印を押さなければならないが，最初費目の構成がわからないまま押してしまった．しかしコンサート終了後今度は補助金の使用明細を区長宛提出するとき，単に印鑑を押すだけでなく領収書を求めた．また会長として申請した事業の実績報告書（事業報告書，収支決算書）の提出も求められた．こうした書類は事務局でつくり，会長には単に印鑑だけが求められた．しかしきちんと領収書を見て判断したかったため，一通り領収書の提出を求めた．これを見て驚いたのは，領収書の金額がすべて合計して予算どおりの金額に一致していることであった．そのとき報償費（演奏者への謝礼），消耗品費（案内チラシ，生花などの用品代），印刷製本費（ポスター印刷），役務費（チラシの郵送料），委託料（ステージ製作，照明などの会場設営）のうち，消耗品費では一円単位までぴったり端数が出ない10万円ちょうどの支出合計金額になっていた．こうした場合必ずしも一致せず過不足が出るものと思われるが，予算どおり10万円になるよう端数を含めてこの金額でお願いしたいということを相手に言えば，その分領収書も発行され帳尻が合うことになるのであろうか．気味悪いような支出の仕方，経理処理の仕方である．すべて使い切るという考え方は年度末の道路工事などに表れているようであるが，事後的に調整したようにも思われ，改めてすべて使い切りの予算計上と一円単位の正確な支出を目の当たりにしたことは，これもまた得難い経験であった．

(25) この種の催し物は，その反応を聞くためアンケート用紙を受付で配り帰るとき回収することがある．このようにして感想や催し物の提案などを，次の企画に活かすことが必要であろう．

(26) さいたま市の「わたしの提案」制度は意見や提案を市政の運営に役立たせ，市政を身近なものにするため実施しているが，それらは担当する部課で対応し市政に反映させる仕組みになっている．提案に対する問い合わせ窓口は政策企画部コミュニティ課である．同様なものは「知事への提言」が埼玉県にあり，県政について日頃考えていることを前向きな建設的な提案として出す制度である．いずれも市や県庁など公共施設に置かれた専用封筒が用意され，市や県から連絡することがあるため，氏名と住所，電話番号の記入欄がある．

(27) なお市では各部局で計画策定の際独自に市民や区民の意見を聞く機会を設けている．たとえば都市計画マスタープランの策定では各区別に市民の意見を聞いている．これは都市計画法の改正で地域住民の意見を反映することが重視されたことを受けたものであるが，筆者も見沼区の意見交換会に参加した．こうした交換会ではあえて氏名を名乗って発言するわけではなく，居住地を言う

程度で意見や提案を述べる場合も多い．
(28) 「提案箱」の意見ではないが，エレキギターのバンド活動をしているグループが，演奏機会がないので発表の場を提供してほしいという意見が区民会議に寄せられた．
(29) この「緑の基本計画」は既に述べたように，区民会議への検討要請が都市計画部公園みどり課のほうからあった（3回開催）．また区民会議の委員対象に「緑の基本計画アンケート」もあり，見沼区の将来像が環境保全に力を入れているため「緑」をめぐり活発に議論をした．現在区面積に占める見沼区の「緑」の割合（緑被率）は樹林地，草地，農地，屋上緑地，水面，裸地の合計が53.05％で，このうち農地が最も多く25.35％である．公園などハードの施設をつくることはそう難しくないが，むしろ完成した後の活用を考えてつくるべきこと，またそのハードはハート（美化意識）を伴うこと，さらに人が集まらないところの緑地保全だけでなく，市全体では商業ゾーンに位置づけられている駅周辺の林が伐採され，民間ディベロッパーによるミニ宅地開発が進んでいる地区の緑地化に取り組むことなどを筆者は提案した．この他都市近郊にある農地を「帰農」などで活用できないか，都市計画のマスタープランと重複しているところの整理，緑のまちづくりに向けていろいろ施策を打ち出しているが，ただ網羅するだけでなく優先順位をつけた取り組みの必要性を主張した．
(30) ここでもコンサルタントが質問のたたき台を考え分析を担当した．このようにアンケートの集計など適宜必要に応じて外部委託するのはわかるが，議事録の作成までお願いし「運営支援業者」が何から何まで関わることに筆者は賛成しない．区の職員や市民にまちづくりのノウハウがいつまでたっても蓄積されないからである．職員や区民会議の委員が交代しても，まちづくりの手法を「遺産」として継承していけば，自力でまちづくりができるはずである．
(31) 毎年秋に開催する「見沼区ふれあいフェア」では，実行委員会に区民会議から2名が参加しブースを出して活動について区民にアピールした．これは区民会議を多くの区民に知ってもらう絶好の機会で，「提案箱」について説明し区民に用紙を配り書いてもらった．
(32) 筆者自身は国内外含めフィールド調査を通して現場からものを考えることを重視してきたので，「提案箱」のような「待ちの姿勢」だけでなく，こちらから出向いて行く「攻めの姿勢」が必要だと日頃考えていた．なおさいたま市内で開催された政府主催のタウン・ミーティングに筆者も参加したことがあった．「やらせの問題」がマスコミで騒がれたが，今にして思えば，市（区）役所関係の職員が会場で目立ったのも事前に動員があったように思われる．
(33) 以前マンション住民の自治会でヒアリングしたとき，「こうして出向いて意見を聞いてくれることなど一度もなかった」という言葉が強く印象に残っている．また見沼区は「区名問題」で行政に対する不信感をいだく人がいる中，関

心の高い住民との話し合いは区民会議が注目される機会になると考えた．実際区民会議への第1期委員への応募は多かった．

(34) 区民会議がもともと行政主導でつくられた組織とは言え，自分たちの組織の活動成果として「御用組織」でないことを示したかった．また何よりも「権限は行使しても責任は負わない」方式を採らせたくなかった．結局会長が活動報告書を作成するようになっているからである．これは自分で問題をつくり既に回答を用意しておきながら，それを区民会議のメンバーに解けと言っているようなものであろう．私たちの組織が行政の「機関」にされてはたまらないという意識もあった．先に本文で述べたように，議長をしながら会長として議事録を作成することはまず無理である．会長が議事録を作成し活動報告書まで提出するというのは，その責任だけは会長が負うことを意味している．事務局がコンサルタントを使って議事録を作成するが，修正すべきところが修正されていないところもなくはない．形式的な手続き論だけはしっかり踏まえるところに，役所仕事の性格を読み取ることができるだろう．結局行政が自ら条例や報告書の案を作成し，その責任を議会や審議会に転嫁し自らはその責任を負わない仕組みが少なくない．

(35) なおこの活動報告書を市会議員に配布したいとの要望が事務局からあった．市会議員の希望のようであったが，日頃議員は報酬の他に高額の「政務調査費」をもらい，地域社会の実情を把握し議会活動に反映させる義務を負っているはずで，他の活動を参考にする前に自らの足で現場をつぶさに見るべきであろう．別に活動報告書を配ることに反対しているわけではなく，「一度市会議員との意見交換会があってもいい」ということを事務局に言っておいた．

(36) 実際区民会議で冒頭に挨拶する会長の言葉まで，事務局で文案を作成しているところがあると聞いている．すべて市議会や他の委員会同様，事務局で用意された文書を読み上げるだけでは自主性も何もあったものではないだろう．

(37) 各区民会議の会長と副会長が一同に集まり，市長と懇談する機会があったことは既に述べた．このときも筆者は区民会議のあり方として市からの検討課題への対応が多いことを言ったが，結局この意見は当日の議事録に残されていない．

(38) 岩槻市との合併をめぐる議論では，受け入れるさいたま市を軸とした意見交換が中心で，単に岩槻市を編入合併することでさいたま市の魅力がアップするという他地域の資源依存型のまちづくりではなく，何よりも岩槻市民の意向が十分反映されているのかどうか，この点を考慮して議論することを筆者は区民会議で述べた．

(39) 本来市民の声を代弁するのは市会議員である．しかし現実は，双方向のコミュニケーションが欠如している．選挙期間中だけ街頭演説し，当選した後は何も結果報告やその他の重要事項について語ることをしない議員もいる．定期

的に駅前で演説をする議員とそうでない議員とでは市民の反響が異なる．地域住民の声を吸い上げる地道な活動が市民に評価されない議員がいる一方，単に組織票で票田を固めている議員で一般市民向けの活動をほとんどしない者がいることを，有権者は知るべきであろう．

(40) この点委員の一人が公募委員にも関わらず，かつての組織代表の立場から不満をもち2年目以降活動にまったく参加しなくなった者がいたのは残念であった．まずそうした団体との意見交換や連携の方法を案として出してほしかったというのが，会長としての率直な感想である．

(41) なおこうした団体代表として選出されながら，欠席連絡も何もなくまったく出てこない者（医師会代表）がいたことは先にふれた．こうした者には代わりの委員を出す配慮がほしかった．その分公募委員を増やすことができたからである．その団体が市の中で有力な組織であるため割当てで選出したという理由は，行政の「組織防衛」以外の何ものでもないだろう．

(42) 「団体区民だけ委員が固定しているのはどういう訳か」，「各種団体は次期も引き続き同じ人が委員になる可能性があるのに対して，公募委員だけ改選されるのはどうであろうか」，こうした意見もあった．もちろん団体枠は固定していてもその人選が異なることがある．全員公募にして，より多くの人に参加の機会を与えることも考えられる．そうすれば，団体所属の人もやる気があるならその団体枠を超えて応募するだろう．団体として機械的な割当てで委員を受け入れることはやめたほうがいい．公募委員同様，各種団体も入れ替えるべきであろう．ただしこの団体には既存の自治会や農協，青年会議所のような団体の他に，NPOのような新しい市民組織が含まれる．しかしNPOのような市民団体は「コミュニティ会議」として登録を受けたものの中から選出される．要するに，このような「公募委員や団体委員の選出を区の事務局だけでするのではなく，現在の委員も含めてすべきではないか」という意見があったことも，ここでは述べておきたい．

(43) 筆者は第2期の委員就任をお断りした．断った理由は冷静に第1期を振り返りたかったからであるが，より直接的な理由は就任に伴う条件としてあげたいくつかが満たされないことがはっきりしたからである．それは地域住民の公募委員を増やすことやコンサルタントを使わないことなどである．特にこのままコンサルタントを加えた組織では区民の自主性がいつまでたっても育たないと判断したからである．この理由に加え本来の学術研究と著述に専念したいこともあった．また何よりも少し距離を置き，これまでの市民懇話会，総合振興計画審議会，区民会議での5年近い市民と行政の協働について振り返ってみたかった．さらに一区民として行政との協働を見つめ直したいという気落ちもあった．本書の執筆動機は「はじめに」のところで書いたとおりであるが，これまでの取り組みを総括したかったことが委員就任辞退の大きな理由の一つであ

る．さらに付け加えれば，「先生には一委員として今後参加してもらいます」という課長発言があり断った．「馬鹿野郎」と怒鳴りたかったが，そこは気持ちを抑えた．会長としてどれだけ組織づくりに時間と労力を割いてきたかが理解されていないと感じ取ったからである．

(44) 筆者の「思い」は，何よりも市民と行政の協働による地域づくりを市民主導ですることにあった．コンサルタントを使わない市民活動をすること，区民会議で区（市）への予算要求ができるためのプロセスを確立すること，区の基本計画を策定することがやり残した課題と言える．また「車座集会」も実現したかった．特にコンサルタントに払う費用があれば，その分区民会議で自前の「事務局」をつくり，事務職員を専任（常勤ではなく週2回勤務のパートあるいはボランティア）で置き区民中心に活動を行いたかった．区民会議の自由裁量の領域が広がれば，区民コンサートなど費用の使い道に対してもそれだけ責任が出てくるだろう．

(45) 見沼区のイベント「ふれあいフェア」では区民会議が「お休みどころ」としてお茶のサービスを提供したが，この出店は何よりも区民会議の認知度を高めることにねらいがあった．そのとき来た区民の人が「区民会議の皆さんはお茶をつくっているのですか」と言われ，筆者は「いいえ，私たちはまちをつくっているのです」と答えた．まだまだ認知度が低いことを思い知らされた．

第3章 市民と行政の協働による地域づくり
―政令指定都市へのアンケート調査から

1 計画・実施・評価レベルの市民参加

1．計画レベルの市民参加

▷ 総合計画への参加形態 ─────────────

　本章では市民と行政の協働について，全国の政令指定都市14カ所（調査時点平成18〈2006〉年2月現在，札幌市，仙台市，さいたま市，千葉市，川崎市，横浜市，静岡市，名古屋市，京都市，大阪市，神戸市，広島市，北九州市，福岡市）に対するアンケート調査から，地域づくりへの市民参加の現状と問題点，課題を明らかにしたい[1]（巻末資料3：「『市民参加の地域づくり』アンケート調査」参照）．

　直近の総合計画（表3－1：「政令指定都市の総合計画」参照）への市民参加の形態では，「計画の素案に対する意見募集（パブリックコメント）による参加」と「審議会（部会，分科会）以外の意見交換会やワークショップなどへの参加」が最も多くともに23.1％あった（複数回答）．以下「審議会（部会，分科会）の傍聴」は19.2％，「審議会への委員として参加」と「その他の参加」はともに17.3％で，「特に参加する機会を設けていない」ところは一つもなかった．「意見募集（パブリックコメント）による参加」と「意見交換会やワークショップなどへの参加」はともに全政令市の85.7％を占め，8割以上で市民の総合計画策定への参加が見られる．しかし，その関与の度合い（involvement）は各政令市で差異がある．

　このうち，「審議会（部会，分科会）以外の意見交換会やワークショップなどへの参加」では，仙台市の「市政懇談会」，前章で述べたさいたま市の「さ

いたま市総合振興計画策定市民懇話会」，千葉市の「区民懇話会」，「女性座談会」など，また川崎市の「タウンミーティング」，名古屋市の「『名古屋新世紀計画2010』を考える区のつどい」，京都市の「グランドビジョン市民フォーラム」，大阪市の「『これからの大阪』シンポジウム」，神戸市の「市政アドバイザーとの懇談会，区民市政懇談会，外国人との懇談会」など，広島市の「区まちづくり懇談会」，福岡市の「21世紀プラン懇談会」，「分野別意見交換会」があった．市民と行政の協働をめぐる新しい対話組織がつくられていることがわかる．このように審議会での直接の意見表明よりも間接的な意見反映が実際には多い．こうした取り組みが単に意見を聞く機会を設けたという形式的なものにとどまらないようにしなければならない．

「その他の参加」では，仙台市が「公開シンポジウム」，「区民フォーラム」，「モニター意見委員」を設け，千葉市は「意識調査」（市民，高齢者，高校生など）を実施している．名古屋市では「わたしがつくる名古屋はこんなまち」という作文を募集し，優秀賞受賞者を審議会委員に選任した事例は興味深い．京都市の「国際コンペ，小中学生作文コンクール，市民3万人アンケート」，大阪市の「『これからの大阪』アンケート，『おおさか未来新聞コンクール』，電子会議室，『これからの大阪〜将来像シンポジウム〜』，キャッチフレーズ募集」，広島市の「『広島市市民まちづくりアンケート調査』，『2010年の広島市のまちづくり（私の提案）』，属性別グループ討論の実施（自主活動団体代表者，広島広域都市圏居住者，企業人代表者，20代の大学生，20代の社会人，30代から50代の有職主婦・専業主婦・男性勤め人・自営業者，60代以上の高齢者，在広外国人，広島市出身県外居住者），小学生図画募集，中・高校生作文募集，基本計画に盛り込む施策に関する市民意見募集，『広島未来づくり市民フォーラム』の開催」など，北九州市の「新しいまちづくりへの提案」による意見募集，福岡市の全世帯意見募集があった．[2]この種の意見や提案を聞く機会が単なる「ガス抜き」の場になってはいけない．審議会で市民の意見がどの程度反映されるかが問題である．次に直接市民が審議会に参加できるかどうかという点

表3－1：政令指定都市の総合計画

政令市	基本構想	基本計画	実施計画
札幌市	「札幌市基本構想」平成10年策定	「札幌市長期総合計画」平成12年策定	「札幌新まちづくり計画」平成16年策定
仙台市	「仙台市基本構想」平成8年策定	「仙台市基本計画」平成9年策定	「仙台市実施計画」平成15年策定
さいたま市	「総合振興計画（基本構想）」改訂版 平成17年策定	「総合振興計画（基本計画）」改訂版 平成17年策定	「総合振興計画（実施計画）」平成16年策定（改定版予定）
千葉市	「千葉市基本構想」平成11年策定	「ちばビジョン21」平成12年策定	「千葉市第2次5カ年計画」平成18年策定
川崎市	「川崎市新総合計画（基本構想）」平成16年策定	「川崎市新総合計画」（基本計画・重点戦略）平成17年策定	
横浜市	「横浜市長期ビジョン」（仮称）平成18年策定予定	「ゆめはま2010プラン」平成6年策定	「横浜リバイバルプラン（中期政策プラン）」平成14年策定
静岡市	「静岡市基本構想」平成17年策定	「第1次基本計画」平成17年策定	「第Ⅰ期実施計画」平成17年策定
名古屋市	「名古屋市基本構想」昭和52年策定	「名古屋新世紀計画2010」平成12年策定	「名古屋新世紀計画2010第2次実施計画」平成16年策定
京都市	「京都市基本構想」平成11年策定	「京都市基本計画」平成13年策定	「京都市基本計画第2次推進プラン」平成16年策定
大阪市	「大阪市基本構想」平成17年策定	「大阪市基本計画」平成17年策定	
神戸市	「新・神戸基本構想」平成5年策定	「第4次神戸基本計画」平成17年策定	「神戸2010ビジョン」平成17年策定
広島市	「広島市基本構想」平成10年策定	「第4次広島市基本計画」平成11年策定	「広島市実施計画」平成17年策定
北九州市	「北九州市ルネッサンス構想（基本構想）」昭和63年策定	「北九州市ルネッサンス構想（部門別計画）」昭和63年策定（17年度総合計画予定）	「北九州市ルネッサンス構想（第三次実施計画）」改訂版 平成15年策定（17年度総合計画予定）
福岡市	「福岡市基本構想」昭和62年策定	「福岡市新・基本計画」平成15年策定	「政策推進プラン（第1次実施計画）」平成16年策定

注：平成18（2006）年2月調査時点回答の総合計画

について見ることにしたい．

▷ 総合計画審議会への一般市民の参加

(参加人数)

　審議会の委員総数に対する公募市民委員の人数では札幌市が24人中10人と多く，さいたま市では50人中9人，千葉市では100人中30人であった．川崎市では20人中20人とする回答があったが，これは学識経験者を中心とした総合計画策定委員会とは別に総合計画市民会議を設け，この委員がすべて公募ということで審議会の委員ではない．この点は前章のさいたま市の総合振興計画策定市民懇話会の委員すべて（108人）を公募した形式に類似する．横浜市では41人中6人，京都市は90人中10人，大阪市では55人中10人，福岡市では72人中6人であった．

　仙台と静岡，名古屋，神戸，広島，北九州の各市は直近の総合計画策定にあたり，直接公募委員を設けていない．しかし後述するように，神戸市などは先の川崎市やさいたま市同様，審議会に意見を反映させるため意見交換会やワークショップを設けている点を考慮すると，審議会以外の場で市民の意見を吸収する工夫がされていることがわかる．しかし，それら市民の意見があくまでも参考程度にとどまることが少なくない．なお静岡市は政令指定都市（2005年4月）になって間もないこともあり，市民参加のルートがまだ十分確立されていないようである．

(市民委員の選出方法)

　公募委員の選出方法では，小論文やレポートによる選考が多かった（札幌市，川崎市，横浜市，京都市，大阪市，千葉市，福岡市）．さいたま市では第2章で述べたように，総合振興計画策定にあたり各区の市民懇話会で，一人ずつ会員の互選によって審議会の委員に参加する方式が採られた．学識経験者および職員による公募委員選考委員会で小論文を審査して選考する（福岡市），また特定のテーマに対する意見の提出を求め委員選考の参考にする（大阪市），あるいは論文審査に加え集団討論を実施したところもあった（横浜市）．こうし

た「作文」は「市民参加の高いハードル」と言われてきたが，応募に関心ある市民が自治会や各種団体のOBであることも少なくない．ごく普通の市民が参加するにはまだその機会は限られていると言ってもよいだろう．⁽³⁾

（一般市民が参加しやすい工夫）

　公募委員として参加する機会は形式的にあっても，その参加を阻害する要因が他にあるのではないか，一般市民が参加しやすい仕組みを行政はつくっているのであろうか．この点を明らかにするため，「特に一般市民が参加できる工夫をされましたか（会議開催日や時間帯など）」という質問をした．これはこれまで既存団体の代表など昼間の時間が自由になる人，あるいは団体の代表として公務扱いが認められる者が委員になることが多かったのに対して，あくまでも一市民として参加する場合時間の制約がある点について知るためであった．審議会の開催が平日の昼間になることが，市民の参加を妨げている要因の一つと考えられる．市民の市政への参加意識は高くても，開催日時が特定の者しか参加できない「見えない壁」になっているように思われる．結果は次のとおりであった（以下，文章回答は原文のまま）．

　「夜間の会議を多くしたほか，会議の日時についてホームページを活用するなど事前周知を図った」（札幌市），「公募委員を含め，委員が審議に参加できるよう，夜間や祝日に審議会を開催するなどの工夫を行った」（大阪市）点は，高く評価したい．また川崎市のような審議会への意見機関である「総合計画市民会議」では全員市民委員であるため「平日夜間又は土日に開催」したところもある．[4]「事前に広報発表や市民しんぶんにより，開催日時の周知を行った」ところは，審議会の傍聴者に対する配慮であろう．これも平日の昼間であれば，まず普通の市民の傍聴は無理である．もともと公務員が「国（市）民の家僕」であるなら，他のサービス業のように顧客が利用できる工夫をすべきである．この他「開催時間帯を特定せずに設定した」ところもあった．総じて一般市民が参加しやすい環境は十分とは言えないが，一部の政令市で市民参加への配慮がある点は他の市も良好事例として取り入れることを期待したい．

(市民参加の効果)

「一般市民の審議会への参加はどのような効果があるとお考えですか」という質問に対して,「市民と行政との間に共通認識が形成される」(札幌市),「各地区や各世代の市民が持つ意見を計画に反映できる」(さいたま市),「計画に広く市民意見を反映することができ,行政の押しつけではなく協働のまちづくりに寄与するものと考える」(千葉市),「市民の信託に基づく市政運営」(川崎市),「市民が身近に感じることができる計画策定につながる」(横浜市),「市民からの幅広い意見・提案を計画策定に反映できる」(京都市),「市政に対する市民の参画や,より開かれた市政の推進を図るうえで重要である」(大阪市),「広く市民各層の意見を計画策定に反映させることができる」(神戸市),「市民からの幅広い意見・提案を計画により反映させることができる」(福岡市)という意見があった.計画への市民の意見や提案の反映をどの政令市でも認めていることはわかるが,それが形式的な参加ではない実質的な参画を促すことが望まれる.

▷ 審議会委員の選出

公募以外の他の委員はどのようにして決められているのであろうか.この点について「総合計画の審議会委員について伺います.市職員や市会議員,学識経験者,また自治会や商工会,NPOなど団体の委員選出は,どのように決めていますか」という質問をした.これに対して「各関係団体からの推薦等による」(札幌市),「担当課において検討の上,市長が委嘱した」(仙台市),「環境,経済などの幅広い分野の意見を計画に反映させるため様々な団体へ委員選出を依頼しました」(さいたま市),「庁内各所管にてそれぞれの分野にて専門的な立場から助言いただける方を選出した」(千葉市),「団体からの推薦」(川崎市),「幅広い審議分野を網羅できるよう専門分野などを考慮して選出している」(横浜市),「学識経験者については市政に熟知した専門家に依頼し,団体の方については各分野において市と関わりの深い団体に依頼し,団体から推薦された方にお願いした」(静岡市),「総合計画の策定等の審議にあたっては,

広く意見を頂くことが重要であり，各界各層から偏ることなく委員を選出するよう努めている」（大阪市），「事務局で各分野の専門家で地域の実情やまちづくりに造詣の深い方を選定」（北九州市）という回答があった．

　審議会は条例により設置されるため，「審議会規則に基づき，市長が委嘱又は任命をする」（神戸市），「審議会規則第4条に基づき任命」（広島市）するという回答もあった．「各局の推薦により案を作成し，上局（市長，副市長）の意向を踏まえ決定」（京都市）される．中には「多分野の専門家，各種団体の長や団体の推薦者，各会派の市会議員など幅広い市民の代表によって構成した．また，男女の比や外国人が含まれるように配慮した」（名古屋市）というように，外国人の委員を設けているところがあった．「各局からの推せん等を参考にし幅広い分野から選出している．（選出にあたっての考え方）計画策定にあたっての課題について十分な議論ができる人を選考する．幅広い分野で活躍又は各局の計画等に広く関わっている人材の登用を考慮する．本市を外から見た議論も重要なため，より広域的で国際的視点を持った人を選考する．NPO，ボランティア団体など，市民活動の第一線で活躍している人を選考する」（福岡市）ところは，委員の偏りも少ないだろう．このような幅広い分野から委員が選定されるのであれば，それだけ議論も平板にならず広がりが出てくるだろう．

　審議会の委員によって，その方向性が決められるのは国や都道府県の場合も同様であろうが，特に地域住民に身近な基礎的自治体の場合日常生活に密着した議論がされるだけに，メンバーの選定が重要である．密室での選定作業は住民の不信感が増幅するだけであろう．「始めに委員ありき」ではなく，その都度メンバーの柔軟な選定があってもよいはずである．特に学識経験者の人選では既に候補者リストがつくられ，いつもメンバーが固定している点は問題がある．市の審議会のメンバーが県でも別の審議会の委員として参加するなど，「審議会の常連」の識者も少なくない．なお審議会に市職員（助役，副市長など）や市会議員が含まれるところ（さいたま市，広島市など）と含めないとこ

ろがある（静岡市，大阪市など）．

▷ **総合計画と個別計画の整合性**

　総合計画には総論と各論があるが，第2章で述べたように各部局で環境計画や福祉計画など個別計画がつくられている．総合計画に対して，各部門別の計画でも市民参加が多くなっている(5)．これらの総合計画と各部局の個別計画の調整は直接市民との協働に関わることではないが，この点の質問に対して次のような回答があった．「個別計画は，基本構想，基本計画と整合した内容となっている．企画部門から個別計画策定の為の庁内委員会に参画して，策定段階で意見したりなどの機会を必要に応じて持ち，整合について担保している」（仙台市），「各個別計画の庁内策定委員会に構成員として参加し，調整を行う」（さいたま市），「個別計画を策定する際，数値目標等の相違がないよう，作業部員として参加するなど，企画部局が参画している」（静岡市），「個別計画の策定委員会に参加，意見交換，調整の場を求める」（北九州市）．こうした庁内間の意見調整の役割を担う委員会を設けているところが少なくない．

　また「個別計画毎の担当部局から随時ヒアリング等を行い，次期総合計画にフィードバック」する（札幌市），「総合計画において政策領域計画として各計画を整理し，連携した取組を実施」（川崎市），「計画体系としての関係と，盛り込む内容の具体性について調整している」（横浜市），「各局で個別計画を策定する際に，計画内容について総合計画担当局に照会がある」（京都市），「各局が個別計画を策定する際，総合計画との整合性を図るよう調整している」（大阪市），「総合基本計画は個々の事業内容まで網羅していないので，中期計画のほか実施計画を部門別に策定することにより，計画的で整合性のとれた行政を推進する」（神戸市）という意見があった．

　この他「各個別計画は総合計画の理念や方針に沿って計画されている」（千葉市），「『名古屋新世紀計画2010』は各部門を統括する計画として個別計画を導くものと位置づけており，既定の計画については必要に応じて見直しを行うなど新世紀計画と整合をはかっている」（名古屋市），「上位計画である第4次

広島市基本計画に掲げた施策に基づき，個別計画を策定している」（広島市），「部門別計画の策定にあたっては，総合計画の趣旨を踏まえて策定」（福岡市）するなど，総合計画の位置づけを明確にしている．総合計画よりも個別計画が先行している場合があり，両者の策定には時間的なズレもあるが，総合計画はあくまでも上位の計画に位置づけられていることがわかる．

▷ コンサルタントの利用

　行政が業務を進めるとき，その専門性や効率性から外部委託（アウトソーシング）をしてコンサルタントを利用することは，一般市民にはあまり知られていない．行政が市民との協働を進めるときも，その組織運営で専門のコンサルタントに依頼することがある．関連質問として直近の総合計画の策定にあたりコンサルタント利用の有無について聞いた．その結果，「使った」ところと「使わなかった」ところが半分ずつであった．しかし「使った」政令指定都市でも，人口や経済指標の推計で利用した一部外注で，計画内容の策定までは委託していないところがあった．

　コンサルタントを利用した理由の中では，「外部委託で業務を効率的に進めるために」という回答が全体の5割以上占め，利用したところの8割以上がこの業務の効率化をあげている．その次が「コンサルタントはこの種の計画作成のノウハウをもっているため」で3割近くあり，これは回答自治体の4割あった．この他「他の自治体の事例をよく知っているため」も1件あった．その他の理由として「資料収集，作成等の人員不足に対応するため」を理由にあげた政令市もある．逆にコンサルタントを利用しなかった理由では，「外部依存では計画策定のノウハウが蓄積されず，自前の策定能力を高めるため」という回答が全体の4割近くあり，利用しなかった自治体の4割強がこの策定能力の向上をあげている．その次が「自前で計画をつくりたかったため」で25％あった．その他の理由としては「コンサルを使う必要を感じない」という指摘があった．

　コンサルタント利用の功罪について自由に聞いたところ，「提案部門（事務局）と認識を共有し，市固有の課題を適確に把握し，策定過程においては様々

な状況の変化や認識の深まり等に柔軟に対応しうるコンサルタントが望まれるが，現実にはかなり難しい」（仙台市），「市民の意見等が直接行政に伝わりにくい．職員の意識向上が図れないことから自前計画としている」（静岡市），「計画作成のノウハウは参考になるが，コンサルまかせにならないよう注意は必要と思う」（さたいま市）という意見があった．業務の効率化からコンサルタントを利用するが，固有の計画は市民とともにつくるという認識がどこも共通していることがわかる．なお，市民と行政の協働によるまちづくりの組織としてつくられた行政主導型の協働組織（さいたま市の「区民会議」や千葉市の「区民懇話会」）で，ワークショップの指導などコンサルタントを使うところがあり，市民の自主的な活動のあり方が問われている．

2．実施レベルの市民参加

▷ 計画実施段階での市民参加

　計画を実施する段階での市民参加はどうであろうか．この点についての質問では，9割以上が実施レベルでの参加が可能としている．行政施設の管理運営面での市民参加を念頭に置いた質問であったが，どの程度の参加を意味するのか質問の意図があいまいに受け止められた点も否定できない．このため，「『実施レベル』『市民参加』の意味内容が非常に広く答え難いが，附属機関への公募委員の参画，イベント等における実行委員会形式などは広く定着している」（仙台市）という回答があった．この他，「施策の担い手として参加していただくなど，協働の基本理念のもとで各事業を推進している」（横浜市），「今回定める総合計画については，市民の役割を明記し，市民とともに取組むスタンスを明らかにした」（北九州市），「公共施設の管理運営など」（福岡市）の意見があった．

　具体的な参加の内容では，「たとえば，協働による事業の手伝いの一つとして，道路の里親制度を拡充し，街路樹を育てる里親制度を創設し，市民参加の推進を図っています」（さいたま市），「市民参加の森づくり，NPOの企画提案

による協働事業，市民参画による安心安全で快適なまちづくり等市政全般において様々な事業に市民の参加を得ている」（名古屋市），「『姉妹・友好の都市の日』交流事業の企画・運営，男女共同参画情報誌の企画・取材・作成など，事業により参画の度合いは様々である」（広島市）という回答があった．また「『大阪市基本計画2006—2015』は具体的な事業の手法や内容を定めるものではなく，事業を選択するための指針として策定したものであるが，事業実施にあたっては市民の活力を生かす協働の視点を重視することとしている」（大阪市），「中期計画である『神戸2010ビジョン』の実施にあたっては，市民をメンバーに含む『新たなビジョン推進会議』が行政と協働して，計画の実践や普及啓発を行う」（神戸市）など，実施レベルでも市民との協働が見られる．

なお「指定管理者制度」と市民参加の関係で，「指定管理制度にともなう施設の管理運営におけるNPO等の参入など」（札幌市），「本市では『花のあふれるまちづくり』や『市民防犯活動』など市民との参加と協働のまちづくりを進めているほか，指定管理者の制度においては，市民団体を含めたあらゆる団体が参加できるよう公募をしている」（千葉市），「NPOからの協働事業提案制度（協働市場，協働パイロット事業）を設けている．公の施設への指定管理者制度の導入，審議会の附属機関等への参加」（静岡市）という回答があった．この他「政策（計画）の実施段階における取組として，具体的にはワークショップ手法を活用した事業を展開し，市民意見を取り入れた施設整備等を行うなど，実施段階の取組を進めている．また，本市の市民活動を総合的にサポートする施設である『市民活動総合センター』（平成15年6月設置）の管理運営委託先を，NPO法人を対象とした公開の企画コンペで決定するなど，施設の管理運営においても市民との協働を進めている」（京都市）ところがあり，市民参加が積極的に行われている．

▷ 市民参加と「指定管理者制度」

計画の実施レベルでの市民参加は「指定管理者制度」と密接に関わるので，既に前の質問でこの制度にふれた回答もあったが，この点について別途独立し

た質問で聞いた．「指定管理者制度」は民間への管理委託とは言え，企業の業者や専門のノウハウをもつ市民組織に委託先が偏りがちで，一般市民の参加という点からこの制度をどう考えるのか，この点を明らかにしたかった．回答は以下のとおりであった．「従来以上に顧客満足度向上の視点が重視されることにより，事業の実施において地域住民の参加が促進されることを期待」（札幌市），「住民ニーズを適切に把握し，サービスの維持・向上を図ることが重要である」（千葉市），「地域に根ざした施設においては地域住民による管理運営の途が開かれると考える」（川崎市），「施設の目的により，住民参加が必要な施設は積極的に住民参加を推進すべきである（住民ニーズの反映など）」（静岡市），「『民間にできることは民間に委ねる』ことを徹底しており，『指定管理者制度』も積極的に活用している．地域住民（NPOやボランティア）のノウハウやネットワークが活用されるなど，メリットが大きいと考える」（北九州市），「企業についても市内で活動する『市民』であるという考え方から，市民参加のひとつの形態であると考えられる」（福岡市）．

　市民団体への管理委託は多い．「指定管理者となる団体には特に制限がないことから，地域住民を基礎とする団体が指定管理者となることもあり得ると考えている」（仙台市），「地域住民もNPO法人を設立し，指定管理者として管理を代行すれば，地域住民の参加になると考える」（さいたま市），「指定管理者として施設の設置目的を最も効果的に管理運営を行うことができる団体を指定しており，コミュニティーセンターの指定管理者として，地域住民による学区連絡協議会を指定している事例がある」（名古屋市），「指定管理者の選定にあたっては，『公の施設の指定管理者の指定の手続等に関する指針』に基づき，公共施設の所管局で募集要綱が作成されており，これらが定める公募条件に合致し，施設管理者として選考を経ることにより，市民団体等が参画することも可能である」（大阪市），「神戸市では，従来から協働と参画によるまちづくりを進めており，公の施設についても，地域活動の一環としてその管理運営を行う場合は，地域住民で構成される団体（地域団体）に管理運営を委ねてきた．

この結果，指定管理者制度を導入する542施設のうち，約4割の施設が地域団体を指定管理者としており，今後も地域団体に委ねることが可能な施設については，できるだけ地域団体を指定していく」（神戸市）という回答があった．

より多く一般市民の声を反映させるという点では，「指定管理者による施設の適切な管理運営を確保していくためには，利用者である市民の声を，施設の管理運営に反映させていくことが重要であると考えています．このため横浜市では，利用者団体の代表等で構成される「利用者会議」を施設ごとに設置することや施設に対する利用者のご意見・ご要望を市が直接受けつける専用電話『ご意見ダイヤル』により，利用者の視点での運営チェックの徹底を図っていきます」（横浜市）というところがある．また「本市が策定した制度運用基本指針においては，利用者アンケートの実施や運営協議会の設置など，施設の管理運営への市民参加を進め，指定管理者の提供するサービス内容の改善に反映させることとしている」（京都市），さらに「住民参加は，指定管理者制度へ移行しても従来と同等，あるいはそれ以上に確保されると考えている．管理運営上，特に地域住民の意見を反映させうることが重要な要素となる施設については，指定管理者募集の仕様書に『利用者の意見を管理運営に反映させること』を基本的事項に挙げている．指定管理の実施にあたっては，市は管理者に定期的に事業報告を提出させ，利用者アンケートを実施する，などによりサービス向上を図っていくこととしている」（広島市）ところもあった．総じて市民参加はどこも重要であるとの認識では一致している．しかし企業を含めた特定の市民参加になることに対しては，一般市民の利用アンケートなどによるチェックが必要であろう．

3．評価レベルの市民参加

評価レベルで市民が参加できるところは全体の4割強で，参加できないところは2割あった．その具体的な参加には「施策評価調書等の公表による市民からの意見聴取」（札幌市），「各種計画の総括の際にパブリックコメントを導入

した事例がある．行政評価システムで全ての事務事業の内部評価を公表している．また同システム上に外部から意見を記入していただける機能がある」（仙台市），「評価結果について，ホームページなどを通じて意見を述べることにより，参加が可能である」（広島市）など，市民意見の聴取が多い．

なお「政策評価システムへの市民参加を検討」（さいたま市），「次期5カ年計画策定（平成18年度）にあたっての検討課題のひとつとしてとらえている」（横浜市）ところなど，現在は参加できないが近い将来市民が評価に参加できることを検討している政令指定都市もある．次章で述べるように，むしろ規模の小さい都市のほうが市民が評価できる仕組みを先行導入しているが，今後評価レベルでの市民参加が多くなることが期待される[7]．

「本市の政策評価制度では，その評価を市民アンケートに基づく市民満足度指標（33項目）にて実施」（千葉市），「政策評価の手法の一つとして市民生活実感評価を行っており，これは市民3,000人に対するアンケート調査に基づくものである」（京都市），「毎年，市政評価の市民アンケートを実施」（北九州市）するなど，アンケート調査を通して市民意見を積極的に吸収しているところがある[8]．「政策評価委員会への公募委員の参加」（川崎市）など，評価委員会への市民参加が可能な政令市もある．全体として評価レベルでも市民参加の傾向は強くなっているが，その実態は各事業担当課が行う内部（自己）評価で，市民や第三者による外部評価はまだ少ないと言ってもよいだろう．

注
（1） 2006年4月政令指定都市になった堺市は，この調査時点では対象外であった．その後浜松市と新潟市が政令市になっている（2007年4月）．今回のアンケート調査は総合振興計画の策定部署宛に実施したが，個人のアンケート調査と異なり一人（一部署）がすべてにわたり回答できる質問とは限らなかったため（当初はすべて同一箇所で回答することを想定していたが），所管部署ごとに回答を得た質問もあった．またそもそもアンケートに答えていいのか，さらに最終的に担当者が回答したものを上司の許可を得て送らなければならないため，

当初の締切期間を大幅に過ぎ，アンケート回収まで相当時間がかかったことも付け加えておきたい．本章のアンケートは，既に「市民と行政の協働による地域づくり—政令指定都市の取り組み—」（2006年『社会学部論叢』第17巻第1号13—49頁）としてまとめている．なお2006年9月に開催された日本計画行政学会第29回全国大会（於大阪大学）で行った「市民と行政の協働による地域づくり—さいたま市の事例を中心に—」という報告の中でも紹介した．

（2）　このうち京都市の「21世紀・京都のグランドビジョン」（新基本構想）の策定では，21世紀の京都の将来像について広く世界から優れた提案を得て，世界に元気な京都を発信することを目的に，国内外から英知を結集する「国際コンペ『21世紀・京都の未来』」を平成9年度に実施している．海外42カ国から作品応募183件を含む総数554件の応募があったという（http://www.city.kyoto.jp/sogo/seisaku/vision21/compe/index.html）．また広島市での属性別グループ討論では，定住外国人や市出身の県外在住者に意見を聞いている点は重要な取り組みとして評価したい．広島市については担当者から直接確認することができた（2006年9月）．

（3）　三鷹市は市民自治による協働のまちづくりを目指して平成17（2005）年に成立し翌18年4月から施行された「自治基本条例」に基づき，「みたかまちづくりディスカッション2006」を実施するため，三鷹青年会議所と初のパートナーシップ協定を締結した．これは無作為抽出により18歳以上の1,000人に参加依頼書を送り，市民の中から参加者を選出する方法で，参加の機会が平等に与えられる点が注目される．その施設となる三鷹市市民協働センターは市民，NPO・市民活動団体，町会・住民協議会などの活動や交流を支援し，市民と行政の新しい協働のあり方を実践している（http://www.collabo-mitaka.jp/index.php）．

（4）　前章で述べたように，筆者が委員として参加した「さいたま市総合振興計画策定市民懇話会」は毎回土曜日に開催された．また各区に設けられた市民と行政の協働組織である「区民会議」は，各委員が参加しやすい平日の夜間開催され月1回の会議を定例化した．

（5）　たとえば都市計画では平成12（2000）年に都市計画法が改正され（平成13年施行），住民参加型のマスタープランが策定されるようになった．

（6）　静岡市では市民の主体的な参画によるまちづくりを目指して『市民活動協働市場（いちば）』を開設している（http://www.city.shizuoka.jp/deps/seikatsu/npo/index.html）．この協働市場は市民活動団体と市が協働事業について相互にアイデアを出し合い，マッチングによる事業の創出を狙いとしている．これには市に対する市民団体からの提案と市民団体に対する市からの募集や提案があるが，パイロット事業は市民との協働を進める先行事例として実施される．

（7）　埼玉県志木市では，前市長の強力なリーダーシップのもとでつくられた市民が市政に参加する「行政パートナー制度」（平成15年3月制定）や「行政評価

条例」(平成14年6月制定) がある (http://www.city.shiki.lg.jp/).
(8) このうち京都市の「市民生活実感評価」は, 個性と魅力に満ち誰もが心豊かに暮らせるまちづくりを進めるため, 市民の意見やニーズを的確に把握する市政の重要課題についての総合アンケート調査で, 平成11年度から毎回3,000人を対象に実施している. 平成16年度のテーマは「日々の暮らしの安心・安全」,「ユニバーサルデザイン」,「市民活動」, 平成17年度では「京都創生～京都の景観を守るために～」,「地球温暖化対策の推進～我々の地球を守るために～」,「京都の伝統産業」について行われた (http://www.city.kyoto.jp/koho/enquete/enquete.htm).

2　市民参加による協働の現状

1．市民との協働に関わる諸制度

▷ パブリックコメント

　市民と行政の協働について取り組みはいくつか見られるが, このうち市民の意見を聞く制度として普及しているパブリックコメントについて質問した結果は表3－2のとおりである (表3－2:「多様なパブリックコメント」参照). 各政令指定都市で市長へ直接意見を述べることはできるが, この種の制度を通してどの程度市民の意見や提案が政策や施策に反映されているかが問われている. 従来からある市政モニターに加え, インターネットを利用したメールなどコミュニケーション・ツールは広がっても, 実際出された意見や提案にどれだけ迅速に回答しているであろうか. 単に意見を待っているだけでなく,「出前トーク」や「出前講座」など行政から出向いて事業について説明する取り組みが増えている点は評価したい. こうした制度を地域住民は積極的に活用したいものである.

▷ 協働組織と協働条例

　市民と行政の協働組織, 特に行政主導でつくられた組織があるところは6割を超え, ないところは3割強であった. 各市の具体的な組織は表3－3のとおりである (表3－3:「市民と行政の協働組織」参照). ここでは主として恒常的

な組織だけをあげたと思われるが，これら以外にもまちづくりに際してその都度市民の意見を聞く組織を設けているところは，先に述べた総合計画策定のときのように多い．

なお市（区）民との協働をめぐる新しい組織は，従来からある住民組織とどのような関係にあるのか，この点を特に自治会との関係から質問した．「本市まちづくりセンター（連絡所）がコーディネート，町内会役員等が中心となり参加する」（札幌市），「各自治会連合会から区民会議への委員を選出している」（さいたま市），「自治会から委員として参加」（川崎市）しているように，協働組織に自治会など既存の団体役員が入っている．また「自治会とは直接の関わりはないが，小学区を単位とした総合地縁組織である学区連絡協議会の長がメンバーとなり，学区の活動と区単位での広域的な活動との連携を図っている」（名古屋市）ところもあった．それでも「原則として自治会とは別の組織であるが，行政区によっては自治連合会役員が参加している場合がある」（京都市），「一部自治会長が委員になっている」（神戸市）のが現状である．これに対して，「委員は全員公募のため，自治会との関係はない」（千葉市），「特になし」（静岡市）というように，行政の基礎的単位とされる自治会との関係にとらわれずに協働を推進している自治体もある．しかし実際に市や区で基本計画を策定する際「広く意見を求めることを主眼としているため，構成員に自治連合会等の役員が入っている」（京都市）のが実態である．

市民と行政による協働組織と言っても，それが行政による単なる市（区）民代表の意見集約機関，すなわち行政の政策や施策に対する市（区）民の反応を知る手っ取り早い集団広聴組織にどどまるなら，協働の意味は薄れるだろう．参加メンバーにもよるが，より多くの市（区）民の意見を吸収しそれらを行政に反映させる代表組織としての役割が期待される．既に市民と行政の協働について条例化している政令市が4割強（6市）あり，条例化していないところは6割弱（8市）であった．条例には「仙台市市民公益活動の促進に関する条例」（仙台市），「自治基本条例」（川崎市），「静岡市自治基本条例」（静岡市），

表3—2：多様なパブリックコメント

政令市	市長への提案制度	区長への提案制度	その他
札幌市	・市民アンケート ・市政モニター制度	・意見箱	・出前講座
仙台市	・市長への手紙 ・市政懇談会	・地域懇談会	・市政出前講座 ・各計画策定の意見聴取 ・市の施設を見る会など
さいたま市	・「私の提案」		・市の基本的な政策素案に対する意見聴取
千葉市	・市長への手紙		・市政への提案 ・市政モニター ・各計画策定の意見聴取 ・市政出前講座 （平成18年度実施）
川崎市	・市長への手紙		・インターネット広聴
横浜市	・市民からの提案	・区政提案箱	・横浜シティフォーラム ・市民意識調査 ・ヨコハマeアンケート
静岡市	・市民の声 ・協働市場 ・協働パイロット事業	・市民の声 ・協働市場	・市政ふれあい講座
名古屋市	・市民の声	・市民の声	・市政出前トーク
京都市	・市長への手紙	・必要に応じて実施	・市政出前トーク ・各計画策定の意見聴取
大阪市	・市長へ—私の提案		・市政モニター ・電子会議室
神戸市	・市長への手紙		・出前トーク
広島市	・市長への手紙 ・オフィスアワー		・市政へのご意見，ご要望，出前講演
北九州市	・市民の声 （市政提案箱）	・市民の声 （区政提案箱）	・出前トーク ・各計画策定の意見聴取
福岡市	・市民と市長の対話集会	・「こんにちは区長」	

注：平成18（2006）年2月調査時点回答の制度

第3章　市民と行政の協働による地域づくり　117

表3-3：市民と行政の協働組織

政令市	組織名	活動内容
札幌市	・地区懇談会（10区）	・各区実施プランや主要事業についての意見交換
仙台市	・なし	
さいたま市	・区民会議（10区） 平成15年設立 （一部17年）	・提案された諸課題についての協議及び政策提言 ・区民と行政の協働による魅力あるまちづくりのための活動 ・区政運営における公正性，透明性の確保等，区の健全な発展に寄与する活動
千葉市	・区民懇話会 平成13年設立（6区）	・まちづくりに関する調査及び検討並びに提案及び報告他
川崎市	・区民会議 平成17年試行 18年設立（7区）	・区における提案などについて議論し，共通の理解を図り，解決に向けた具体的活動や協働のあり方について審議する．
横浜市	・区民会議 昭和49年設立	・住みよいまちづくりを進める区民による自主的な組織． ・区民会議の他に，区によってはまちづくり推進会議，区民協議会，まちづくり区民の会，まちづくりの会がある．
静岡市	・区民懇話会 平成17年設立（3区）	・市民活動関係施策および協働関係施策に関する意見提言 ・他に市民活動推進協議会，市民自治推進審議会
名古屋市	・安心安全で快適なまちづくり協議会 平成16〜17年設立 （16区）	・市民，事業者，行政の協働による地域の身近な課題の解決に向けた幅広い市民活動の推進
京都市	・区長懇談会（11区）	・市政全般について理解してもらうとともに，各区の課題等の把握や区長の意見要望等を市政に反映するために実施
大阪市	・なし	
神戸市	・区民まちづくり会議 平成6年設立（9区）	・区の中期計画（まちづくり計画）策定や震災10年発信事業，各区の課題に応じた分野
広島市	・なし	
北九州市	・明日のわがまちを考える会 平成16年設立	・行政区レベルではなく，全市レベルまたは小学校区レベルの住民との協働組織 ・市政の課題について市民レベルで検討，提案 ・女性の生活経験に基づく身近な視点を市政に反映させる意見提案を行う「ミズ21委員会」（昭和62年設立）がある．
福岡市	・なし	

注：平成18（2006）年2月調査時点回答の組織

「京都市市民参加推進条例」(京都市),「神戸市民の意見提出手続に関する条例,神戸市民による地域活動の推進に関する条例,神戸市行政評価条例」(神戸市),「市民公益活動推進条例」(福岡市)があった.条例化していないところでも,現在自治基本条例を制定作業中のところ2市を含めると,大半は条例化の方向にある.

2．市民との協働促進

▷ 市民意見の反映

市民の意見を反映させるためには何が必要かという点について質問したところ,市民との情報の共有が重要であることをどの政令指定都市でも共通に指摘している.「出前講座等,市民への積極的な情報提供」(札幌市),「行政内での情報の共有」(仙台市),「パブリック・コメント等で市民から意見を提出してもらうためには,市民との情報の共有が必要」(さいたま市),「十分な情報の提供（広報）が行われ,また市民意識と要望の把握（広聴）が必要」(千葉市),「広聴のシステムづくり,職員の能力開発,広報」(横浜市),「市民参画制度の確立とその適切な運用,市民と行政が情報を共有し双方に関心をもつこと」(静岡市),「広聴機能の改善,充実を図ることが必要」(大阪市),「様々な広聴事業,広報活動及び情報公開などにより,市民と市のコミュニケーションの一層の円滑化を図ること」(神戸市)が必要であるとする.

実際どの程度の情報の共有が行われているのか.「徹底した情報公開」(北九州市)もあがっているが,行政の情報開示はまだ十分とは言えないだろう.結局「市政のあらゆる段階で,市民が市政に参加できる制度や仕組を整えるとともに,それらの制度や仕組が実効性のあるものとなるよう,実施結果や反映状況等も含めて,的確な市政情報の提供を行うことが必要だと考える」(京都市).その一方でただ市民の意見に耳を傾けるのではなく,「個々の意見をしっかり聴き,内容を検討したうえで対応に心掛け,あるいはその内容を情報化していくこと」(名古屋市),「市民意見に対して,行政内部で妥当性等をよく検討す

ることが必要」(福岡市)とする点も指摘された.

また「パブリック・コメント制度,住民投票制度」(川崎市)など,特に住民投票の制度化は単なるアンケートの意見集約と異なり,市民の意見を間違いなく行政に反映させる有効な手段である.実際住民投票の誓願や陳情をしても,それが採択されることは少ないため,それが制度化される意味は大きい.さらに,「アクセスしやすい多くのチャネルを用意して,できるだけ多くの市民の意見を集めること,市民意見を真摯に受け止め市政に反映させようとする職員の意識改革」(広島市)という指摘があるように,職員のモラール向上も欠かせない.

▷ 市民活動の促進

先の市(区)民との協働が従来からある自治会などの既存組織だけでなく,NPOなど新しい市民組織や一般市民の参加(参画)を促しているのと同様,施設面でも従来の公民館やコミュニティセンター以外に,市民活動を促進する新しい施設が多く設けられるようになった.この点についての質問では,表3－4のような回答が得られた(表3－4:「市民活動促進のための施設」参照).従来からある公民館やコミュニティセンターに比べると,市民活動やまちづくりに関わる施設ではNPOなど市民の自主的な活動に力点が置かれている.かつての公民館などの施設は地域住民の自主性が尊重されるにつれ,公民館条例を改正し生涯学習センターなど新しい名称のもとで発展的に解消されるところが少なくない.しかし施設だけそろっても,実際にそれらが活用されなければ意味はないだろう.

市民活動促進の条例や指針を制定するところは多い.札幌市では「市民活動促進に関する指針」を策定し(平成13年),仙台市は「仙台市市民公益活動の促進に関する条例」(平成11年)と「市民公益活動促進に関する基本方針」(平成13年)を制定し「協働を成功させる手引き」を作成している(平成17年)[2].さいたま市は「『市民活動の推進』と『市民と行政の協働』に関する指針づくり」を予定している(平成18年10月頃).千葉市は「市民公益活動の促進に関する基

本方針」（平成13年），川崎市は「市民活動支援指針」（平成13年），横浜市は「横浜市市民活動推進条例」（平成12年），静岡市は「市民都市実現に向けて 市民活動と行政の協働のための基本指針」（平成16年），名古屋市は「市民活動促進基本指針」（平成13年），京都市は「市民参加推進条例（平成13年），市民参加推進計画（平成15年）」，大阪市は「大阪市市民公益活動推進方針」（平成13年），福岡市は「市民公益活動推進条例」（平成17年）をそれぞれ制定している．

この他さいたま市は「市民の理解を深めるためのシンポジウムの開催，団体の組織運営力の向上を図るための学習会，職員の理解を深めるための職員研修の開催，市民活動サポートセンター整備に伴うワークショップ」，川崎市は「市民活動支援指針に基づき，人材，資金，活動の場，情報などの活動資源について市民主体の活動が広がるよう側面的な支援を行う」，静岡市は「職員のための協働マニュアルの作成，協働事業提案制度（協働市場，協働パイロット事業）の制度化」，名古屋市は平成17年度に「NPO活動支援施設の整備，『協働の手引き』作成，NPO提案公募型協働事業，特色ある区づくり推進事業」を実施している．京都市では「市民活動総合センターでの事業，暮らしの工房づくり支援事業」，神戸市では「こうべNPOデータマップ」の作成，広島市では「公益信託基金によるまちづくり活動資金の助成」，福岡市では「自治協議会（校区ごとの自治組織）への支援」などがある．総じて市民活動を促進する制度化が積極的にされていることがわかる．

▷ 企業市民との協働

なお市民と行政の協働と言う場合，この市民に「企業市民」も含まれる点について質問した．「地元企業を中心として，街自体が形成されている場合もあり，協働をおしすすめる必要もある」（札幌市），「現在，地球温暖化対策の取り組みや災害時の活動支援などにおいて，企業との協働による取り組みが行われており，今後もますます重要な部分であると考える」（千葉市），「自治基本条例で言う『市民』には地方自治法上の『住民』のほか，市内で市民活動や事業活動を行う団体も含んでおり，『企業市民』もまた，お互いを尊重し市政に

第 3 章　市民と行政の協働による地域づくり　121

表 3 — 4：市民活動促進のための施設

政令市	施 設 名	活　動　内　容
札幌市	・市民活動サポートセンター	・市民活動団体への活動事務ブースの貸し出し等
仙台市	・市民活動サポートセンター ・エルパーク仙台とエルソーラ仙台	・市民活動の場の提供，情報提供，人材育成，相談 ・女性の自立と社会参画の促進，市民の文化活動の場としての施設
さいたま市	・市民活動ひろば	・庁舎内，市民活動支援室の事務室の一部を開放し，市内で市民活動を行う市民や団体の打ち合わせ，情報交換や交流の場として利用
千葉市	・千葉市民活動センター（16区）	・市民公益活動に関する各種イベントの開催，NPO活動等の相談業務，情報提供，会議室の貸出，印刷機等の利用
川崎市	・かわさき市民活動センター	・ボランティア意識の啓発，広報，市民活動等に関する情報提供，相談，活動促進等
横浜市	・横浜市市民活動支援センター ・区の市民活動支援センター（9カ所）	・市民活動支援のための場の提供，市民活動情報の提供，市民活動の相談とコーディネート，講習会や研修会などの自主事業，その他市民活動の支援推進に関する事業
静岡市	・清水NPOボランティア市民センター（平成18年11月移転解消予定）	・市民活動に関する相談業務，情報収集提供業務，啓発，研修事業の提供業務，会場提供業務
名古屋市	・なごやボランティアNPOセンター	・NPO活動に係る情報収集提供，相談，人材育成，活動の場の提供
京都市	・市民活動総合センター	・市民活動の場の提供，市民活動の情報収集提供，相談，市民活動団体の育成，幅広い市民の交流の場の提供，連携協働事業の展開，市民活動に関する研究
大阪市	・なし	
神戸市	・市民活動総合支援拠点など（5カ所）	・遊休施設を活用した施設で，NPOなどの相談
広島市	・広島市まちづくり市民交流プラザ	・ファシリテーター，プランナー，コーディネーター養成講座，まちづくりボランティア人材バンクの運営，生涯学習，市民活動の成果発表事業，相談，コーディネート事業
北九州市	・市民活動サポートセンター ・青少年ボランティアステーション	・NPO，ボランティアの活動促進（相談受付や情報提供など）． ・この他各区のボランティアセンター，生涯学習センターでも同様の活動を行っている．
福岡市	・福岡市NPOボランティア交流センター	・市民公益活動に関する情報の収集及び活動，調査及び研究，研修及び講座の実施，相談，市民公益活動促進のための施設や提供等

注：平成18（2006）年2月調査時点回答の施設

協力していくものと考える」(川崎市),「『協働推進の基本指針』の中で企業も協働のパートナーと考えております」(横浜市),「自治基本条例の市民の定義には事業者も含む」(静岡市),「事業者との協働についても,政策実現の手段の一つとして必要に応じ行っていく」(名古屋市)というように,「企業市民」も協働の対象になっている.

より積極的に「企業市民」との協働を唱えるところもある.「企業には人的資源,専門的かつ多分野にわたる情報等の物的資源があります.その貴重な資源を活かした公共の担い手としての参加は不可欠と考えます」(さいたま市),「市政の運営には,一人ひとりの市民はもとより,地域団体やNPO,業界団体,企業等の様々な組織との協働が必要であると認識しており,京都市市民参加推進計画に『事業の実施団体において団体や企業等が参加する機会の確保の充実』を具体的な取組項目の一つとして掲げ,団体や企業との意見交換の場を設け,様々な機会を捉えて意見や要望を聞き,ニーズの把握に努めるとともに,事業実施段階においても協働による取組を進めている」(京都市).その一方で,「市民活動団体との協働が中心.企業との協働はケースは少なく,企業と市民活動団体との協働を支援している」(仙台市)ところもあった.

「企業市民活動を促進していくため,情報提供や相談体制の充実,他の市民活動団体の紹介等の支援を行うなど,今後検討を進めることとしている」(大阪市),「地域社会の一員であることを認識し,地域活動に関する理解を深めるとともに,必要に応じて他の地域組織等及び市と連携して地域活動の推進に努めることを期待している」(神戸市),「企業は,その資金力,動員力,行動力を活かし社会貢献活動を行うことで,これまでも公共的な領域を担ってきており,広島市としても企業との協働は,今後取り組んでいきたいと考えている」(広島市),「今後ますます重要になると考える」(北九州市),「『企業市民』についても,一般市民同様,協働の相手方(セクター)と考えている」(福岡市)という意見があるように,「企業市民」も地域社会を構成する重要なアクターであり,行政との協働のパートナーとして位置づけていることがわかる.

注
（1） 京都市では，区の基本計画策定のため「区基本計画推進組織」がつくられた．これは区毎に異なり，恒常的な組織ではないため表の中には含めなかった．同様にさいたま市は総合振興計画を策定するとき，各区の将来方向について区民の意見を反映させる組織として「市民懇話会」をつくったことは前章で詳述したとおりである．なお横浜市では，「区民会議は区民が自主的・主体的に運営している組織」として行政主導の組織は「ない」という回答であったが，ここでは協働の先行事例として表に取り上げた．当時の飛鳥田市長は「対話から参加の政治」として「区民会議」に期待を寄せたという（http://www.city.yokohama.jp/me/shimin/kouchou/ayumi.html）．
（2） 仙台市は『仙台協働本―協働を成功させる手引き』（せんだい・みやぎNPOセンター監修）をつくり協働を推進しているが，その成果を検証するため協働を評価するシステムを導入している（仙台市，2005年）．この評価には協働によるNPO，企業，行政への効果や変化，協働事業による受益者や社会への効果，協働事業の実施プロセスに対するものがある．特に協働のプロセスに対する評価を重視し，行政とNPO双方が自己評価を行いながら評価結果をもち寄ることで，さらにより良い協働の実現を目指している．行政が作成した評価項目とは言え，特に事前評価（内部検討段階），中間評価（協議段階），事後評価（実施・終了段階）という三段階で評価する点は注目される（http://www.city.sendai.jp/shimin/ti-shinkou/tebiki/index.html）．

3　市民との協働における問題と課題

1．協働をめぐる要因と問題

▷市民との協働に関わる要因―定量分析

　市民と行政の協働にはどのような要因が作用しているのであろうか．既に述べた総合計画を策定する審議会への一般市民の参加という点から，この要因について考えてみたい．ここでは，公募市民委員の参加割合が高いグループ（札幌市，さいたま市，千葉市，川崎市，横浜市，京都市，大阪市，福岡市）とそうでないグループ（仙台市，静岡市，名古屋市，神戸市，広島市，北九州市）に分けて，各政令指定都市の定量的なデータを通して分析することにした（主成分分析）．審議会全体の委員のうち公募市民の割合を多い順に見ると，札幌

市が41.7%，千葉市が30%，川崎市が23.1%，大阪市が18.2%，さいたま市が18%，横浜市が14.6%，京都市が11.1%，福岡市が8.3%である[2]．ただし審議会では市民の公募委員がいなくても，それと平行してあるいは審議会設置前の段階で市民意見を反映するため，別の付属機関（会議）を設けている政令市がある点にも留意する必要がある[3]．

　要因を抽出するための変数のデータには，「人口」，「世帯数」，「面積」，「区の数」，「自治会の数」，「NPO法人数」，「既存の住民活動施設数（公民館，コミュニティセンターなど）」，「新しい市民活動の施設数（まちづくり施設，市民活動センターなど）」，「一般会計額」，「市民所得」を取り上げた[4]．このうち公民館やコミュニティセンターなど「既存の住民活動施設」は従来からある行政主導のプログラムに基づくことが多い地域住民の活動の場であるのに対して，まちづくり施設や市民活動センターなど「新しい市民活動施設」は，NPOによる地域住民主導の市民活動に利用される施設として捉えた[5]．いずれも活動施設としては市民どうしをつなぐ結節機関と言えるが，ここでは前者を「住民」の活動施設，後者を「市民」のそれとして区別した．

　分析の結果主成分の固有値や（累積）寄与率を考慮して主成分の数を決め，また得られた主成分と取り上げた変数との相関係数を示す因子負荷量から，各変数をいくつかにまとめることで主成分の特徴を明らかにした．ここでは，市の人口や世帯数などデモグラフィック（人口統計的）な規模を示す「都市の規模力」の成分（主成分1），主として市民所得に見られる「市民の経済力」に関わる成分（主成分2），従来の住民組織に対して新しい市民組織の活動施設（結節機関）などがあることを示す「市民組織の活動基盤力」の成分（主成分3）として解釈し抽出することができる（表3-5：「市民と行政の協働に関わる主成分分析の因子負荷量」参照）．またこの主成分上のスコアである主成分得点による主成分相互の関係から，審議会での公募市民委員の割合が高いグループとそうでないグループの差異を読み取ることができるだろう（表3-6：「市民と行政の協働に関わる主成分分析の主成分得点」，図3-1：「市民と行政の協働

第3章 市民と行政の協働による地域づくり 125

表3-5：市民と行政の協働に関わる主成分分析の因子負荷量

変数名	主成分1	主成分2	主成分3	主成分4	主成分5
人口	0.96	−0.047	0.147	0.166	0.069
世帯数	0.98	−0.036	0.107	0.112	0.023
面積	−0.331	−0.756	0.158	−0.211	0.418
区の数	0.955	0.195	−0.062	−0.102	0.059
自治会の数	0.488	−0.179	−0.617	−0.403	0.312
NPO法人数	0.928	−0.012	0.047	−0.234	−0.095
既存の住民活動施設数	0.087	−0.017	−0.636	0.729	0.168
新しい市民活動施設数	0.505	−0.534	0.478	0.41	0.07
一般会計額	0.966	−0.009	−0.076	−0.103	−0.139
市民所得	0.027	0.775	0.355	0.036	0.519

表3—6：市民と行政の協働に関わる主成分分析の主成分得点

サンプル名	主成分1	主成分2	主成分3	主成分4	主成分5
札幌市	0.329	−1.976	0.866	0.658	0.188
仙台市	−0.788	−0.309	−0.254	0.49	−0.013
さいたま市	−0.553	1.875	0.847	0.354	0.864
千葉市	−0.779	1.04	0.493	0.056	−0.327
川崎市	−0.501	0.93	0.807	−0.122	−1.276
横浜市	1.971	−0.51	1.419	1.234	0.423
静岡市	−1.283	−0.567	1.013	−0.754	1.365
名古屋市	0.807	0.91	−1.693	1.027	1.695
京都市	0.165	−0.697	−1.134	−2.115	1.092
大阪市	2.043	0.856	−0.111	−1.469	−0.92
神戸市	−0.039	−0.55	0.148	−0.8	−1.239
広島市	−0.59	−0.384	0.079	−0.341	0.133
北九州市	−0.579	−0.676	−1.605	1.065	−1.027
福岡市	−0.203	0.058	−0.875	0.717	−0.959

をめぐる主成分得点の散布図（主成分1と主成分3）」，図3—2：「市民と行政の協働をめぐる主成分得点の散布図（主成分2と主成分3）」参照）．

　以上の主成分分析から，総合計画を策定する審議会への委員としての市民参加という点から見た市民と行政の協働について次のことが言える．主成分1と3の主成分得点の散布図からは，「都市の規模力」が大きく「市民組織の活動基盤力」が高いところほど公募委員の割合が高い政令市が多く，市民と行政の

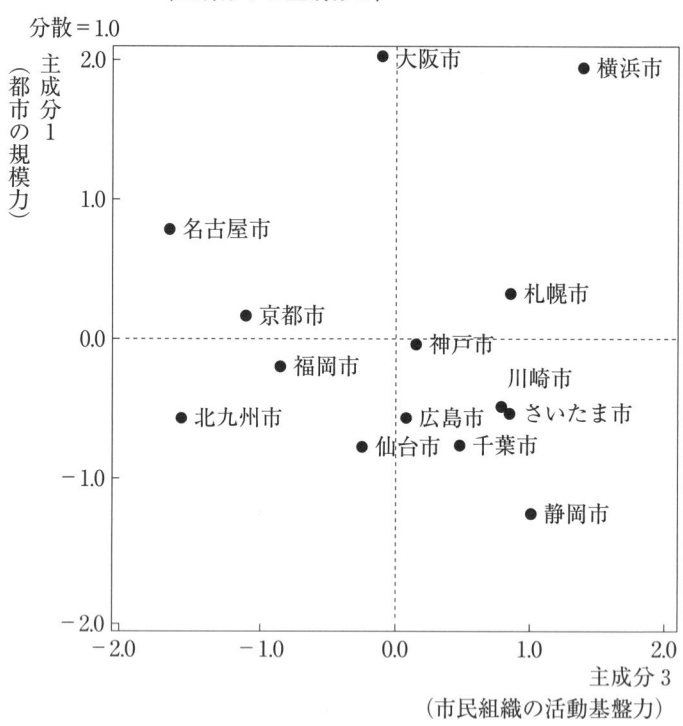

図3—1：市民と行政の協働をめぐる主成分得点の散布図
（主成分1と主成分3）

分散＝1.0

主成分1（都市の規模力）

- 大阪市
- 横浜市
- 名古屋市
- 札幌市
- 京都市
- 神戸市
- 福岡市
- 川崎市
- 北九州市
- 広島市
- さいたま市
- 仙台市
- 千葉市
- 静岡市

主成分3（市民組織の活動基盤力）

協働がそれだけ進んでいると推測される．また主成分2と3の主成分得点の散布図からは，「市民組織の活動基盤力」が強く「市民の経済力」が高いところほど，同様に協働が見られると読み取ってもよいだろう．これら「都市の規模力」（主成分1），「市民の経済力」（主成分2），「市民組織の活動基盤力」（主成分3）の主成分得点を同時にプロットすると，さらに各政令市の協働に関わる要因や都市間の協働の程度（協働力）の違いもはっきりするように思われる（図3—3：「公募市民委員の割合が高いグループ」および図3—4：「公募市民委員の割合が低いグループ」参照）．高い割合のグループでも，札幌市は「市民の経済力」は低いものの「都市の規模力」と「市民組織の活動基盤力」は相対的に

図3−2：市民と行政の協働をめぐる主成分得点の散布図
（主成分2と主成分3）

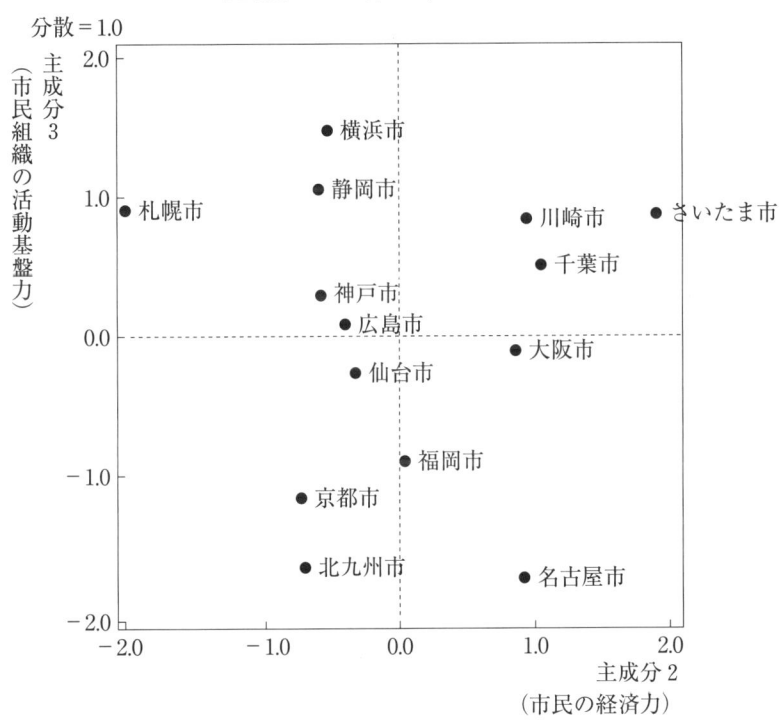

[図：主成分2（市民の経済力）を横軸、主成分3（市民組織の活動基盤力）を縦軸とした散布図。分散＝1.0。
横浜市、静岡市、札幌市、川崎市、さいたま市、千葉市、神戸市、広島市、大阪市、仙台市、福岡市、京都市、北九州市、名古屋市がプロットされている。]

高く，またさいたま市は「都市の規模力」は低いが「市民の経済力」と「市民組織の活動基盤力」はいずれも高い．公募市民委員の割合が低いグループでは全体として三つの主成分得点は低いが，名古屋市は「都市の規模力」と「市民の経済力」は高いものの「市民組織の活動基盤力」は低い．ただし静岡市は「市民組織の活動基盤力」はこのグループの中では高いが，先に述べたようにまだ政令市になって間もないため，十分審議会での市民参加の対応ができていないと言えよう．(6)

▷ **市民との協働に関わる問題──定性分析**

　市民と行政の協働で何が問題になっているのかという点については，市民側

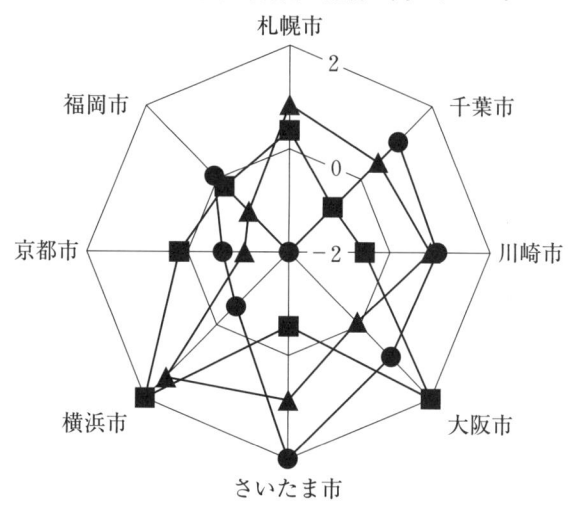

図 3 — 3：公募市民委員の割合が高いグループ

- ■ 主成分 1（都市の規模力）
- ● 主成分 2（市民の経済力）
- ▲ 主成分 3（市民組織の活動基盤力）

と行政側に分けて捉える必要があるだろう．市民側では「市民の行政への関心が全体として低い」，「パブリックコメントを実施しても反応が少ない」，「参加の機会を与えても利用する市民が少ない」，「市民活動の施設利用が少ない」，行政側では「市民参加の機会をまだ十分与えていない」，「市民とのコミュニケーションが少ない」，「市民に対するサービス意識がまだ低い」，「市民への情報公開が十分ではない」の各項目について，「強くそう思う」，「そう思う」，「そう思わない」，「全くそう思わない」の 4 段階で回答してもらった．

この問題点を抽出するため，各問いに対してその項目に反応したか，しなかったかという定性的なデータを用いて分析することにした（数量化Ⅲ類）[7]．分析の結果，先の主成分分析と同様成分の固有値や（累積）寄与率を考慮して，変数スコアから成分を抽出した（図 3 — 5：「協働をめぐる問題点についての数量

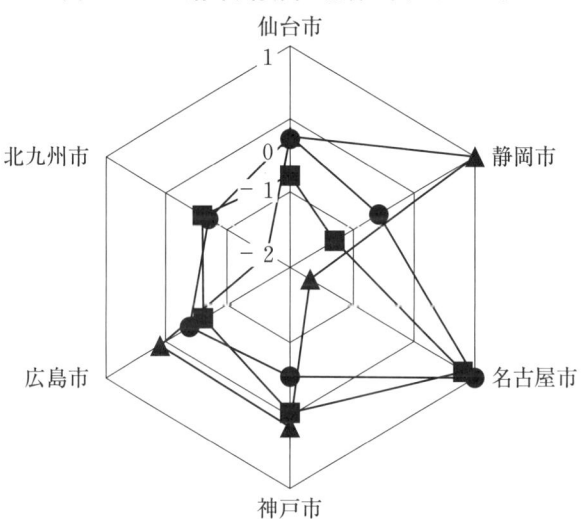

図3−4：公募市民委員の割合が低いグループ

凡例：
- 主成分1（都市の規模力）
- 主成分2（市民の経済力）
- 主成分3（市民組織の活動基盤力）

化Ⅲ類による変数スコアの尺度図」参照）．成分1は「パブリックコメントへの反応」に関わり，成分2は市民の行政への関心不足と行政の対話不足という点から「市民と行政双方向のコミュニケーション」として，成分3は「市民参加の機会や施設の利用不足」として集約できるだろう．成分1の「パブリックコメントへの反応」が最も大きな問題と言えるが，この市民側の反応が少ない点に加え，「市民と行政双方向のコミュニケーション」が十分でない点も全体の問題に占めるウェイトは高く，また市民側で実際に参加する機会や活動施設があっても，その利用が少ない点も指摘できるだろう．ただしこれらの協働をめぐる問題点は，あくまでも回答者として行政のほうから見た意見であることに留意しなければならない．

図3—5：協働をめぐる問題点についての数量化Ⅲ類による変数スコアの尺度図

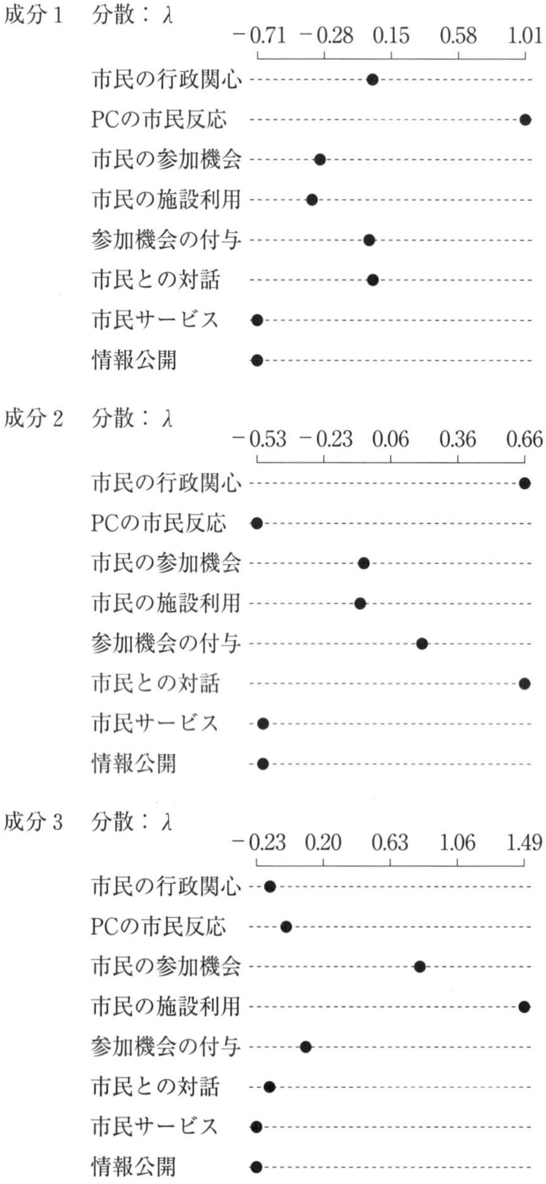

成分1 分散：λ

```
              -0.71  -0.28   0.15   0.58   1.01
市民の行政関心                    ●
PCの市民反応                                    ●
市民の参加機会              ●
市民の施設利用               ●
参加機会の付与                       ●
市民との対話                        ●
市民サービス   ●
情報公開       ●
```

成分2 分散：λ

```
              -0.53  -0.23   0.06   0.36   0.66
市民の行政関心                                 ●
PCの市民反応   ●
市民の参加機会              ●
市民の施設利用              ●
参加機会の付与                       ●
市民との対話                               ●
市民サービス    ●
情報公開        ●
```

成分3 分散：λ

```
              -0.23   0.20   0.63   1.06   1.49
市民の行政関心  ●
PCの市民反応    ●
市民の参加機会                 ●
市民の施設利用                           ●
参加機会の付与   ●
市民との対話    ●
市民サービス   ●
情報公開       ●
```

2．協働をめぐる課題

▷ 行政側の課題

　以上見てきたように，政令指定都市では市民と行政の協働はそれぞれ差があるにせよ，一定の取り組みがされていることがわかる．これまで述べた質問と上記の要因および問題分析のデータから，以下のような課題が行政側に指摘できるだろう．計画レベルの市民参加では，審議会への公募委員としての選出方法は世代や性別を考慮しながらも，参加人数でまだ従来の学識経験者や既存団体の「指定席」に対して制約があり，実際に選ばれる人は限られている．このため「計画の素案に対する意見募集（パブリックコメント）による参加」と「審議会（部会，分科会）以外の意見交換会やワークショップなどへの参加」が多くなっている．

　しかし実際に参加しても市民の意見がどの程度反映されるのか，その意見の吸収が課題である．それは審議会での委員の発言が議事録に残るのと違い，パブリックコメントでは間接的な意見反映になることが少なくないからである．市民参加の効果を「市民と行政との間に共通認識が形成される」あるいは「市民の信託に基づく市政運営」，「市政に対する市民の参画や，より開かれた市政の推進を図るうえで重要である」と認めつつも，会議開催日が平日になるなど，現実にはまだ一般市民が参加しやすい工夫がされているとは言い難い．行政は市民が誰でも参加できる環境を整備すべきである．

　実施レベルでは，「指定管理者制度」が民間への管理委託を通して市民参加を促すとは言え，効率性の市場の論理優先で民間業者や専門のノウハウをもつ市民組織に委託先が偏りがちで，一般市民の参加という点ではまだ十分とは言えないだろう．評価レベルでは政策評価システムへの市民参加があっても，それらは市民に対する評価アンケートにとどまり，その内実は各事業所管部署が行う自己評価で，市民や第三者による外部評価はまだ少ないのが実態であろう．市民が評価を行うためには「情報開示」（disclosure）と「説明責任」（accountability）が求められている．この点で，何よりも公務員はモラルを遵守し，

公僕として奉仕の精神を忘れるべきではない．今後は計画・実施・評価各レベルでの市民参加という「三位一体型の協働」が必要であろう．

▷ 市民側の課題

　市民と行政の協働を促進するためにパブリックコメントがすべての政令指定都市で導入され，また協働条例が制定され「区民会議」や「区民懇話会」など市民と行政の新しい協働組織もつくられ，さらに従来の地域住民対象の公民館やコミュニティセンターとは別に市民活動サポートセンターなど市民活動の施設も多くなった．市民のほうでは，こうした制度や施設を利用すべきである．協働組織も行政主導とは言え，可能な限り行政任せから脱却した主体的な運営が望まれる．しかし行政が市民との協働を唱えても，結局「権限は行使しても責任は負わない」方式の対応（前例・慣例主義）では市民は納得しない．これに対して市民は，役所から送られてきた通知をそのまま受け取り従うだけの「声なき従民」ではなく，いつでも声を出して行政に「もの言う自由民」になることが必要であろう．またそうするためにも，協働をめぐる諸制度を積極的に活用したいものである．

　行政から市民への接近として協働を捉えると，この両者の関係は行政と市議会の関係にも微妙な影響を与えるだろう．それは議員が市民の声を代弁するのではなく，直接行政が市民の意見を聞くことに伴う影響である．行政主導の条例案の提出に際して，市民が「こう言っているから」ということを提案の理由づけにし，市民との協働を条例制定の「隠れ蓑」にしないとも限らない．官僚制（行政）がその権力本能（既得権の温存）から議会と対立することがあるが，それは議会が調査権を発動し専門的な知識を得ようとすることに対する反発でもあり，議会の無知は「官僚制」（行政）の利害と両立することをウェーバーは指摘している（Weber, 1921-22, 61頁）．本来市民の代表である議員に対する行政の反発は市民への反発でもある．しかし実際市議会で議員立法（条例）は少なく，議員は市長提案の条例案に対するチェック機能を担うだけになっている．むしろ現行の議員に対する不満が，NPOの結成や行政に対する市民の

意見開陳に表れていると言えよう．ただこの場合でも，法的拘束力をもたせるためには議会での条例化が必要で，そのとき立法機関の一員として果たす議員の力は依然として大きい．第4章で詳述するように，市民としては行政あるいは議員のルートを採るかの違いであるが，市民が地域づくりの主役であることに変わりはない．この点で市民は行政だけでなく，議員の活動も監視していかなくてはならない．

結局「住民の，住民による，住民のための地域づくり」が肝要であることを，行政はもちろん市民も議員も知るべきである（恩田，2002年）．特に住民が「従民」にならないため，市民は確かな「目」をもって行政の取り組みを見ていくこと，すなわち「行政監視能力」（市民統治者意識）を高めるべきである．行政が専門知識をもつにつれ，市民の知識との格差が大きくなっている．この種の専門知識を市民にわかりやすく説明し新たな知見を付与する役割こそ学識経験者は担い，また市民と行政の協働を進める「カタリスト」(catalyst, 触媒者）として，望ましい市民社会の価値創造を学識者は先導すべきであろう．行政に対抗するだけの専門知識を身につけたNPOも一般市民と行政の間に入り，市民への啓蒙活動を通して具体的な行動を起こす役割が期待される．本章は行政側から見た市民との協働について検討してきたが，次章では市民側から見た行政との協働を中心に，その協働を契機とした「共助」の地域づくりについて考えたい．

注
（1） 主成分分析は本来サンプル数が多く変数も多いほど，それだけ汎用性のある実態に即した結果が得られると思われるが，ここでは政令指定都市のみに限ったサンプル数と共通に集められる変数というデータ制約の中で行った不十分さが残ることを断っておきたい．変数にはさらに市民活動の参加割合や市民活動に支出される市民活動費も入れたかったが，前者のデータは札幌市（27.6%）や横浜市（39.2%），福岡市（42.4%）など一部の政令市がアンケート調査で出しているだけで，また後者のデータは費目で正確なものの抽出が困難なため，ここでは取り上げなかった．

（2） 川崎市の場合「総合計画策定検討委員会」の正規の委員は10人であるが，この会議に「総合計画市民会議」（20人）から毎回2，3人が出席していたため，この3人を加えて算出した．
（3） 神戸市では総合計画の策定で直接公募市民委員はいないが，市政アドバイザーや外国人との懇談，「区民市政懇談会」での議論，各種団体（「婦人市政懇談会」，「勤労市民学習会」など）の提言を審議会に反映させている．
（4） 「人口」と「世帯数」は平成18年1月現在，「自治会の数」と「NPO法人数」はアンケート調査による回答，「一般会計額」は平成17年度予算額，「市民所得」はできるだけ直近のデータを用いたが，平成14年度など古いものしかない場合はそれを用いた．
（5） 「既存の住民活動施設数（公民館，コミュニティセンターなど）」，「新しい市民活動の施設数（まちづくり施設，市民活動センターなど）」については，必ずしもその名称の施設を取り上げていない．公民館は先に述べたように生涯学習センターという呼称にする自治体が多く，公民館がない政令指定都市では公民館の数にこの生涯学習センターを含めて地域の社会教育施設として数えた．これに対してコミュニティセンターは，地域活動を行う規模の大きい集会施設を中心に算出した．
（6） 分析で用いた「市民所得」については各政令指定都市で算出しているが，静岡市は清水市と合併間もないためまだ算出していない．このため静岡県経済統計室の試算データ（平成15年）を用いた．このように新しくできた政令市では体制が十分整っていないところがある．
（7） 主成分分析同様サンプルと変数のデータが多いほど，それだけより実態に即した結果が得られるが，データ制約の中で行った不十分さが残ることをここでも断っておきたい．なお，政令指定都市の中で「問題の程度の判断については客観性が確保できませんので，回答を控えさせていただきます」や「案件に応じて異なり，一概に判断できない．客観的な判断ができない」との理由で回答しなかったところがあった．この回答が留保されたものは，ここでは反応がなかったものとして処理した．

第4章　市民主体の地域づくり
——「共助」のための協働

1　市民と行政の協働社会論

1.「協働」の意味

▷「協働」とは何か ────────

　本章では市民と行政の協働を契機として，住民主体の「共助」による地域づくりを考えたい．これは協働関係を通してかつて市民のものであった「共」領域を取り戻すことである．そもそも協働とは何か．現在どこの自治体でも市民との協働を言うようになった．この協働の英訳collaborationは「協同や協力，共同制作，合作，同調」などを意味する．日本で「協働」という言葉がその意味を明確にして最初に使われたのは，筆者の知る限り高田保馬の『社会学概論』（[1922：1950] 1971年）においてであった．ただしこの英語訳はcooperationで，その意味は「共同の効果に向う多数人の活動」（同上，53頁）であった．それは社会結合の重要な部分とされ，各自の行動が相類似している「単純協働」と相異なる「複雑協働」（分業）に大別された(1)．

　「協働」は「結合のための結合」ではなく，「利益のための結合」として個人の行動では到達し得ない効果を生ずるところに特徴がある．この差異の結合として，単独では難しいより多くの成果を得ることが「協働」の本質である．「協働」は類似の言葉の「共同」や「協同」とそれほど区別して使われていないようである．「共同」は共に同じことをする行為，相互作用の行為，集団による行為であるが，「協同」は協力する行為，協調する行為，役割分担の明確な行為である．これらに対して「協働」は協力して働く行為，責任を自覚した行為，成果（利益）を分かち合う行為と言える．

　またこの「協働」の性格は，パートナーシップとオーナーシップという言葉

からもその意味を明らかにすることができる．「協働」は誰かと提携するというパートナーシップだけでなく，各人の責任（義務）を求めるオーナーシップと対で用いられる言葉である．それは応分の負担を責任として求める言葉である．市民と行政の協働は双方が共同作業の相手であるというパートナーシップに加え，市民と行政の共同責任と自覚を促すオーナーシップが含まれる点に留意したい．結局ともに何かをする「共同」，また目的遂行のために役割分担する「協同」の意味を含み，さらにその「共同」や「協同」によって得られる成果を共有し，その分配の公平性を求める行為が「協働」と言えよう．

▷ 住民参加（参画）の原点としての寄合

もともと日本の村落社会の自治は「寄合(よりあい)」から始まっている（恩田，2006年）．自治の原点は全員参加による話し合い（寄合）が出発点であった．そこでは多数の意志が尊重される「多数決の論理」でも，また無条件に全員一致を求める「憲法的一致」でもない，時間をかけても納得したうえで合意するという「寄合的一致」の原則があった．この「寄合」では「参加」に加え「参画」が当然のようにあった．「参加」はその機会に居合わせることを意味するが，「参画」はその場で自分の意思表示を明確にし，それを決定に反映させることである．もちろん大地主が影響力を行使することもあったが，あくまでも各人の意思決定が尊重され，徹底的な話し合いによる合意の場が「寄合」であった．そこでは是々非々という理屈で物事を決めないところもあったが，「寄合」を通して地域社会の自立，自助，自決が維持されてきた．

たとえば大分県九重町（人口約11,300人，平成19年11月現在）の「まちづくり基本条例」（平成17年2月施行）は基本原則を三つあげている．「住民自治の原則」として「まちづくりの主役は住民であり，住民主体のまちづくり実現のため，個人を尊重し，相互平等を認め，自主性を尊重した，住民自治をすすめます」，「地域学習の原則」として「住民と議会・行政は，共に地域学習を重ねながら，まちづくりに関する情報を共有，活用し，その成果でまちづくりの意思決定を行います」，「相互協働の原則」として「住民と議会・行政は，相互理

解のもと，対等の立場を尊重し，協働してまちづくりをすすめます」（http://www.town.kokonoe.oita.jp/matidukuri.pdf）．小さな地域社会だが，ここには確かな目標が示されている．「寄合」が議会になっても「寄合的一致」の原則がまだ踏襲され，特に「地域学習」では「共助」のプロセスが重視されているように思われる．

しかしかつての自治は，為政者によって統制的な強制自治組織と自生的な共生自治組織という二重構造に彩られてきた（恩田，2006年）．後者の自治組織は「住民の，住民による，住民のための自治」で「寄合」がその中心にあった．これに対して前者は「上」からの統治単位としての自治組織で，それは既存の自生的な秩序に覆い被さるように機能した．やがて行政がその役割を増大させると，「寄合自治」も縮小していく．こうして地域社会の「共助」による「寄合精神」が失われていった．しかし，まだ地方には「共助」の精神が生きている．それは「公助」なしの「共助」ではなく，行政と協働するとき地域住民がまとまり，「共助」がよりよく発揮されるものだろう．そこでは市民と行政の「顔の見える」信頼関係が築かれているからである．それが地域社会のための「公務」の行為を支えてきた．市民と行政の協働が地域住民の「共助」を引き出す契機になるように思われる．

2．市民と行政の協働のタイプ

▷「参加者」から「参画者」へ

それでは協働の現状はどうであろうか．これまで第2章でさいたま市の「区民会議」を中心に，前章では政令指定都市に対するアンケート調査から協働の現状について見てきた．市民と行政の協働関係はいくつかのタイプに分けることができる．志木市のように前市長の強力なリーダーシップから斬新な改革を行う「行政主導型」，横須賀市など行政が主導しつつも市民が積極的に関わりながら双方が対等の立場で取り組む「市民と行政の対等型」，三鷹市のような市民が中心になって進める「市民主導型」に大別できるだろう（図4—1：「市

図4―1：市民と行政の協働タイプ

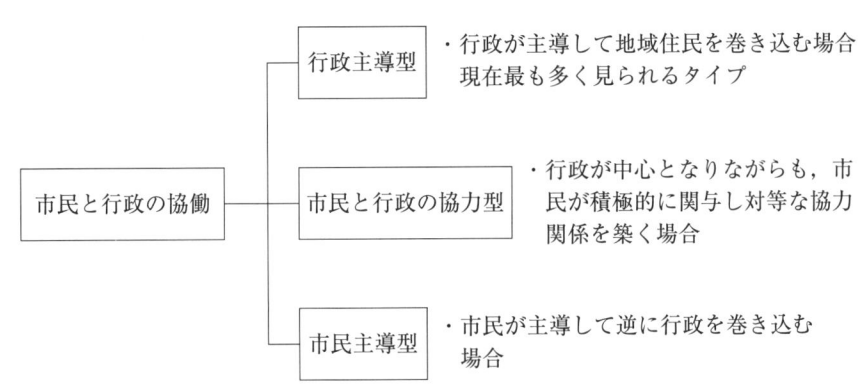

市民と行政の協働
- 行政主導型 ・行政が主導して地域住民を巻き込む場合 現在最も多く見られるタイプ
- 市民と行政の協力型 ・行政が中心となりながらも，市民が積極的に関与し対等な協力関係を築く場合
- 市民主導型 ・市民が主導して逆に行政を巻き込む場合

民と行政の協働タイプ」参照）．こうした協働では，単なる関係者として参加し行政の主張に包摂される「参加者」（participant）ではなく，意思決定の過程に積極的に関与する「参画者」（participator）でありたい．協働はそれ自体が目的ではなく，あくまでも市民主体の「共助」の地域づくりに結びつけることが肝要である．

　市民の参加には既述したように，計画・実施・評価の各レベルで参加する「三位一体型」が望ましい．しかし現実には計画レベルでの参加が先行している．この参加には総合計画の策定で審議会の委員として直接関わる場合もあれば，パブリックコメントなどを通した間接的な政策提言も含まれる．特に審議会やその他の関連会議では，積極的に発言する「参画者」として参加したい．政策に結びつくことは重要だが，最低限議事録に発言が残ることでその存在の証を示すべきである．また実施レベルでは公共施設の管理運営の主体として，さらに評価レベルでは施策（事業）の評価を市民が直接行い改善点を述べる「参画者」であることを市民は目指したいものである．

　現在各自治体で，協働についてのマニュアル（ハンドブック，手引きなど）がつくられている．しかし形式的に市民参加を促しても真の参画に結びつかないことがある[2]．それでも市民は参加の機会を積極的に活用すべきである．行政

は身近な参加を促すためパブリックコメントを地域住民の不満をはき出す「ガス抜き」の場にせず，また市民は不満や苦情にとどまらない政策につながる建設的な提案をすべきであろう．何よりもその提言に対する行政の反応を見極め，その後それがどのように処理されたのかを監視することが欠かせない．もちろんその業務は行政が執行し，直接施策を市民が担うわけではない．しかし，NPOが市民の声を代弁して行政に参加する場合もある．可能な範囲で実施や評価のレベルでも参加すべきである．一人の力ではどうにもならないとき市民が連帯を強く意識すると，そこに市民主導型の協働が生まれるだろう．こうした「計画」(Plan)・「実施」(Do)・「評価」(Check)の各段階で市民の関与が強まるなら，その「改善」(Act)も自ずと定まり，それを次の計画に反映させる一連のサイクル（PDCA）も空論ではなく現実となって機能するだろう．

▷「声なき声」を聞くことが協働の前提

　もともと「公」領域の行政は市民が「公務」を委託した信頼関係に基づいていた．この関係が裏切られてきたからこそ，市民の「行政不信」が増幅し無関心層がつくられてきた．ここに行政の市民への歩み寄りが，また市民のほうでは任せきりの委託ではない関与から協働が生まれてきたと言えよう．市民と行政双方の合意形成の結果も重要だが，むしろその合意に至るプロセスこそ大切にしたい．行政が市民に参加を促すことも必要であるが，むしろ市民が行政を巻き込む意識がほしい．しかしそうは言っても現実には，双方向のコミュニケーションが不足している．特にコミュニケーションをするための情報開示によって現在何を行いつつあるのか，地域住民に知らせる義務が行政にはある．よくあるのはその情報を公開すると，市民に不利益がもたらされると言うが，これは無用の混乱を避けるという行政の都合の域を出ていない．

　多くの住民は「良識」に基づいた日常生活を送っているが，日々の不満を行政に直接ぶつける人は少ない．そこで「従民」[3]扱いをされ，地域住民は行政の論理に巻き込まれてしまう．行政は「パブリックコメントをやりました」という政策決定の単なるセレモニーとして市民参加の実績を強調する．「パブリッ

ク」(公共)の「公」ではなく「共」領域の日常生活に根づいた「自由民」の声に行政は耳を傾けるべきである．住民から申請があって初めて行動する「要請主義」ではなく，サービスを本来受ける権利を有する市民のほうに行政が出向く「出前主義」を採用してはどうだろうか．何よりも住民の声を聞くときは自治会など地域の有力者に気配りするのではなく，行政はあくまでも一般住民の声を拾い上げることで信頼関係を築かなければならない．

　第2章で紹介したさいたま市の「区民会議」は本来地域住民の「声なき声」を聞き出す役割を担う組織であったが，新しい市民組織は各種団体から出てくる「強い声」ではなく，むしろ「社会的弱者」の声に耳を傾けようとしている．しかし行政からの意見募集があっても，市民の反応は鈍いのが現実である．住民側にも意識改革が必要だろう．こちらで言わないとダメだということ，とにかく何でもいいから行政にものを言うことから行政との協働が始まることを知るべきである．そうでないといつまでたっても「住民」が「従民」扱いされてしまう．協働は行政が市民の「声なき声」を聞くこと，また市民は「もの言う自由民」となることを前提に，その成果を分かち合うべきである．

▷ 市民と行政の協働発展段階説

　かつてアーンスタインは「市民参加の八段はしご」(Eight rungs on the ladder of citizen participation) を唱えた (Arnstein, 1969)．市民参加でない「操縦」(Manipulation) と「セラピー (治療)」(Therapy) の2段階，形だけの市民参加として「通知」(Informing) と「協議」(Consultation)，「懐柔」(Placation) の3段階，市民の力が及ぶ「パートナーシップ」(Partnership) と「権限移譲」(Delegated Power)，「市民による統制」(Citizen Control) の3段階に分けた．「操縦」は文字どおり行政から操作されるレベルで，「セラピー (治療)」は住民問題のうわべの治療に終わる見せかけの参加である．「通知」は行政からの一方的な情報提供のレベル，「協議」は行政と話し合いができる段階で，「懐柔」は市民が参加するが結局行政の意向に沿う段階である．「パートナーシップ」は市民と行政が対等な立場で話し合えるレベル，「権限移

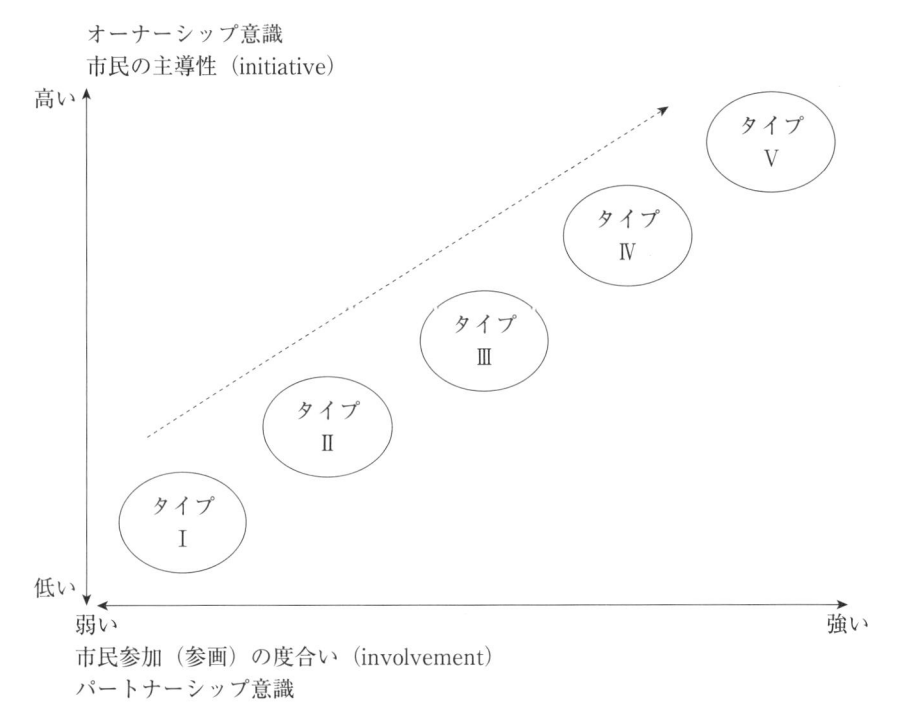

図 4-2：市民と行政の協働発展段階

オーナーシップ意識
市民の主導性（initiative）

高い／低い

市民参加（参画）の度合い（involvement）
パートナーシップ意識

弱い／強い

タイプ I／タイプ II／タイプ III／タイプ IV／タイプ V

議」は計画策定の意思決定で市民が影響力を行使する段階で，「市民による統制」は地域住民の決定によってコミュニティを運営する市民参加が最も進んだレベルとされる．

既に述べた市民と行政の協働タイプ（図4-1）はその双方の主導性に着目したものであるが，ここでは協働のプロセスを「市民参加（参画）の度合い（involvement）」（パートナーシップ意識）と「市民の主導性（initiative）」（オーナーシップ意識）という二つの側面から捉え，その発展段階を考えてみた（図4-2：「市民と行政の協働発展段階」参照）．この市民から見た発展段階説では，各段階の上昇の軌跡は行政の上意下達ではない地域住民の意向が反映される段階を示し，より望ましい協働の「理想型」に近づくことを意味する．「市

表 4−1：市民と行政の協働発展段階別の特徴

タイプ	地域づくりの組織	組織の運営	その他—外部委託
タイプI 行政 主体型	行政が主体として市民に各種の組織を提案する．	事務局は行政がすべて担当する．	行政のアウトソーシングとして，コンサルタントを積極的に使う．
タイプII 行政 主導型	行政が主導的に市民の組織への参加を促す．	事務局の一部に市民が参加する．	コンサルタントに一部業務委託（アンケート調査の集計など）する．
タイプIII 市民行政 協力型	市民と行政の合意により組織をつくる．	行政と市民で事務局を分担する．	コンサルタントを使わず，市民と行政だけで進める．
タイプIV 市民 主導型	市民が主導的に行政の関与を促す．	事務局の一部に行政が参加する．	市民主導で会議の議事録なども作成していく． 部分的なオーナーシップ
タイプV 市民 主体型	市民が主体となり行政に提案し各種の組織をつくる．	事務局は市民がすべて担当する．	行政は市民からの委託業務を担当する． 完全なオーナーシップ

民参加（参画）の度合い」では，市民がその場にいればいいという行政主催の説明会レベルから意見表明できる対話集会や各種審議会で市民が意思決定を明確にするレベルまでその強弱が示される．「市民の主導性」という点では，行政の敷いたレールに乗る段階から市民自らが主体的に組織をつくり行政を巻き込む積極的な段階まで高低差があるだろう．ここではこれまでの筆者の体験を踏まえ，パートナーとしての「参加（参画）の度合い」とオーナーとしての「主導性」を協働の尺度（軸）として5段階に分けた．

　タイプIは行政の提案から協働組織がつくられる場合で，まだ多くの自治体で見られる行政主体型の協働である（表4−1：「市民と行政の協働発展段階別の特徴」参照）．これは事務局が行政にあり，行政が使うコンサルタントも主要な役割を演じる．タイプIIは行政から提案された組織に市民が積極的に参加するものの，まだ組織運営や議事進行で行政が主導的な役割を果たす．タイプIIIはこれが一般にパートナーシップと言われる段階であるが，市民の意思決定が

尊重されるものの，両者の主張にへだたりがあるとき結局行政の意向に沿うかたちで収束する場合が多い．市民参加の審議会あるいは市民意見を集約する公募市民の組織もつくられるが，市民の意見は参考程度に扱われる段階でもある．タイプⅣになると，ここから少しずつ市民のイニシアティブが発揮され，組織運営や議事進行で市民が主体性を発揮する段階である．タイプⅤは完全な市民主体型で住民のイニシアティブが最大限発揮される．ここまでくると行政は市民の委託を受けて必要な業務だけをこなす段階になるだろう．NPOは特定の活動領域でこの種のイニシアティブを発揮している．現実の市民と行政の協働はタイプⅠからタイプⅢまでが多く，第2章で述べた「区民会議」はタイプⅠにあたるだろう．なおまったく行政を必要としない協働が非現実的であるのは，地域づくりには当然資金を必要とするからで，タイプⅤになると行政は「金は出すが口も出す」ではなく，「金は出すが口は出さない」状態になるだろう．

3．市民参加による協働の方法

▷ パブリックコメント制度

（基本的性格）

　市民の声を行政に反映させるため，現在パブリックコメントが制度化されている．これは「パブリックコメント手続き」（public comment procedure）と言われ，一般に地方自治体が諸規則の設定や改廃にあたり，原案を公表し事前に地域住民から意見や情報提供を求める意見公募手続きとされる．これは平成11（1999）年に導入され，平成17年に改正された行政手続法第6章の「意見公募手続等」に基づいている．その第39条第1項には「命令等制定機関は，命令等を定めようとする場合には，当該命令等の案（命令等で定めようとする内容を示すものをいう．以下同じ．）及びこれに関連する資料をあらかじめ公示し，意見（情報を含む．以下同じ．）の提出先及び意見の提出のための期間（以下「意見提出期間」という．）を定めて広く一般の意見を求めなければならない」とある．またその第2項には「前項の規定により公示する命令等の案は，具体

的かつ明確な内容のものであって，かつ，当該命令等の題名及び当該命令等を定める根拠となる法令の条項が明示されたものでなければならない」，さらに第3項には「第一項の規定により定める意見提出期間は，同項の公示の日から起算して三十日以上でなければならない」とされている．

　広く市民を政策の決定過程に巻き込む制度として近年「パブリックインボルブメント」（PI：public involvement）も言われているが，その参加はあくまでも間接的である．こうした参加はかつての「寄合」では当たり前であった．もっとも地域住民の顔が一人ひとり見える小さな村落と異なり，その都度会議を開いて意見を聞くことが物理的に困難な都市では，この種の不特定多数の意見を聞く「現代版寄合」のほうが簡便な方法と言える．第2章で述べた基本構想や基本計画など特定案件に対する意見募集もあるが，広く一般的な意見募集は「知事への提案」や「市長への一言」などという名称で郵送やファックス，電子メールで行われ，意見提案の用紙は役所や図書館など公的施設に設置されている[4]．行政に都合のいい意見は論外として，「パブリック」（公共）のうち「公」領域への依存の意見だけでなく，「共」領域の地域社会を思う市民の真摯な意見，その熱い思いを行政は吸収すべきである．

　特定多数の意見を間接的に求める場合，市民意識調査や各種団体へのアンケート調査が郵送でも行われ，対象者を限定して国政あるいは県政モニターとして定期的に意見を求めることもある．しかし各種審議会への直接参加による意見表明のほうが効果は大きい．第3章のアンケート調査でも明らかなように，従来の学識経験者や各種団体に加え一般市民が参加する機会が増え，公募委員を制度化していない自治体も「素案の素案」の策定段階あるいは審議会と並行して市民組織から意見を取り入れることが多くなった．会議場での「生の声」のほうが，ファックスやメールで受けるよりその切実さが行政によく伝わるだろう．また後日回答されるよりその場で行政の反応が直にわかるので，自分たちの意見が伝わったかどうかの感触が得られる点でも，直接的な意見交換が望ましい．

（参加機会の複線化—新規の行政ルートと既存の議会ルート）

　ハード面中心の都市計画でも，平成12（2000）年の都市計画法の改正また平成15年施行の「都市計画提案制度」の創設により，地区計画に対する住民参加が明確にされた[5]．こうして地域の合意形成による計画が実現され，区画整理が住民主導でできるなど，住民の意見を反映させることが義務づけられた．このため市町村が都市計画の策定に当たり審議会への公募委員としての市民参加や地域住民との意見交換会を開催することが多くなり，市民が計画に対して積極的に提案できるようになった[6]．そもそも都市計画は都市設計者の思いや見方だけで決まるものではない[7]．確かに都市全体を俯瞰するコンセプトあるいは都市の全体像を統合するプランの視点は専門家の知識を必要とするだろう．しかし市民が考える素朴なまちづくりがプランナーの発想を凌駕することもあるかもしれない．それはどこも同じような都市機能を備えた街ではなく，マチとして個性的な市民の思い（ココロ）を具体的なカタチにする「住民の，住民による，住民のための都市プラン」である．もちろんそこには多様なニーズがあり，それらを整理統合する役割が行政に求められていることは言うまでもない．このような市民参加が意見表明の新しい行政ルートをつくっている．

　本来民意を行政に反映させるには選挙を通した議員のルートがある．しかし民意が議員に反映されない理由として，その意思決定が物理的あるいは心理的に住民からかけ離れている点，また選挙直前に民意を反映した政策を唱えてもその後時間の経過とともに変わるという時間のズレがある点，さらにすべての有権者にわたる幅広い抱き合わせ的な公約が有権者の意思を部分的にしか反映しない点が指摘され，これらが間接民主制の弊害とされてきた（辻，1976年）．これは国政選挙が民意の媒体として機能しないことを言っているが，地方議会でも同様であろう．こうしたことがここ数年の市民と行政の協働を促す要因にもなっているように思われる．この点間接民主制の弊害がない仕組みは村落社会で民意を直接反映した「寄合」に見出せる．しかし，その一方で市民と行政の協働だけが強調されると，市会議員の役割はますます薄くなるだろう．この

図 4 — 3：市民参加機会の複線化

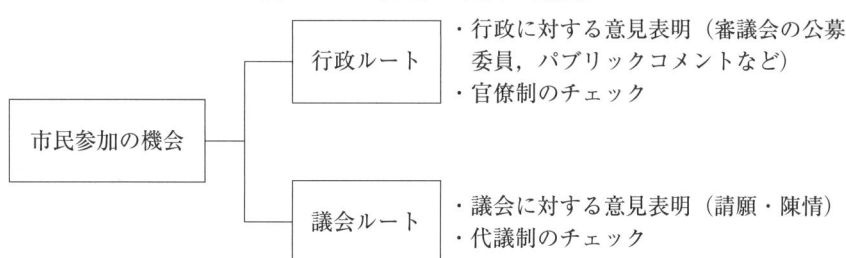

市民参加の機会
- 行政ルート
  - 行政に対する意見表明（審議会の公募委員，パブリックコメントなど）
  - 官僚制のチェック
- 議会ルート
  - 議会に対する意見表明（請願・陳情）
  - 代議制のチェック

ため行政に対する監視機能や市民の意向（民意）を反映した政策提言（議員立法）など，改めて議員の役割が問われている．

　本来「代議制」の要諦とは主権が国民全体にあり，その代表者あるいは代理者として送られる者が議員で，また行政府（責任内閣）も直接人民の代表者や代理者とされるのが「代議政治の論理」であった（石橋, [1915] 1984年）⁽⁸⁾．すなわち「最高の支配権」は全人民にあるが，個々人の多様な欲望を取捨選択することを任せられた者が議員で，その行動に基づき行政が仕事をするのが本道であろう．しかしその代弁は直接民主制に比べ，地域住民の意志を反映するうえで時間的なズレが生じることがある．この点を補完する意味でも，市民が議会へ意見表明する制度があった．これには議員1名以上の紹介を必要とし紹介議員の署名または記名押印が必要な「請願」と，議員の紹介を必要としない「陳情」がある⁽⁹⁾．この種の意見表明が煩瑣な手続きを要するとき，行政が市民の意見を吸収するほうが簡便なやり方と地域住民が考えるのは当然であろう⁽¹⁰⁾．このことがまた行政の施策遂行の有力な根拠となり，議会における行政側からの提案（条例案）を有利にするのであれば，これも問題である．このような立法（議会）や行政における市民参加は裁判員制度として司法にも広がりつつある．しかしこの新しい行政ルートと従来からある既存の議会ルートのいずれも，市民にとって意見表明の機会に違いはない（図4 — 3：「市民参加機会の複線化」参照）．むしろ市民と行政の協働が増えるほど，市民から直接選ばれない公務員の行動をチェックする機会として協働の場を大いに活用したいものである．

▷ 情報の共有

(知りたい情報と知り得ない情報)

　市民と行政の協働を進めるに当たり，情報の共有が前提として欠かせない．市民が判断するには当然様々な情報を必要する．行政がもつ情報が市民に正しく伝わっているだろうか．秘匿することで「公益」を守る情報の独占が，従来の行政のやり方であった．ウェーバーによれば，「職務上の秘密」という概念は「官僚制」独自の発明とされる（Weber, 1921-22, 61頁）．この「職務上の秘密」に対して平成13（2001）年施行の情報公開法（行政機関の保有する情報の公開に関する法律）は，正当な利益を害する恐れがあるときは除外されたものの（一部非公開，全部非公開），行政の情報開示を促し「公」領域の透明度が以前よりも高まったとされる．国よりもむしろ地方自治体では1970年代から既に情報公開条例を制定するなど，広域的自治体および基礎的自治体は地域住民への情報開示に努めてきた．しかし情報を制限することで世論が操作されることはよく知れらた事実であり，常に情報はステレオタイプ化される（Lippmann, [1922] 1954, 53-66頁〈上〉）．特に「公務」や「公益」という名のもとに機密として情報統制が行われやすい．

　既に述べたように，市民の「共」領域では対応が不十分な分野を専門に担当し処理する「公」領域は地域住民の信託によって成り立つ．その委託された者が使う公費が行政や議会で地域社会のために正しく使われているだろうか．市民には税金の使途について当然知る権利がある．たとえば議員の調査活動を支援するため支給される政務調査費など公金について知りたい情報はまだ十分開示されていない．それらが本来の目的とは異なる飲食費などに使われるのであれば，当然市民は見過ごすわけにはいかず，返還を求める住民訴訟も生まれている．市民の監視（住民監査）によって税金の使途を明確にするためには，さらなる情報開示を必要とする．無駄な支出を抑制しなければ，財政悪化がますます安易な課税強化に転化するだろう．

　「正当な利益を害する恐れがある」という「公益」が一部の者への情報の偏

在をもたらし，それが地域住民の「共益」をそこねていないだろうか．知りたい情報が知り得ない情報となり，往々にして自分たちに不利な情報ほど，後から開示される傾向がある．行政がある日突然都市計画道路の線引きをするということはないものの，事前に情報が地域住民に周知徹底されなければならない．情報非公開の根拠に業務の迅速な処理があげられるが，逆に情報が偏在することで住民が適切な判断ができないために，かえって非効率をもたらす場合もあるだろう．後で情報が「小出し」にされ，しかもそれが住民にとって不利な情報であれば，それだけ市民の不信が増幅し，双方の理解に時間がかかることにもなりかねない．情報公開は市民が市政に対してより明確なイメージをつくり意思決定するために必要な行為である．市民の注意が及ぶ範囲は限られているため，その意思決定をする判断材料として様々な情報に接近できなければ，行政の行動をチェックすることができない．[12]

(個人情報保護法と情報開示)

　平成17（2005）年，個人情報保護法（個人情報の保護に関する法律）が制定された．[13] 特に「私」領域での個人情報の乱用に歯止めがかかったが，情報それ自体を商売あるいは個人情報を活用してビジネスを展開してきた業者の乱用に大きな効果があった．しかしそれが「公」領域になると公務員の守秘義務によって管理されているとは言え，「公益」の名のもとに個人情報が依然として把握されている．かつての「寄合」のようにすべてガラス張りで処理していくことにはもちろん限界があり，個人の資産状況などは課税という点から「公」領域が厳密に把握する一方，行政は第三者に対して秘匿する義務を負ってきた．個人情報保護法は「私」領域での歯止めにはなったが，「公」領域での過剰な個人情報の把握まで規制するものではない．より多くの住民が知ることで全体の利益（公益）がもたらされるとき情報は公開されるが，その判断基準は行政が依然としてもっている．しかし地域づくりについての情報は少しずつ開示されるようになってきた．

　北海道ニセコ町の「まちづくり基本条例」（平成13年4月施行，平成17年12

月一部改正）では，まちづくりの前提に「情報共有の原則」と「情報への権利」を唱っている．前者はその第2条で「まちづくりは，自らが考え行動するという自治の理念を実現するため，わたしたち町民がまちづくりに関する情報を共有することを基本に進めなければならない」とし，後者はその第3条で「わたしたち町民は，町の仕事について必要な情報の提供を受け，自ら取得する権利を有する」とした．さらに行政としての「説明責任」を，その第4条で「町は，町の仕事の企画立案，実施及び評価のそれぞれの過程において，その経過，内容，効果及び手続を町民に明らかにし，分かりやすく説明する責務を有する」と規定している．このように情報の共有を条例化する自治体が増えてきた．[14]

　市民が必要とする情報をいつでも開示する義務が行政にあるのは，市民と行政の委託・受託の信頼関係が本来の協働を支えるからである．行政は市民のための機関（装置）であることを忘れてはならない．たとえば地域づくりにどのコンサルタントを使いどれだけ費用をかけているのか，この種の情報も当然開示すべきである．そうすれば，税金の使途として果たしてそれが妥当なのかどうか市民は判断できるだろう．行政にとって不利な情報をあえて公開しない姿勢からは，真の協働による地域づくりは生まれない．効率的な行政運営と透明度の高い情報公開から協働が促進される．過激な発言をするとされる市民運動家が審議会やその他の組織で公募委員としての参加が拒まれるのは，その種の個人情報が行政に知られていることを意味している．市民にとって必要な「公」領域の情報開示に加え，個人情報を必要以上に収集する態度にも歯止めをかけ，健全な市民活動ができる土壌をつくりたいものである．

▷ 計画・実施・評価の「三位一体型の協働」──────────

　本書は市民と行政の協働を計画だけでなく，実施や評価のレベルでも行う「三位一体型の参加」を唱えている．既に述べたように，近年「計画」（Plan），「実施」（Do），「評価」（Check），「改善」（Act）という四段階のステップ（PDCA）から捉える地域づくりの考え方が強くなった．改善することは大切

図4—4：市民参加の協働による「共助」の地域づくり

```
       支援
  行政 ────→ 市民
      ←────
       参加
     計画・実施・評価
         協働
  「公助」    「共助」
```
⇒ 地域づくり

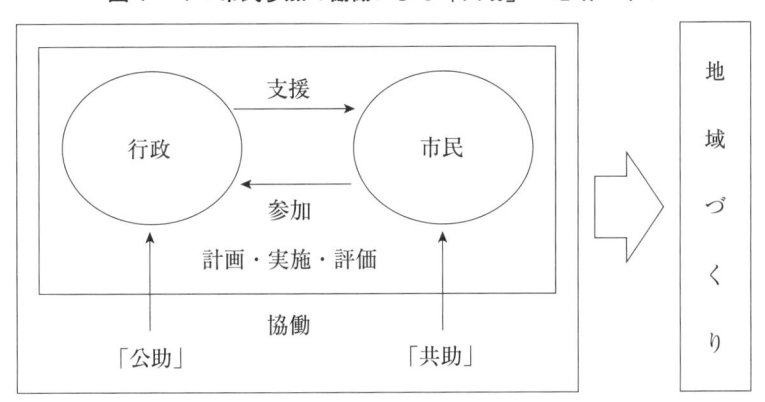

だが，計画・実施・評価の各ステップごとに市民が参加することで行政の動きをトータルにチェックし，市民主体の協働から「共助」による地域づくりを進めることが肝要である（図4—4：「市民参加の協働による『共助』の地域づくり」参照）．計画レベルでは先に示した協働段階の「市民参加（参画）の度合い（involvement）」（パートナーシップ意識）と「市民の主導性（initiative）」（オーナーシップ意識）という点で高い位置にあっても，実施や評価のレベルではまだ低い段階にとどまっていると言えよう．

これまで行政への住民参加をめぐり多様な議論がされ，学会でも市民参加をめぐる報告は多い（日本計画行政学会）．しかしその市民と行政の協働論も「きれい事」が先行し実質が伴っていないところも散見される[15]．もちろん市民参加それ自体が目的ではなく，計画・実施・評価の「三位一体型の参加」から「三位一体型の協働」を進め，住民生活を向上させる地域づくりが目的である．この協働は「共助」による地域づくりでは足りない部分を行政に補完してもらうためのものである．この点で，政令指定都市よりもむしろ小回りがきく小さな自治体のほうが「三位一体型の協働」は先行していると言えよう．

先に述べた北海道ニセコ町の「まちづくり基本条例」では，「わたしたち町民は，まちづくりの主体であり，まちづくりに参加する権利を有する」という

「まちづくりに参加する権利」を規定している（第4章「まちづくりへの参加の推進」の第10条）[16]．その第1章目的の第1条で「この条例は，ニセコ町のまちづくりに関する基本的な事項を定めるとともに，まちづくりにおけるわたしたち町民の権利と責任を明らかにし，自治の実現を図ることを目的とする」と述べ，また第2章まちづくりの基本原則の第5条で「町は，町の仕事の企画立案，実施及び評価のそれぞれの過程において，町民の参加を保障する」と明言している[17]．さらにその参加の前提として，先に紹介した「情報共有の原則」と「情報への権利」を唱えている．「三位一体型の協働」は自治体がそれだけ地域住民と一体になれることを示している．ここに「市民と行政の協働社会」も生まれる．次に，計画・実施・評価の各レベルから住民参加型の地域づくりについて検討しよう．

注
（1） 協働はこれまで人間の労働という側面から捉えられることが多く，理性に依拠した自己の思考と行動の関係から協働を考えたヴェイユは，人間と人間の相互依存関係が集団的生の総体を統制できる点を強調した（Weil, 1934）．そこでは自由な人間による労働に基づく協働が至高の法則となる小さな労働共同体が想定されていた．この「協働観」に従うなら，本書では市民の自由な思考に基づく地域づくりから，行政という他者との関係性を考えることにしたい．
（2） 第2章で述べたさいたま市の「市民懇話会」や「区民会議」の活動は「行政主導型」の協働と言える．行政が公募委員を募集し，一定の流れに沿って運営がされる．もちろん委員の意見が当然尊重されるが，おおむね事務局の意向に沿った方向で全体が進むことに変わりはない．また都市計画マスタープランの策定でも，何度か区民の意見を聞く「区民意見交換会」が設けられた．筆者も出席した最初は参加者が10人程度と少なく，その後ようやく市民の関心の高まりとともに参加者はしだいに増えていった．
（3） 「法律の世界」は役人（公務員）の頭にあるが，「人間の世界」は一般国民の頭にあり，私たちは普段「良心」と「常識」に基づいて行動している（末広，[1922] 2000年，17-63頁）．
（4） さいたま市は第2章で紹介したように基本構想と基本計画についてパブリックコメントを実施したが，その応募は必ずしも多いとは言えない．市民の声を行政に反映させるためには，ある程度のインセンティブが必要かもしれない．

たとえば市川市の「e-モニター制度」では，各種のアンケートに答えるとポイントがたまり，その集めたポイントを動植物園や市民プールなど市の施設で利用でき，また「1％支援制度」の市民団体に寄付することができる（https://www.e-moni.city.ichikawa.chiba.jp/em/）．

（5）　この法的な根拠は都市計画法第2章「都市計画」の第2節「都市計画の決定及び変更」で，「市町村の都市計画に関する基本的な方針」として第18条で市民参加を定めている．その第18条2の第1項は「市町村は，議会の議決を経て定められた当該市町村の建設に関する基本構想並びに都市計画区域の整備，開発及び保全の方針に即し，当該市町村の都市計画に関する基本的な方針（以下この条において「基本方針」という．）を定めるものとする」と述べ，また第2項で「市町村は，基本方針を定めようとするときは，あらかじめ，公聴会の開催等住民の意見を反映させるために必要な措置を講ずるものとする」とある．この住民参加が規定されてからは，都市計画審議会には従来多かった市会議員に代わり，公募市民の代表が加わるようになった．「提案制度」は都市計画法第21条の2で，都道府県や市町村に対して土地所有者やまちづくりNPO法人などが都市計画の決定または変更の提案ができるとされた．さらに都市再生特別措置法第37条で，民間事業者の都市再生事業を推進している．

（6）　「さいたま市都市計画マスタープラン」の策定では，全体のマスタープランの素案に対する市民一般の意見を聞くパブリックコメントとは別に，区ごとのまちづくり構想（区別構想）のために「区民意見交換会」が複数回開催された．3回開催されたうち，筆者も2回参加した．同じ部局（都市局都市計画部）の同種の「緑の基本計画」（公園みどり課）との整合性，緑をなくして街づくりを進めるなら，それに見合う緑を補填すること，駅周辺の暗い夜道の街灯整備，マスタープランに使われている専門用語，たとえば「パブリックインボルブメント」や「ポケットパーク」などの言葉をわかりやすく市民に説明すること，全体として網羅的になるのではなく優先順位をつけて実施すべきであることを述べた．その後策定された「都市計画の基本的な方針」から実際にプランで描かれた将来像の実現，プランそのものの今後の見直しに向けて「さいたま2005まちプラン市民会議」がつくられ，市民が行政の担当者を含めて平日の夜間に意見交換を行った．

（7）　都市のプランには，バリ島の住居のように聖と俗や過去・現在・未来という時間からそこに住む人々の宗教観（ヒンズー教）が反映される空間アナロジーがあるところと，そうでない現世的な存在としての「淡泊なしくみ」をもつところがあるという（鳴海，1987年）．後者の場合プランナーの意向がより強く反映されるが，そこでは抽象的な空間美と機能主義だけで都市がつくられるわけではない．現代のディベロッパーには都市空間を商品化して見る傾向が強く，その極限状態とも言える都市のクライマックス（極相）に対して，空間の利用者

として消費者の視点をもつべきであるという主張は，市民中心のプランを考えるとき説得力をもつ．問題は地域住民が都市計画にどう関わることができるのか，その具体的なプロセスを考え市民の意見がどの程度反映されるかである．もちろんそこにはすぐれた都市計画の哲学があることが望ましい．ハワードが主張したように，都市と農村が住民を引き合う磁石として機能するのではなく，両者が融合した「田園都市」が一つの理想的な都市像であろう（Howard,［1898：1902］1965）．

（8）　石橋は今日の地方分権に先鞭をつける主張を早くからもっていたが，その根底には市町村の自治論があった．「地方自治体は，その小なれば小なるほど（ただしその相当独立した仕事の出来る限りにおいて）その目的—国民の公共心と聡明とを増進する—を達し得るものだ」という言葉に，それは表れている（石橋,［1925］1984年，145-146頁）．こうした適正規模の自治が自治体の合併によって難しくなっている．自治意識が希薄になると公害問題への取り組みも弱くなる点は，宇井が早くから指摘していた（宇井,〔1971〕2006年）．

（9）　地方自治法第7節「請願」の第124条には，「普通地方公共団体の議会に請願しようとする者は，議員の紹介により請願書を提出しなければならない」とあり，また第125条には，「普通地方公共団体の議会は，その採択した請願で当該普通地方公共団体の長，教育委員会，選挙管理委員会，人事委員会若しくは公平委員会，公安委員会，労働委員会，農業委員会又は監査委員その他法律に基づく委員会又は委員において措置することが適当と認めるものは，これらの者にこれを送付し，かつ，その請願の処理の経過及び結果の報告を請求することができる」とある．

（10）　ウェーバーは「職業としての政治」という講演の中で，政治家に必要な資質として「情熱」，「責任感」，「判断力」をあげている（Weber,［1919］1971）．市民から信任を受けた政治家は普通の市民以上にこうした資質をもっているからこそ選ばれたはずである．理想の政治家は世の中の望ましい社会の動きである「進化の神」の意向を把握している者であろう（中江,［1887］1965年，95-96頁）．この先見の明こそ専門の知識として市民が期待しているにもかかわらず，議員が何もしないため市民自らが多様な地域活動を展開し始めたと言えよう．

（11）　毎月の政務調査費は埼玉県が50万円，さいたま市が34万円である（2007年現在）．さいたま市では政令指定都市になり1人20万円から34万円になった．旧岩槻市の市議会議員の調査費は月2万円だったが，さいたま市との合併で17倍に増えたことになる．無党派議員では個人別の使途が開示されているが，党所属の議員では党派別の開示になっているため個人別使途が不透明である．私的流用によって使途が不透明な分，地域住民の不満は増幅している．本来もらっている報酬で十分賄えるという考えから，「第二の報酬」とされる政務調査費を廃止した自治体もある．

(12)　リップマンはこうした市民が情報から遠ざかっていることを，次の言葉で端的に指摘している（Lippmann,［1922］1954, 260頁〈下〉）．「一市民として，主権を有する一有権者としては，専門的な情報文書を消化しようとしてもできないかもしれない．………中略………現代生活のわずかの部分を別とすればあらゆる局面に対してわれわれは一人残らず局外者であるが，特定の判断を下すための時間も注意力も関心も器量ももっていない．日々の社会管理は健全な条件の下で活動している当事者たちに依存しなければならない」．

(13)　個人情報保護法は個人情報保護関係5法の一つで，この他行政機関の保有する個人情報の保護に関する法律（行政機関個人情報保護法），独立行政法人等の保有する個人情報の保護に関する法律（独立行政法人等個人情報保護法），情報公開・個人情報保護審査会設置法，行政機関の保有する個人情報の保護に関する法律等の設置に関する施行に伴う関係法律の整備等に関する法律（整備法）がある．

(14)　この情報の共有を推進するために，ニセコ町では次のように規定している．第6条の「意思決定の明確化」では「町は，町政に関する意思決定の過程を明らかにすることにより，町の仕事の内容が町民に理解されるよう努めなければならない」，第7条の「情報共有のための制度」では「町は，情報共有を進めるため，次に掲げる制度を基幹に，これらの制度が総合的な体系をなすように努めるものとする．①町の仕事に関する町の情報を分かりやすく提供する制度　②町の仕事に関する町の会議を公開する制度　③町が保有する文書その他の記録を請求に基づき公開する制度　④町民の意見，提言等がまちづくりに反映される制度」．第8条の「情報の収集及び管理」では「町は，まちづくりに関する情報を正確かつ適正に収集し，速やかにこれを提供できるよう統一された基準により整理し，保存しなければならない」，第9条の「個人情報の保護」では「町は，個人の権利及び利益が侵害されることのないよう個人情報の収集，利用，提供，管理等について必要な措置を講じなければならない」としている（http://www.town.niseko.hokkaido.jp/）．

(15)　日本計画行政学会では，「日本型パートナーシップの確立と新しい計画行政」というテーマで行政とのパートナーシップを取り上げた（2002年9月，於つくば国際会議）．その後も毎年のように市民と行政の協働をめぐる報告がされている．筆者はこうした協働のあり方について，同学会で「市民と行政の協働による地域づくり―さいたま市の事例を中心に―」というタイトルで，前章のアンケート調査も紹介しながら本音の議論を呼ぶための報告をした（2006年9月，於大阪大学）．コンサルタントが関与する実態や行政主導の住民参加がいかに多いかを知る必要があるだろう．

(16)　その「まちづくり基本条例」の前文には，「ニセコ町は，先人の労苦の中で歴史を刻み，町を愛する多くの人々の英知に支えられて今日を迎えています．

わたしたち町民は，この美しく厳しい自然と相互扶助の中で培われた風土や人の心を守り，育て，『住むことが誇りに思えるまち』をめざします．まちづくりは，町民一人ひとりが自ら考え，行動することによる「自治」が基本です．わたしたち町民は『情報共有』の実践により，この自治が実現できることを学びました．わたしたち町民は，ここにニセコ町のまちづくりの理念を明らかにし，日々の暮らしの中でよろこびを実感できるまちをつくるため，この条例を制定します」とある（http://www.town.niseko.hokkaido.jp/）．

(17)　この「参加原則」と言っても概念があいまいなところがあり，常にその参加の具体的な内容（対象と範囲）を考える必要があるとする点にも注目したい．『まちづくり基本条例の手引き』によれば，「参加」は「行動としての参加」，「関心としての参加」，「行政からの参加」の三つに大別される．「行動としての参加」では，さらに「①町の仕事への参加」として「審議会委員としての参加」，「町民検討会議への参加」，「まちづくり町民講座への出席」など，「②民間団体行事への参加」として「ボランティア団体への参加，活動」，「町内会活動への参加」など，「③個人の取組みへの参加」として「同じ趣味を持つ者同志の行動」，「個人によるごみ拾いへの協働」などをあげている．「関心としての参加」では，「④情報へのアクセス」として「町のホームページからの情報取得」，「広報誌を読む」など，「⑤情報の収集，発信」として「自己のホームページでの情報収集，発信」などを指摘している．最後に「行政からの参加」では，「⑥行政（役場）が町民活動に参加」という「行政参加」をあげている（http://www.town.niseko.hokkaido.jp/）．しかしこの「参加」は依然として行政側の視点に立つ用語として，住民自身が主体的なまちづくりを行う場合の用語ではないとも言っている．他に適当な言葉がないため「参加」を用いたと言うが，この条例で想定する「参加」とはあくまでも先に述べた「①町の仕事への参加」としている．

2　地域づくりへの市民参加
―計画・実施・評価の各レベル

1．計画への市民参加

▷ 地域づくりのグループワーク

以下前章まで述べてきた点，特に第2章で紹介したさいたま市の「市民懇話会」，「総合振興計画審議会」，「区民会議」への参加を通して得た体験を踏まえ，

図4―5:地域づくりのグループワークの流れ(計画レベル)

ステップ1:地域の現況と問題点の把握

・KJ法(カード記入など)による問題点の指摘―「問題分析」
・問題の順位(ウェイト)づけ―挙手による決定

⬇

ステップ2:地域づくりの課題の整理

・「特性要因図」(対策追求型)による課題の構造把握―「目的分析」
・課題の順位(ウェイト)づけ―挙手による決定

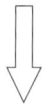

⬇

ステップ3:課題解決に向けた地区づくりのポイント指摘

・課題に対する解決策の提示

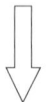

⬇

ステップ4:地域の将来像の検討

・地域の将来イメージ(目標)の提案

⬇

ステップ5:提案書に盛り込む内容の検討

・現況と問題点　・課題と施策　・地域の将来イメージ

ここで住民参加の地域づくりを進めるうえで必要な取り組み（参加型地域づくり入門）を整理しておきたい．市民でもやればできるという「共助」の地域づくりに対する自信を深めてもらうため，また抽象論ではないグループワーク的な技術論も取り上げる．とりわけどこの地域づくりでも共有化されている基本作業を整理し，この程度の手法ならコンサルタントがいなくても地域住民どうしでできることを理解していただきたい（図4－5：「地域づくりのグループワークの流れ（計画レベル）」参照）．誰か一人でも知っている人がいると，こうした地域づくりの基礎作業は早くまとまるだろう．まず最初に計画レベルで欠かせないグループワークについて述べたい．

（ステップ1：地域の現況と問題点の把握）

ステップ1は地域の現況と問題点を把握する作業である（表4－2：「地域づくりのグループワーク（ステップ1）」参照）．まず何よりも自分たちの地域を知るところから始まる．よく使われる手法として「KJ法」がある（川喜田，1966年：1967年[1]）．これは問題解決に際し，いろいろな意見を出して同じものを整理していく発想法である．司会進行役の指示に従い，記録者が参加者の発言に応じてホワイトボードや大きな模造紙に書き，全員が見られるようにする．あるいは浮かんだアイデアを小さなカード（付箋紙）に書いて貼ってもよい．そのアイデアは一項目一枚のカードに書くことを原則とする．

これを「ブレーン・ストーミング」（brain storming）によって進めることがポイントである．「ブレーン・ストーミング」とはその名のとおり，脳（brain）を嵐（storm）のように攻撃し揺り動かすことを意味する．このとき約束事として，出てきたアイデアに対して批判しない（批判厳禁），自由な発想でアイデアを出す（自由奔放），できるだけ多く出すこと（量重視），他人のアイデアへの便乗や組み合わせによる発想（結合改善）を心掛けるようにする（細谷，1982年，31-33頁）．出尽くしたところで同じような内容をまとめ，それらを集約するのにふさわしいタイトルをつけてグループ化する．ここでは気づいたことを他人のアイデアに触発されて，次から次と列挙することがポイン

トで，出てきた問題は必要に応じてその重要度を決定する．これが最初の出発点となる「問題分析」である．

これらは社会学で言う小集団活動で，対面のコミュニケーションがそこなわれない程度の人数で進め，集団としての凝集性とその成果を高める活動として知られている．近年これは「ワークショップ」という呼び名で行われ，問題解決の手法として定着している．このワークショップ形式は5人から6人程度のグループで作業を進めるのが普通である[(2)]．このようにステップ1ではまず，地域社会の問題を分析するところから始める．この段階で問題点を単にグループ化するだけでなく，分類したグループ内およびグループ間の構造を明らかにするため，「特性要因図」（原因追求型）を描くとわかりやすいだろう（細谷，1982年，18-36頁）．すなわち大項目（大きな要因），中項目（次に重要な要因），小項目（それほど重要でない要因）の三段階のレベルに分けながら，問題点（要因）を整理する．

表4—2：地域づくりのグループワーク（ステップ1）

- ●「問題分析」—問題点の整理
  - ・原因と結果の関係を整理する．
- ●「問題系図（チャート）」の作成
  - —「中心問題」の決定と「直接原因」および「直接結果」の考察
  - ・因果関係（矢印による表示）を明確にし問題点の構造を把握する．
- ●問題の順位（ウエイト）づけ—地域（地区）にとって一番の問題は何か
  - ・メンバーの間でよく議論する．自由討論後に挙手の数（投票）などで決める．
  - ・定量化できるものは具体的な数字で示す．
  - ・重要なものに印を付ける．

（ステップ2：地域づくりの課題の整理）

ステップ2は出された問題点を確認しながら，その中から課題を抽出する作業である（表4—3：「地域づくりのグループワーク（ステップ2）」参照）．これは「問題分析」から，課題を整理し目的を明確にする「目的分析」の段階になる．原因と結果の「問題分析」から目的と手段の関係という「目的分析」へと作業転換することで，問題の原因を除去し望ましい結果を導くようにする．こ

の「目的分析」では，ステップ1で既に「特性要因図」(原因追求型)を作成してあればわかりやすいが，ここで問題点をグループ化したものを基に「特性要因図」(対策追求型)を描くことが望ましい(巻末資料2—1:「『D地区のまちづくり』の特性要因図」参照，ここにはステップ1の問題も含まれている). これは「大骨」(大きな課題)，「中骨」(次に重要な課題)，「小骨」(それほど重要でない課題) に分けた魚の骨のように見える「フィッシュ・ボーン」(fish bone) の図である．

表4—3：地域づくりのグループワーク(ステップ2)

●「目的分析」—課題(目的)の抽出
　・問題が解決されたときの望ましい状態を考える．
　・否定的な表現(原因・結果の関係)を肯定的な表現(手段・目的の関係) に直すことで課題を抽出する．
●「特性要因図」(対策追求型)の作成
　・課題からその解決に向けてたたき台を作成する．
　・「大骨」(大きな課題)，「中骨」(次に重要な課題)，「小骨」(それほど重要でない課題)の関係を整理する．
　・どれが順位(ウェイト)の高い「大骨」になるかは意見交換しながら決める．具体的な事象ほど「小骨」になり，それらがしだいに集約されて「大骨」になる．

(ステップ3：課題解決に向けた地区づくりのポイント指摘)

　ステップ3は整理した課題の中から解決すべき必要な地区づくりのポイント(解決策)を列挙する作業である(表4—4:「地域づくりのグループワーク(ステップ3)」参照). これは出された問題点を整理しその中から抽出した課題から具体的な解決策を考え，どれを取り上げるか優先順位を決め整理する段階でもある．いろいろな角度から意見を出しながら検討するが，どうしても決まらないときには挙手して多数の賛同が得られたものを解決策として残していく．

表4―4：地域づくりのグループワーク（ステップ3）

- ●課題に対する解決策の提示
  - ・目的と手段が非現実的でないか，目的に対する手段に漏れがないか，実施することで周辺にマイナスのインパクトを与えないかなどについて考える．
- ●課題解決に向けた分野別ポイントの指摘
  - ・ハード面（交通基盤や施設整備など），ソフト面（施設の管理運営やイベントなど），ヒューマン面（地域住民の意識向上など）に分けて整理するとわかりやすい．
- ●優先課題の選定と解決策の決定
  - ・地域（地区）にとって優先すべき課題は何か，どれが一番解決すべき課題か，その具体的な解決策を考える．
  - ・メンバーの間でよく議論する．決まらないとき最後は挙手の数で決める．
  - ・定量化できるものは具体的な数字で示す．
  - ・網羅的になるのを避けるためにも，「特性要因図」から重点を明らかにする．

（ステップ4：地域の将来像の検討）

　ステップ4は地域（地区）の将来像（イメージ）を検討するまとめの段階である（表4―5：「地域づくりのグループワーク（ステップ4）」参照）．ここでは問題点の指摘，課題の整理と解決策の提示を受け将来像とそれを実現するための目標を考える．このとき長く時間がかかる中長期的なものと，すぐにでもできる短期的なものを区別することが重要である．また財政的な裏づけを必要とするものと，自分たち地域住民の取り組みだけでそれほど資金がかからないものを区別することも忘れてはならない．こうした点を考慮しながら，取り組むべき将来像を絞り込む．これまでのステップ同様，決まらないときは挙手の数で決める．なお何から何まで行政に求める要求型の提案ではなく，地域住民ですべきことと行政がすべきことを整理したうえで，民間と行政の役割（官民の役割分担）を明確にした建設的な提案に基づく将来像が望ましい．この「民」が第1章で述べたように，「私」領域の民間企業（事業者）だけでなく，「共」領域の市民でもあることを強調する．このように「公」（行政）と「共」（市民）の分業化が地域住民でできることは自分たちでする「共助」の地域づくりを考える出発点になる．

第4章　市民主体の地域づくり　161

表4－5：地域づくりのグループワーク（ステップ4）

●将来像（目標）の提示―短期と中長期的な目標の区別
　・短期の目標
　　・社会環境（行祭事やイベント，住民運動〈環境保全など〉）の整備など
　・中長期の目標
　　・都市基盤や自然環境の整備など（ハード中心）
　　・地域住民の意識改革運動（人間開発）などは長期的かつ継続的な取り組みを必要とする．
●目標実現のための具体的な施策と事業の提案
　・できるだけ具体的に実行可能な施策や事業を出すこと．
　・財政的な裏づけも考慮する
●市民（共）と行政（公）の役割分担の明確化
　・官民の役割分担を明確にする．地域住民で取り組めることと行政がすべきものを区別する．

（ステップ5：提案書に盛り込む内容の検討）

　ステップ5は提案（報告）書に盛り込む内容を検討する段階である（表4－6：「地域づくりのグループワーク（ステップ5）」参照）．一般住民にも理解してもらうために説明はできるだけわかりやすくし，その訴求相手となる行政に対して説得力ある内容にすることが求められる．発表の機会が与えられているなら，メディア時代の現代視聴覚機器（プレゼンテーションソフト）の活用も必要であろう．しかしそれにこだわることなく，口頭で正確に訴求ポイントを説明できるようにすることを忘れてはならない．地域の将来像は端的なキャッチフレーズにすると，地域住民の関心を喚起することが容易になるだろう．ただし市町村名だけ変えたような全国どこでも見られるフレーズではなく，地域固有の資源を直接入れた，あるいはそれを連想させるフレーズが望ましい．参加した地域住民の合意（コンセンサス）によって集約された成果がこの提案（報告）書である．以上のようなステップを通して，自前の計画をつくりたいものである．

表4—6：地域づくりのグループワーク（ステップ5）

●地域の将来像のまとめ
　・総論—理念，目標，方針を述べる．
　・各論—ハード面（自然環境，都市・生活基盤整備など），ソフト面（施設の運営，コミュニティ活動，行祭事・イベントなど），ヒューマン面（地域の住民運動，意識改革としての人間開発など）に整理して提案（報告）する．

▷ 市民参加による計画づくり

（市民参加の活用）

　上述の地域づくりのステップを踏む基本的な手法を市民が身につけることができれば，様々な計画策定に参加する市民も増えてくるだろう．計画レベルでは，行政がつくる「素案」以前の段階（「素案の素案」策定）で意見集約の組織に参加する場合，また審議会の委員として「素案」そのものの策定に関わる場合，「素案」の策定段階で意見交換会などに参加する場合など，いくつか参加レベルがある（図4—6：「地域づくりへの参加のタイプ（計画レベル）」参照）．しかも単に個人としての意見を述べるだけではなく，それが地域住民としての意見をまとめる作業を伴うとき，先に述べた意見集約のノウハウが活かされる．

図4—6：地域づくりへの参加のタイプ（計画レベル）

計画への市民参加
├ 直接参加
│　├ 行政主導型 ・審議会や行政が中心となってつくる計画策定組織（市民懇談会など）に市民が参加する場合
│　└ 市民主導型 ・市民（グループ）自ら計画を策定し，行政に提案する場合
└ 間接参加 ・行政の計画組織への参加ではなく，パブリックコメントなどを通して意見を述べる場合

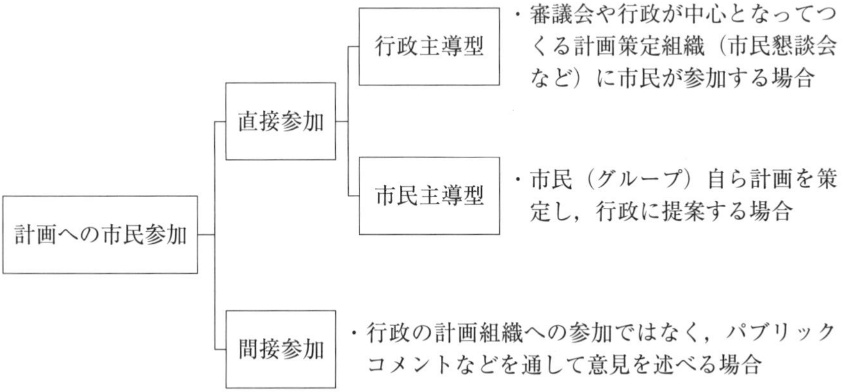

自分たちで意見集約をすることで，計画策定への参加意識も高まるだろう．審議会に直接参加してもただ出席するだけ，あるいはその場で意見を述べても，それが多くの意見の一つとして参考程度にされるなら，パブリックコメント同様間接的な参加にとどまるだろう．ここでの直接参加とは行政に意見を直に伝えることに加え，意見集約を伴う作業を自分たちで体験すること（グループワーク）も含まれる．何よりも計画の提案を「画餅」に終わらせることなく，行政に実行させることが肝要である．

計画レベルでは，何度もふれたように従来の学識経験者や各種団体の代表に加え，公募委員の募集も多くなり，市民参加の環境は整いつつある．横須賀市の行政による積極的な市民参加の提唱や志木市の強力なリーダーシップを発揮する前市長の呼びかけは行政主導とは言え，「素案」段階あるいは「素案の素案」段階から市民が参加できる機会を多く設けてきた．こうした会議で直接議事録に残る意見と異なり，パブリックコメントなどはあくまでも参考意見として間接的な反映にとどまる．このためできるだけ直接意見を述べる機会を市民は活用すべきである．既存の自治会ルートもあるが，市民は地域のしがらみにとらわれない新しい多様な意見提案のチャネルをつくり発信したいものである．

第2章で詳述したさいたま市では，「市民懇話会」という地区ごとの代表者による特定少数の意見とパブリックコメントに基づく不特定多数の意見聴取がされた．そこで集約された意見は審議会に「素案の素案」として各区のまちづくりの提案に結実した．また審議会に「市民懇話会」の代表が参加し市民の代表として意見を述べることができた（巻末資料2―4：「総合振興計画策定に関わる市民参加の状況」参照）．このように意見提案のルートが開かれていても，公募委員の応募は少なく市民のほうでそれを活用する意識がまだ高いとは言えない地方都市もある．もっとも市民に開かれた審議会とは言っても，前章で指摘したように昼間の時間が自由に使えるという制約条件から参加者が限定されることは否めない．行政による地域住民の実情から離れた参加の強制はよくない．普通のサラリーマンや働く女性が参加できる仕組みを考えなければ，いつまで

たっても自由業や自営業など限られた公募委員しか集まらないだろう．
(参加型地域づくりの先駆的事例)
［三鷹市］

　東京都三鷹市では既に1960年代に総合計画策定について市民参加方式を導入している(3)．これは行政の計画案を「市民会議」に提示して意見を集約する手法であった．その後70年代には実施計画の策定とリンクした「コミュニティ・カルテ（地域診断）」方式が導入される．これは住民協議会がコミュニティセンターの管理運営を担い，コミュニティ内の生活を自主的に診断して報告書を作成し市に要望する方式であった．ここで市は「金は出すが口は出さない」方針をとったとされる．また80年代になると基本構想などに市民意見を反映させ，モデル事業を提案する「まちづくりプラン」が登場する．さらに90年代には市の担当者が市民の意見を聞く「まちづくり懇談会」や「実験参加」を始め，公園や学校の建て替えプランの作成に際しワークショップ方式を採用し，市民が行政の計画づくりに参加した(4)．こうした経験が「三鷹市基本構想」や「第3次基本計画」の策定で重要な役割を果たした「みたか市民プラン21会議」という市民組織に結実した（http://www.mitaka21.city.mitaka.tokyo.jp/；清原，2001年；大朝，2005年，48頁；三鷹市，2006年）．一連の取り組みはできるだけ多くの市民が直接参加できる仕組みをつくってきたと言えよう．

　平成11（1999）年5月に準備会が発足し，行政に提言を行う全員公募による「みたか市民プラン21会議」が10月に誕生した（三鷹市，2006年）．この市民組織は双方の役割と責務を明記した「パートナーシップ協定」を市と締結し，「白紙からの市民参加」を求めた．翌年10月には市が策定する計画の素案の前段階で多様な意見を集約し，「みたか市民プラン21」として「素案の素案」を市へ提出した．さいたま市の「市民懇話会」と似ているが，その違いは市民組織自体が行政によってつくられたものかどうか，また行政（コンサルタント）の介入なしにたたき台を自前でつくったかどうかにあるだろう．三鷹市はこの市民提案を基に素案を策定したが，この市民組織はそれに対してさらに意見書

を提出している．そこには市民と行政との間に双方向のコミュニケーションがあり，市民側からの一方通行の提言だけに終わっていない．

　準備会の段階から3年間活動し，「みたか市民プラン21会議」は平成13（2001）年11月にその使命を果たし解散した．全体会と分科会などの会議総数は773回にも及び，こうした市民と行政の協働の経験がその後の市民活動に活かされる「学習効果」をもたらしたと言われている．この点に「三鷹方式」の特徴が見出せるだろう．市への政策提言を行い議論するコーディネーター力を市民自らが身につける「市民コーディネーター養成講座」（5回開催）も設けられた．こうした試みから現状や問題に対する認識を深め，提言のための基礎的な知識も共有されてきたという[5]．この種の取り組みによってまちづくりのノウハウが市民に蓄積されるなら，コンサルタントを使う必要もないだろう．いつまでも行政に頼っていては市民による地域づくりは望めない．

［横須賀市］

　神奈川県横須賀市では，市民と行政の協働を推進するため「パートナーシップ研究会」を平成10（1998）年に発足させた．これは市民協働型のまちづくりの基本的な考え方（理念，原則，推進策の枠組みなど）を検討した研究会で，市民委員4名，学識経験者2名，行政委員3名から構成された．この研究会には市民ワーキング（市民委員4名を含む市民12名）と行政ワーキング（8名）というサブ組織があり，研究会へ提案をしている．研究会がまとめた報告書「市民協働型まちづくり推進指針」は，市民と行政の協働を進める先駆的な指針と言えるだろう．市民協働型まちづくりとは「市民の自主的な行動のもとに，市民と行政がよきパートナーとして連携し，それぞれが自らの智恵と責任においてまちづくりに取り組む姿勢と，そのためのしくみ」を意味する（横須賀市，1999年，4頁）．

　ここで言う市民には市内在住者だけでなく，在勤者や外国人，市内居住の企業，団体，学校まで含まれる．何故市民協働型のまちづくりが求めているのか．分権化による自治体独自の政策が可能になる，投票行動だけに依存しない

自治への参画機会の増大，市民と行政の信頼関係の構築，多様化する市民生活の行政サービスへの対応強化などが理由としてあった．何よりも当時まだ，市民や行政のほうでも協働意識が十分ではないため幅広く市民が参加できる状態ではなく，また市民と行政の合意形成の仕組みが機能していない，さらに市民と行政の双方向のコミュニケーションが少なかった．こうした問題点を踏まえ，まちづくりの担い手の育成や多くの市民が参加できる事業づくり，市民と行政の合意形成のプロセスづくり，両者のコミュニケーションが重点課題とされた．これらはどの地域社会にも共通する課題で，さいたま市の市民参加を通して筆者も痛感してきた点である．

当時横須賀市ではそのための具体的な対策として，まちづくり人材バンクや市民が身近な義務を果たせる，あるいは子供が参加したくなるイベントなどの事業の工夫，審議会への公募委員の積極的な参加や市民からの政策提案を受け入れる仕組みづくり，市政情報コーナーの拡充や地元コミュニティ放送局の活用など，市民の声の吸収とそれへの対応を強化している（横須賀市，1999年[6]）．特に「まちづくり出前トーク」は行政が市民のほうに出向き市職員が市民と膝をつき合わせた話し合いの場で，先駆的な取り組みとして評価される．その後どの自治体でもこの種の市民と行政の協働が言われるようになり，その実現を目指した地域づくりが進められている．次に実施レベルの参加について見ることにしよう．

2．実施への市民参加

▷ 実施の主体

計画はそれが実行に移されなくては「画餅」に終わる．計画の実施主体は誰か．まず行政である．この点は専門的な知識をもつ行政マンが担当することに異論はないだろう．実施計画に基づく事業は総合計画を策定した政策企画部などではなく各担当部局が行う．しかし市民が自治体のオーナーでその管理運営を行政に委託していると考えるなら，行政が市民の代わりに計画を実施するこ

とになる．普段仕事をもっている市民に代わり，公務員が税金を使い業務を集中的かつ効率的にこなす．その業務の遂行には，当然先に述べた情報公開と説明責任が伴う．密室からオープンになるにつれ，行政の業務が市民に開放されつつある．それは市民が片手間ではできないため，公務員という専門家集団に任せてきた業務が再び市民の手に戻ることを意味する．行政からの要請もあるが，市民自らがNPOを通して専門的な知識を背景に直接行政に働きかけるようになったことが，その要因としてあげられるだろう．

　この実施レベルの参加では，市民と行政の協働という点で行政が市民とともに計画を実行に移す場合が考えられる．これはその事業の運営や管理に市民が参加することを意味する．しかし実態は業務の一部を市民に任せるものの，行政がその主導的役割を果たすことに変わりはない．もちろん市民，特にNPOがそれなりの専門知識をもち，行政と互角に対応できる場合もあるだろう．しかし本来仕事をかかえる一般市民では時間的な制約があり無理である．そこでこの実施レベルの参加では多くの場合比較的単純な業務が任されることになるが，それがボランティアではない非ボランティアの活動であれば，その対価に見合う責務は逆に大きい．こうした公務を通して知り得た情報を市民が秘匿する義務を負うのは公務員と同じである．この実施レベルでの市民参加はまだ緒についたばかりと言えるが，さらに後述する志木市のような制度的な支援もあり広がりを見せている．

　行政中心の実施から市民との協働による取り組みに対して，行政がその業務を民間事業者に完全に任せる場合がある．PFI（Private Finance Initiative）は，行政の財政負担を軽減するだけでなく効率的な運営にもねらいがあるとされる．この民間資金の活用に力点が置かれた制度に対して，「指定管理者制度」は，行政が担ってきた公共施設の管理運営をより効率的な専門ノウハウをもつ事業者（民間企業，公益法人，NPOなど）に任せる仕組みである．こうした管理委託制度は既存の公的団体以外に参入者が競争に加わる「経済的合理性」の追求だけでなく，NPOにまで門戸を広げることで市民が考えるまちづくり

の理念や価値を実現しようとする「社会的合理性」もそこに見出すことができるだろう。私企業の事業者はもちろん市民公益活動団体であっても，地域住民がこれら行政業務の担い手の活動をチェックすることを怠ってはならない。この種の市民の行為もまた実施レベルでの間接的な参加と言えよう．

▷ 志木市の「行政パートナー制度」

　埼玉県志木市では「市政運営基本条例」を平成13（2001）年10月から施行し，その第2条で「まちづくりは，市民自らが主体となって考え，行動し，市民及び市が協働して推進することを基本理念とする」と規定した（http://www.city.shiki.lg.jp/）．これに基づき市民の市政参加の様々な先駆的な措置を市は講じてきた．平成15年3月には「市民との協働による行政運営推進条例」を制定し，市民がもつ知識や経験を行政運営に活かし，市民と行政が対等の立場で協働する制度として同年6月から実施された．その第1条で，「この条例は，市民の有する知識経験及び能力を活かした行政運営を展開するため，市民との協働による行政運営の基本的な事項を定め，活力と魅力に満ちた自立する都市の創造に資することを目的とする」と規定している．

　その中で注目されるのは，市民団体に業務を委託する「行政パートナー制度」である．これは，先の「行政運営推進条例」の第8条で行政パートナーと市との関係，役割分担，相互協力の内容を定めたパートナーシップ協定の締結に基づいている．この協定で市民および市民公益活動団体が市と対等な立場と自主性をお互いに確認し，市民と市の協働による行政運営の効果を最大限発揮するため，協働に関する三つの原則として「対等な立場に立って議論や意見交換を行うこと」，「自主・自立性を尊重すること」，「相互に連絡を密にし，協力し合うこと」をあげている．またその役割と責務に関する約束として，行政パートナーに「担当する業務改善提案はもとより，市政に対し積極的に企画提案をします」ことを求めた．特筆されるのは，先の条例第9条で「市は，行政パートナーによる行政サービスの提供の適切な執行を確保するため，行政パートナーに対する研修の機会を設けなければならない」と規定した点である．これ

はパートナーとしての市民の「実施能力」を高める取り組みと言えよう．

この「行政パートナー制度」は運用指針を細かく規定している．平成16(2004)年3月施行の「志木市市民公益活動団体（行政パートナー）に対する発注指針」によれば，行政パートナーに委託する市民協働業務の契約は単年度契約であるが，「市民協働の育成と行政パートナーの提供するサービスの質を高めていくため，委託団体の実績等を勘案し適当と認められる場合は，4年を目安に当該受託団体に市民協働業務を委託することができるもの」とした．業務に参加する市民は単なる労力提供者ではなく，市と対等な立場で行政の協働運営者と位置づけられ，それが協定で担保されている．この「行政パートナー制度」による行政運営に市民が参加し提供したサービスの対価として，市民が支払った「市税」の一部が市から還元される．ここには、ボランティアとしての活動ではなく，非ボランティアとしてのそれに対する評価が対価として示される。こうして志木市は市民やNPOに業務を委託し，市民協働による活力あるやさしいローコストのまちづくりを進めてきた．[9]

▷ 公共事業への住民参加

実施レベルの参加は公共施設の管理運営だけではない．従来の公共事業まで地域住民が直接担当しているところがある．これはかつて自分たちで行ってきた村落の道普請などの「村仕事」の復活であり，「公共」事業ではなく「共」事業の復活でもある．それは「公」領域に覆われてきた「共」領域を再び取り戻す「共助」による地域づくりと言えるだろう．山口県柳井市の「ふるさとの道づくり」（「ふるさとの道」整備事業）の取り組みは，これまで役所が民間業者に発注してきた道路工事を地域住民に任せる画期的なものである[10]．これは経済的効率性だけではない，地域住民のまちづくりに対する意識を高めるエンパワーメントの活動でもある．

この「『ふるさとの道』整備事業実施要綱」によると，普段生活の中で通る道を自分たちの手で整備し，「快適に通行できるよう」また「歴史的，文化的価値の高い特色ある道づくりをめざしていく」ことを目的としている．予算内

で，原材料および重機等の借上料の助成が行われ，対象道路は原則として市道認定された道路で，改良後の道路幅が4m以上のものである．その助成要件はこうした条件に適合した道路の整備事業で，「用地の同意が得られるもの」また「地元住民による労力奉仕が可能なもの」とされる（http://www.city-yanai.jp/siyakusyo/doboku/furusato.html）．市道の改修に際して，道路拡幅は市民に寄付してもらい，市はアスファルトや生コンクリート，建設機械のリース料を負担し，実際の工事は重機の操作も住民にしてもらう．このため経費は公共事業の十分の一で済むという．市民は「手弁当」と言うが，これにはいくらか日当を出してもよいのではないだろうか．むしろそうすることで，逆に責任と自覚も生まれてくることがあるだろう．[11]

　こうして自分たちが実際に整備したことで，道路への満足度や愛着度が高まったという．先に述べた市財政の節減も重要であるが，「公共社会学」の視点からは，このような地域住民の一体感が高まり自治や「共助」の意識が向上した点に着目したい．もちろんその規模や材料の点で近代的な道路整備に伴う工事知識は専門化し複雑になっている分，土木部門の行政に頼らざるを得ないところがあるのは当然である．しかしこの種の手づくり道路はかつて自分たちで道路を修復してきた「村仕事」の再生であり，それは「共」領域の復活であると同時にその新たな創造として歓迎したい．次に評価レベルについて検討したい．

3．評価への市民参加

▷ 評価の主体と内容

　行政が行った政策や施策，事業を市民が評価することはかつて考えられなかった．「お上」の仕事に対する意見はタブーで，それは当然のように受け入れるだけであった．近世江戸期には「目安箱」もあったが，それは告発的で相互監視的な機能も担っていただろう．しかし今や市民に対する最大のサービス産業が自治体であると言われ，行政のマーケティングや自治体会計が声高に叫ば

れている．政策マーケティングは行政サービスを一つの商品として捉え，地域住民にその商品をいかに利用してもらうかを考え，その満足度を高めるため住民から評価を受けて次のサービスに反映させる一連の手法である．これは税金の無駄遣いなど行政に対する地域住民の権利意識と監視能力がそれだけ強くなったことを示している．特に税源が国から地方に移譲されるにつれ，身近な地方税の不正，不当な使途に対して監視する市民オンブズマンの活動は情報公開と説明責任を盾にますます強まるだろう．

　行政評価をその主体から見ると，「内部評価」と「外部評価」に大別される．各部局が自ら行う「内部評価」では，評価をする側とされる側が身内どうしで自己点検として当然甘くなるだろう．この「自己完結型評価」が公務員のモラルとともに厳しく批判されるとき，第三者による公正な評価が欠かせない．地域住民が行政サービスを受ける顧客であるなら，当然「外部評価」を導入すべきである．(12) 評価内容からは「行政政策評価」，「行政施策評価」，「行政事業評価」，「行政事務評価」に分かれる（表4―7：「行政評価の分類」参照）．「政策評価」や「施策評価」，「事業評価」は個別の「政策」（policy）や「施策」

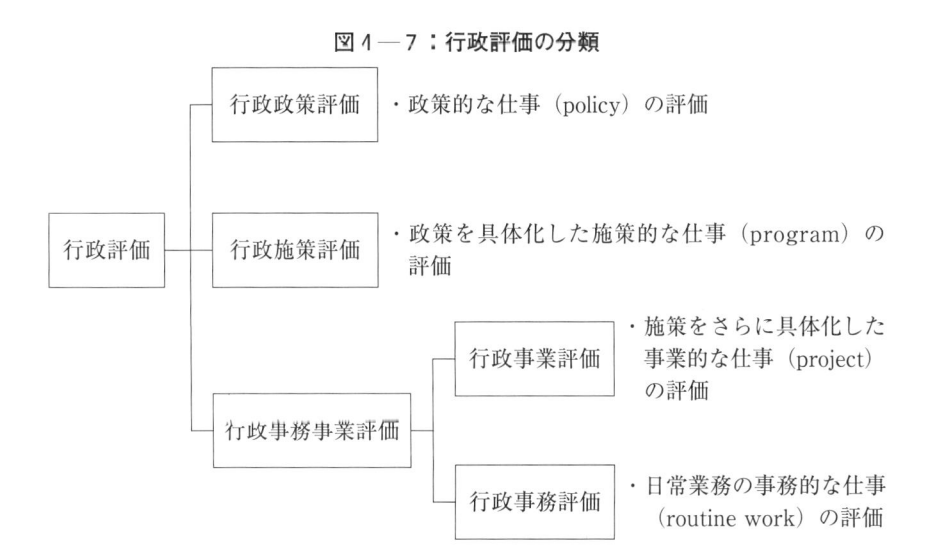

図4―7：行政評価の分類

行政評価
- 行政政策評価 ・政策的な仕事（policy）の評価
- 行政施策評価 ・政策を具体化した施策的な仕事（program）の評価
- 行政事務事業評価
  - 行政事業評価 ・施策をさらに具体化した事業的な仕事（project）の評価
  - 行政事務評価 ・日常業務の事務的な仕事（routine work）の評価

(program),「事業」(project)に対する評価である[13]. 総合計画の体系に合わせ,「政策」を基本構想,「施策」を基本計画,「事業」を実施計画に対応させることもできるだろう. 政策は各種の「施策」(都市基盤・生活基盤分野, 産業・経済分野, 環境・健康・福祉分野, 交流・コミュニティ分野, 教育・文化分野など) として具体化され, 個別の「事業」として実施される.「事務評価」は職員の事務的な効率性 (生産性) を問うもので, 組織内の仕事ぶりへの評価である. なお「事業評価」と「事務評価」は「事務事業評価」とされることも多い.

「政策評価」や「施策評価」,「事業評価」は事務的な業務に対する評価と異なり, 地域住民の生活に直接関わるため, 市民による評価の意味もそれだけ大きい. 従来の縦割りの行政組織に応じた操作的な評価ではなく, 生活場面 (シーン) に応じた目標値を設定し評価していくことが望ましい. しかし現実には各部局ごとに「内部評価」されることが多い. パブリックコメントやアンケート調査でも間接的に評価することはできるが, やはり市民の直接の声を聞く評価が好ましい. しかもそれは単なるインプットに対するアウトプットにとどまらない市民生活に対するアウトカム (成果) こそ問われるべきである. これに対して「事務評価」はルーティン・ワークの仕事で内容を熟知した役所内部の人事考課の対象となり, 市民が詳細に評価することは難しく「外部評価」に馴染まない領域と言えよう. しかし, 書類や証明書の発行など窓口サービスや事務効率などは市民でも評価できる. 企業の消費者相談窓口同様行政も総合案内の窓口を設け, かつての慇懃無礼な態度は少なくなったとは言え, 顧客として市民に対する接客態度にはまだまだ改善の余地がある.

▷ **評価の方法と協働に対する評価**

行政評価は, 実際にサービスを受ける当事者の「顧客」から評価を受けることが肝要である. しかし「外部評価」も専門的な知識を必要とするため, 学識経験者が入った評価委員会がよく設けられる. そこでは実際にその地域に住み住民サービスを受けている者の声を尊重すべきである. 学者のアカデミックな

第4章　市民主体の地域づくり

指摘だけでなく，市民の「目線」すなわち庶民感覚をもつ公募市民が加わった第三者機関をつくるべきであろう．一般に評価項目としては，先に述べたように取り組みのインプットに対してどれだけのアウトプット（アウトカム）が得られたか両者の関係を示す「効率性」(efficiency)，成果の程度を示す「目標達成度」(effectiveness)，市民生活に対するプラスとマイナスの「インパクト」(impact)，受益者である市民のニーズに合致し適合しているかどうかという満足度についての「計画の妥当性」(relevance)，それがその後定着し継続される「持続性・自立発展性」(susutainability)をあげることができる．このうち狭義の評価とは「目標達成度」を指している．

平成14（2002）年6月に制定された「志木市行政評価条例」は市民を含めた行政評価の先駆的なものと言える．その第1条には「この条例は，行政評価に関する基本的な事項を定めることにより，市民が行う行政評価の結果を市政に適切に反映させ，市民の視点に立った効果的かつ効率的な市政を推進し，もって市民に対する説明責任を遂行することを目的とする」とある (http://www.city.shiki.lg.jp/)．その行政評価の対象は，年度の事業費が100万円（工事に係るものにあっては500万円）以上の事業である．実際の評価の主体は行政評価委員会の委員5人で，「評価制度に関して識見を有する者」（学識者）あるいは「市政に深い関心を有する者」として公募による委員を市長が委嘱する．この条例の第13条では「実施機関は，市民から評価結果その他評価に関する事項について，意見があったときは，その意見を当該評価へ適切に反映させるものとする」とある．市長は毎年1回評価の対象事業に対して，その評価結果の市政への反映状況に関する報告書を作成し議会に報告する．評価はやりっぱなしでは困る．それを次の政策や施策，事業に活かさなければ意味がない．この点志木市は第14条で「実施機関は，評価結果を予算，人事管理等の政策等の策定及び実施に活用するものとする」と明確に規定している．

「定量評価」と「定性評価」という点では，数値化を前提にしたマニフェストで目標をチェックをする自治体が増えてきたことは歓迎したい．このため，

「定量評価」は目標の数値（計画値）と実際の数値（現状値）との乖離を客観的にチェックできるようになった．志木市の評価条例第2条では，そもそも「行政評価」を「実施機関が行う政策，施策及び事業について，一定の成果指標等を用いて客観的な検証を行うこと」と定め，その数値化を前提にしている．また，第3条で行政評価は「市政の透明性及び公平性を確保する観点から，当該政策等の特性に応じた合理的な手法を用いて，できる限り定量的に行わなければならない」と規定した．これに対して「定性評価」のほうは定量化できない分，客観性の問題が残る．さらに評価時期という点では，既に第2章でも述べたように最終目標年だけでなく，途中のチェックであるモニタリングを忘れてはならない．これは必要なら計画を軌道修正し，次の実施に活かすことを意味する．なお，今後は市民と行政の協働そのものを評価することも必要だろう．この点先に示した「行政パートナー制度」を導入した志木市では，「行政運営推進条例施行規則」の第14条で，市民協働業務評価委員会によって市民と行政の協働の取り組みを評価対象にしている点が注目される．しかし現実には市民と行政の思いがいかに乖離しているか，この点について次にさいたま市をめぐるいくつかの事例を通して考えてみたい．

注
（1） このKJ法は考案者川喜田二郎氏のイニシャルのKとJを採ってつけられた．
（2） ワークショップとは，「講義など一方的な知識伝達のスタイルではなく，参加者が自ら参加・体験して共同で何かを学びあったり創り出したりする学びと創造のスタイル」とされる（中野，2001年，11頁：2003年）．
（3） この他先進的な事例として，武蔵野市の「市民会議」などがあげられる．これは行政主導とは言え，計画や各種プロジェクトへ住民代表や議員が参加する組織であった．現在もこの「市民会議」は，5つの分野別（健康・福祉，子ども・教育，緑・環境・市民生活，都市基盤，行・財政）に活動している．各分野20名以内の公募市民で構成され，多様な意見や価値観を有する市民どうしが自由に議論する場として，基本構想や個別計画などで問題点を整理し課題の抽出を行い，それらを「市民会議」の提言書としてまとめている（http://www.city.musashino.lg.jp/）．なお1960年代初め神戸市丸山地区は防犯管理などで先駆

的なコミュニティ活動をしたところとして知られる（http://www.kobe-toshi-seibi.or.jp/）．ここでは「住民公募債」（コミュニティ・ボンド）と呼ばれる地域住民から公募で資金調達を行う地方債を全国で初めて発行し，コミュニティセンターなどの施設をつくる住民主導のまちづくりが行われた．このためコミュニティを中心とした住民参加の先進事例として「東の武蔵野市，西の神戸市」と言われてきた．さらに外国の事例では国連でコミュニティ・ディベロップメントが唱えられた1950年代以降，居住区を単位とした自治参加が言われ，「コミュニティ参加」が60年代以降多くなった．イタリアやフランスの「住区協議会」が自治体の計画策定などに参加する先駆的な事例と言えるだろう（辻，1976年，139-164頁）．これによって恒常的な参加機会が生まれ，住民の合意が総意として自治体に反映されるようになった．

（4）注（3）で述べたように，神戸市も早くから計画への住民参加のまちづくりを進めてきた．昭和56（1981）年にまちづくり条例（神戸市地区計画及びまちづくり協定等に関する条例）を制定している．その第2章第4条で「まちづくり協議会」を「まちづくり提案の策定，まちづくり協定の締結等により，専ら，地区の住み良いまちづくりを推進することを目的として住民等が設置した協議会」と規定している（http://www.kobe-toshi-seibi.or.jp/）．

（5）「みたか市民プラン21会議」では「都市基盤の整備」，「安全なくらし」，「人づくり」，「安心できる生活」，「都市の活性化」，「平和・人権」，「市民参加のあり方・NPO支援」，「情報政策」，「自治体経営」，「地域のまちづくり」という10の分科会がつくられたが，これらの活動を通して市民はオーナーシップ意識を高めたと言えるだろう．こうして市民が学び実践してきたことをさらに発展させる場として「市民総合大学」も提案されたが，これは「第3次基本計画」の素案に反映され，その後平成16（2004）年度の基本計画改定のとき「三鷹ネットワーク大学」の発足へとつながった（大朝，2005年，48-49頁）．

（6）身近なレベルでの参加ということであれば，たとえば子供たちが自分たちの地域社会の将来について作文を書いたり，絵を描くことなどが考えられる．子供の豊かな感性から大人がまちづくりのヒントを得ることもあるだろう．これらを市役所などに作品として展示し，より多くの大人に知ってもらえれば，地域社会に対する思いを見直す機会になるだろう．

（7）千葉県我孫子市の企業やNPO，市民活動団体などから委託・民営化の提案を募集する「提案型公共サービス民営化制度」は，以下のようなねらいで進められている（http://www.city.abiko.chiba.jp/）．「すべての公共サービスを行政が担うことは不可能になりました．公共の分野を行政が独占する，あるいは支配する，という時代は終わりました．公共サービスを担う民間企業が増加し，新たな公共の担い手として登場したNPOやボランティア，コミュニティビジネスなどの活躍も目覚しいものがあります．これらの民間の主体と行政が対等の立

場で協働して，民と官でともに担う『新しい公共』を創ることが求められています．これからの行政の役割は，公権力を伴わなければできない仕事（必要最小限の「許認可」など）と，市民とともに定めたまちづくりの目標に向かって，あらゆる市民や企業の活動をコーディネイトし，下支えしていく仕事，この二つが中心になると考えます．公共サービスを実際に提供する事業は，徹底して民間に任せていくことが必要です．ただしこれは，すべてを市場経済に任せてしまうというわけではありません．また，公共自体を小さくしてしまって良いという意味でもありません．少子高齢社会や環境問題などを考えても，公共の果たす役割はますます大きくなるといえます．コミュニティの中で公共サービスを担う仕組みをつくり，多様な民間の主体を育てていくことが大切です．公共を担う民間の主体を豊かにすることによって，公共サービスはより充実させつつ，スリムで効率的な市役所を実現できると考えます．提案型公共サービス民営化制度は，民間の創意工夫を生かすとともに，公共における民と官の役割分担を根本的に見直しながら，充実した質の高い公共サービスを展開するため実施するものです」．

(8) 「志木市市民公益活動団体（行政パートナー）に対する発注指針」は，「市民公益活動団体」を「市民が主に市の区域内において自発的かつ自立的に行う営利を目的としない社会貢献活動を行う団体で，条例及び志木市市民との協働による行政運営推進条例施行規則に基づいて登録を受けた団体」，また「行政パートナー」を「市と市民協働業務委託契約及び志木市パートナーシップ協定を締結し，市民協働業務に従事している市民公益活動団体」，さらに「市民協働業務」を「市が実施している業務のうち，規則第8条に規定する業務で，行政パートナーに委託することにより，市民協働の推進と財政的効果の期待できる業務」と規定している．

(9) このパートナーシップ協定に基づく業務内容には，たとえば平成15 (2003)年度の委託業務を見ると，総合案内の窓口業務などを市民が担っている (http://www.city.shiki.lg.jp/)．これは本庁舎総合案内窓口受付や市刊行物の販売，なんでも相談を，月曜から木曜日の8時半から17時まで，金曜日は8時半から19時まで，志木市行政パートナーとして認定を受けた市民団体「かけはしの会」が行った．施設の管理運営では，郷土資料館管理運営業務で入館者の受付から始まり，特別展や文化財講座の開催，まが玉作りの指導，市内小学校の総合学習などへの協力，志木第四小学校資料室の管理，館内外の整理と清掃などを，火曜から日曜日の9時から17時まで（月曜が祝日，振替休日の場合は開館）を市民団体「郷土資料館の会」が担当した．また平成16年度の委託業務では，宗岡公民館の運営業務でその施設利用に関する事務，自主事業の企画および実施，図書室の業務，サークル活動に関する相談・情報提供などを火曜から日曜日の8時半から21時までを市民団体「みどりの風」が行った．この他特徴

的な業務として，市議会議員選挙および参議院議員選挙期日前投票受付業務を市民団体が担当したケースがある．市本庁舎会場（平日17時から20時まで土・日8時半から20時まで）では市議会（6日間）と参議院（16日間）で「おおぞらの会」が，またふれあいプラザ会場（10時半から20時まで，水曜日は休日）では市議会（5日間）と参議院（8日間）で「ふれあいの会」が期日前の投票受付業務を行った．
(10) 柳井市長によると，「ふるさとの道づくり」は市民として何をすべきなのか，納税の使途を考えて実行する自治能力の向上につながっているという（河内山哲朗，「私の視点―今自治体で」朝日新聞，2005年5月26日，朝刊）．
(11) 同様な公共工事への住民参加の試みは岩手県滝沢村でも行われている．盛岡市との合併を選択しなかった同村は村道を建設するとき，資材は村で提供するが，近隣住民で重機やトラックがある酪農家から支援を得て試験的に道路整備を行っている（日本経済新聞，2005年5月9日，朝刊）．側溝の修繕も含め，これもかつての「村仕事」の復活と言える．
(12) この点自治体内部で終わる「自己完結型評価」に対して，総合研究開発機構（NIRA）は他の自治体との比較が可能な評価を重視し，設定目標やマネジメント手法の妥当性を判断するベンチマーク（基準）から行政評価を唱えている（http://www.nira.go.jp/menu2/）．
(13) ここではあくまでも市民から見た評価という点から分類し，「事務事業」を「事務」と「事業」に分けた．共通尺度化した数値の評価は，時系列で指標値の伸びを見るもの，地域間の比較をするもの，目標値（望ましさ）に対する実績値を測るものに大別される（三重野，2006年：2007年）．

3　市民と行政の協働はどこまで可能か

1．住民参加の理想と現実のギャップ

▷ さいたま市の合併問題

（合併の経緯）

　旧浦和・大宮・与野の3市合併は何よりも行政主導で行われ，さいたま市誕生の際合併の是非を問う住民投票はなかった．「埼玉県の顔，関東の『都』」としての期待を集め，国と県の後押しを受けた首長と推進派議員だけで進められたという批判があり，住民意思を反映しない市民不在の合併であったとする声は小さくない．旧大宮市で合併・政令指定都市についての賛成，反対双方から

住民投票を求める請願はあったが，いずれも不採択になっている．また旧与野市でも市民団体が住民投票条例の直接請求をしたが，否決された(1)．平成13 (2001) 年5月合併による100万都市（合併当時旧浦和市の人口48万8,000人，旧大宮市45万8,000人，旧与野市8万4,000人，面積168.33km^2）の誕生は，昭和38 (1963) 年の北九州市以来，また県庁所在地のひらがな名は初めてであった．これが一つの機運となり全国的な市町村合併が推進されたという点で，さいたま市の合併は象徴的な意味をもっていたと言えよう．多くの市民が住民投票を希望したが実現しなかったため，新市では住民参加が大きな課題となった．

　もともと三市の合併構想は昭和2 (1927) 年当時宮脇知事による浦和・六辻・与野・大宮・日進・三橋の各町村合併による「一大都市圏構想」に始まるとされ，その後昭和6年には46町村を合併させる「大埼玉市」の構想が前史としてあった（埼玉県地方自治研究センター，2003年，19頁）．また昭和8年にも「大埼玉市」の構想が浮上し，翌年浦和町が単独で浦和市となり，14年には戦時体制のもとで浦和市，大宮町，与野町による「大埼玉市」の構想が提唱された．この過程で昭和15年には大宮町が日進村，三橋村，宮原村，大砂土村などと合併し大宮市となった．さらに昭和19年にも帝都疎開問題として，その受入体制と県全体の発展から「大埼玉市」の建設構想が出ている．この昭和初期からあった合併構想は戦後の昭和28年に「町村合併促進法」の制定を受け，浦和市，大宮市，与野町，大久保村，土合村の合併構想へと進む．しかし結局浦和市と大宮市が周辺の村と合併しただけに終わった．このように当初から官製主導の合併構想であることがわかる．

　その後，昭和37 (1962) 年に浦和市議会が川口・大宮・与野・上尾・蕨の各市と対等合併を呼びかけた（埼玉県地方自治研究センター，2003年，20頁）．これに対して，旧大宮市では3市合併を大宮市議会が推進に努力する旨浦和市に回答している．その後昭和48年には浦和・大宮・与野による「三市行政連絡協議会」が設置され，55年には浦和・大宮・与野・上尾・伊奈町の4市1町による「さいたま新都心」の整備を中心とした「埼玉中枢都市圏構想」（さいたまYou

第4章　市民主体の地域づくり　179

andⅠプラン）が策定された．しかし行政と議会主導で住民不在の大宮・浦和の利害対立が激しく，平成7（1995）年に3市は「合併促進決議」をしたが，協議が本格化したのは平成9年のことであった．こうして本来市民にとっての合併が行政のための合併となり，合併効果が明確にされないまま推移した．同年3市議会で「任意の合併推進協議会設置決議」を可決し任意協議会ができると，平成12年に法定協議会が発足した．この合併のシンボルが「さいたま新都心」であった．長年3市合併の話がありそのたびに話し合いが難航したが，新都心の整備が3市にまたがることから，行政がバラバラでは困るためようやくここで合併への道筋がつくことになった．(2) 同年9月には3市議会が「浦和市，大宮市および与野市を廃し，その区域をもってさいたま市を設置する」廃置分合を議決し，3市長が知事にその申請をした．翌平成13年県議会の議決を受け知事が決定し，総務大臣に廃置分合を届け出てさいたま市が告示された．

（住民投票運動と合併の功罪）

　合併についての住民投票をめぐる動きは，埼玉県内では平成13（2001）年7月にさいたま市との合併の是非を聞いた上尾市が先行し，15年1月には旧岩槻市でさいたま市との合併をめぐる住民投票が行われた．(3) その後埼玉県内でもこの種の合併の是非を問う住民投票が見られるようになった．当初さいたま市は「新市（さいたま市）成立後，新市は上尾市・伊奈町の意向を確認の上，速やかに合併協議を行うものとし，2年以内を目標に政令指定都市を実現するものとする」方針であった．しかし今なお「旧大宮市のほうがよかった」という声が聞かれるほど，この「官製合併」に対する批判が市民の中に一部残っている．それは市民の声を直接聞かずに，行政と議員だけで決めた構図に対する批判である．(4) 結局上尾市も旧岩槻市でも合併に反対した住民は，行政サービスが適切に受けられる「まとまりのある適正規模の都市」を選択したと言えよう．行政区域が広がることで地域住民の要望が多様化し，逆にコミュニティ意識が希薄になる場合もある．こうした点を政令市では区が引き受けることになるが，「規模の経済」だけを求める合併ではそれは難しい．(5) 3市の合併によって市民

生活に変化があったと思われるものを比較検討することが必要だろう．

　市の広報誌の配布では旧浦和市が宅配業者に委託していたのに対して，旧大宮・与野の2市では自治会などの団体に委託して行っていた．これは全世帯に配布する必要から宅配業者に委託することで統一された．このため一部自治会では広報誌の配布手数料がなくなることに不満をもつところがあった．また敬老祝金支給事業では，旧大宮市は市内に引き続き6か月以上居住する75歳から79歳までは8,000円，80歳から89歳までは1万円，90歳以上は1万5,000円の祝金を贈呈していたが，新市では同期間居住者に75歳で1万円，80歳以上は5の倍数の年齢で2万円，100歳以上の人には毎年2万円贈呈することになった．これは旧浦和市が1年以上，旧与野市が3か月以上の居住者で80歳以上の5の倍数の年齢で2万円贈呈していたことから調整された結果で，結局旧大宮市居住者は年齢区分が設けられた分祝金の受取額が減ることになった．

　さらに，旧与野市のきめ細かい分別やごみ減量に効果があったとされる指定ごみ袋の有料制度（ごみ収集手数料の有料化）がなくなったことは，不用なゴミを出さない環境に配慮した取り組みという点から見ると，後退事例の一つと言えよう．このごみ収集については，3市合併により手数料を徴収しないことで事務事業の調整がされ，合併後は有料化制度のあり方を検討するようになっていた．また旧与野市では，重度身体障害者訪問入浴サービス事業で生活保護世帯および所得税非課税世帯は無料で，それ以外は1，2回目1,000円の有料が新市では無料になった．これは旧浦和市と旧大宮市の基準に合わせたからである．総じて3市のうち多いほうの事業あるいはその中間的な基準を採用していることがわかる．合併効果は子育て支援などには発揮されているようであるが，時間の経過とともに現状容認が既成事実化するため，そのプラス・マイナスの効果を意識して見きわめる必要があるだろう．

(上尾市の住民投票と合併の不選択)

　住民にとって一番身近な基礎的自治体が住民不在で合併を主導することは大きな問題である．これは地域住民に「自己決定権」がないことを意味する．こ

うした中で中規模都市型自治体（人口20万人基準）の上尾市では，さいたま市との合併をめぐる住民投票で住民の意志が示されたことは評価すべきである．一般に住民運動と行政水準はほぼ比例すると言われている．この点上尾市では，革新自治体としての行政水準が合併をめぐる住民投票運動と結びついた事例として興味深い．この運動は「合併反対上尾市民ネットワーク」という組織で展開され，その中心的役割は自治労連上尾市職員労働組合が担った（合併反対上尾市民ネットワーク・自治労連上尾市職員労働組合，2001年，8-20頁）．そこでは合併が単なる行政の制度上の問題ではなく，住民自身の切実な問題であるという意識が強かった．もともと合併は国（総務省）が準備し，都道府県がそのパターンをつくり，市町村の首長と議員，既存の利益（経済）団体が決めるものとされてきた．しかし上尾市では市職員（労働組合）が情報公開や政策問題の市民的合意の道筋をつけるというこれまでの「制度遺産」を継承し，合併問題への関心を喚起する行政と市民の仲介者の役割を果たした．

合併をめぐる賛成・反対派がともに議論する「ジョイント・ミーティング」が開催されたことは，住民の強い関心があったことを示している．法的な決定権限をもつ首長や議員だけでなく，「自己決定権」を尊重する市民性があったことも，住民投票実施の背景として指摘できるだろう（合併反対上尾市民ネットワーク・自治労連上尾市職員労働組合，2001年，16-17頁）．それは市民の自治意識の高さを示している．合併を国策上の「国家マター」（matter，問題）でも，また市町村の行政制度上の「自治体マター」でもなく，「市民マター」とりわけ「住民投票マター」にした点で上尾市の住民運動は注目される．「合併反対上尾市民ネットワーク」と自治労連上尾市職労は，「財政危機論」，「少子・高齢化危機論」，「合併・政令市バラ色論」，「現市長・現市政批判論」，「21世紀論」という論点から合併問題を整理し市民の議論を盛り上げた．こうした取り組みが合併の是非を問う住民投票の実施とその結果合併協議への不参加（合併反対）として結実した．

住民投票条例の可決により，上尾市の将来を選択する決定権が市民一人ひと

りに与えられることになった．こうして住民投票が平成13（2001）年7月の参議院選挙と同時に実施され，その結果はさいたま市との合併に反対する者62,382人，賛成する者44,700人であった（投票率64.48％）．「上尾市がさいたま市と合併することの可否を住民投票に付するための条例」の第3条第2項には，その可否について「市長は，上尾市がさいたま市との合併問題における有効投票の賛否いずれか過半数の意思を尊重して行うものとする」とある．結局上尾市はさいたま市と合併しないことを選択した．「始めに合併ありき」ではなく，市民が合併の是非を判断する必要な情報や資料の提供を受ける権利があることは言うまでもない．こうした一連の住民投票をめぐり政治的な駆け引きもあったようであるが，市の将来は市民の総意で決めるという基本原則が貫かれた点は評価したい．この種の基本原則を誰もが理解していれば，住民投票は当たり前の行為と言える．

▷ さいたま市見沼区の区名問題

（区名選定の経緯）

　平成13（2001）年5月に合併により誕生したさいたま市は，15年4月には全国で13番目の政令指定都市へと移行した．これに伴い西区，北区，大宮区，見沼区，中央区，桜区，浦和区，南区，緑区の9つの行政区ができた(9)．この区割りをめぐり「行政区画審議会」が設置されたが，政令市への移行前は便宜上9つのアルファベットによる区表示の答申が合併した年の10月にされた(10)．区割りや区役所の位置をめぐる議論が一方であったものの，A，B，C，D，E，F，G，H，Iという各区の呼称のもとで地域住民がまちづくりについて話し合い，見沼区はD区として「市民懇話会」で将来像を検討した経緯は第2章で述べたとおりである．このまちづくりと並行して，政令市へ移行する前に各区の名称を決める必要があった．

　平成14（2002）年2月に第1回の「区名選定委員会」（学識経験者，各種団体，市議会の代表者40人）が開催された．当初多数決ではなく，大方の賛同を得て最終案を決める予定であった．しかしその最終選定は議論がまとまらない

ため，委員長私案で同年9月末決定し市に答申された．この委員会とは別に区名案について一般市民から募集するとともに（同年5月実施，区名案の有効応募総数16,557通），公募による「区名検討市民の会」（9区の在住者84人）が設置された．そこで区名案について区ごとに募集結果上位3案を含む各区6案（G区は4案）を選定して「区名選定委員会」に報告した．この「区名検討市民の会」が選定した区名案を基に，市が市民に対して実施した区名投票の結果を受けて「区名選定委員会」が区名案を協議した．

　この区名投票は区名案に関する市民意向調査として，8月（1日から16日）に実施された（投票総数は44,511通で有効数は43,646通）．この結果に基づいて「区名選定委員会」が最終的な区名案を選定し，市長に報告書を提出した．これが区名決定の経緯である．ただここで注意しなければならないのは，区名投票はあくまでも市民への意向調査であって，区名案の最終決定権は「区名選定委員会」にあるという点である．なお「さいたま市における区名案選定に当たっての基本的な考え方」（平成14年2月21日，さいたま市区名選定委員会承認）によれば，「区名公募結果などは，市民の貴重な意見であり，区名案選定に当たっての重要な判断材料として尊重すること，各区の名称の整合性を考慮すること，簡素で，親しみやすい名称とすること，各区域の特色が表現される名称とすること」を唱えている．

（市民意向を無視した区名選定）

　この「区名選定委員会」の決定には市民の反発が大きかった．「住民の意志を反映していない」，「9つの区名案は選定方法に一貫性がない」，「見沼区については，再検討すべきだ」という意見，何よりも「8月の区名案に対する市民投票の結果が反映されていない」，「3位にも入っていない区名が選ばれるなんておかしい」，「区名案の市民投票は市が市民の意見を聞き，手続きは踏んだという形を示すだけで，最終案では無視された」などとする意見が市に多く寄せられた（朝日新聞，2002年10月1日，2日埼玉版，朝刊）．当初から公募後の区名案選定の方法については，「区名投票は，区名案に対する市民の意向調査

として理解しており，最終的には『さいたま市区名選定委員会』において，投票の結果順位に拘らず，様々なものを考慮しながら決定していく」という「区名選定委員会」の委員長発言があった（第2回「区名選定委員会」議事録）．

その批判意見の中にD区の地名をめぐるものが多くあった．旧大宮市東部の区名投票（5,262票）で，6つの区名案に対しては「大宮東」が一番多く（2,350票，44.7％），2位が「緑」（1,261票，24％）で以下「東大宮」（781票，14.8％），「見沼」（606票，11.5％），「芝川」（176票，3.3％），「宮東」（88票，1.7％）であった．「大宮東区」は45％を占め，「見沼区」はわずか12％しかなかった（巻末資料4：「さいたま市区名投票の結果」参照）[11]．「見沼」の区名を支持した者が1割強しかいないのに見沼区が選定されたのは，首都圏に残る貴重な緑地は重要でその緑地に囲まれたことが理由として指摘されている．確かに見沼田んぼの保全は必要だが，緑地を残すことと区名として見沼を採用することは別問題であろう[12]．

結局区名投票で第1位であったものが選ばれたのは，「大宮区」と「浦和区」だけであった．こうした経緯を踏まえると，区名選定に市民の意向が反映されていないという批判を受けてもやむを得ないだろう．歴史的な地名にこだわる委員（識者），政治的な思惑を優先させた委員（議員）など，そもそも区名投票を無視した委員会主導のやり方に疑問が残ることになった．ここではまったく区名投票が無視されてしまった．形式的には市民の意見を聞くと言っても，その実質は行政（委員会）主導であることがわかる[13]．このような区名選定のプロセスに，形式的な手続きを採ってカタチにしても，その中身にココロが伴っていない証左を見ることができるだろう．

（区名選定に対する住民の反応）

「区名選定委員会」で区名案が決定され市長に報告されると，先に述べたように住民からの苦情が市に多く寄せられた．一方的な区名押しつけとして市民から反発があったのは，区名投票を無視した選定がされたからに他ならない．特にD区では，投票で「東」のついた区名案を合わせると6割あることから

「東区」への変更を求める署名運動や集会，デモが始まった．区名変更の請願をした「区名変更の会」ではD区の住民約25,000人の署名を，また「見沼区（案）に反対する住民の会」（請願者の紹介議員を相談役とした地域住民の組織）では約77,000人分の署名を集めた．両者の会は陳情では同一行動をとった．当時区の人口は約149,000人で，有権者約118,000人のうち二人に一人以上の反対者がいたことは多くの住民が不満を抱いていたことを如実に示している．

これに対して市長からは，「100万人の市民の中でこれが多数と言えるのかどうか疑問である」との発言があった（朝日新聞，2002年11月14日埼玉版，朝刊）．これは旧大宮市東部地域で区名に反対している地域住民の割合を考えない暴言であろう．「見沼区」になることで「沼」のイメージから「田んぼの印象があり，田舎臭い」，「地域全体が沼地のような雰囲気がある」など，地域イメージのマイナスを嫌がる市民の反応もあった．その一方で見沼田んぼの保全を進める市民団体では，「見沼は自然と緑の象徴であり，決してマイナスのイメージとは言えない．東京の田園調布も同じである」という意見があった（朝日新聞，2002年10月11日社会面，朝刊）．このような意見の違いは別にして，何よりも住民の意志が無視されたことは政令市の出発点に大きな汚点を残すことになったと言えよう．

この「区名選定委員会」の報告を受け，「政令指定都市移行推進委員会」は市議会に条例案として提出することを決めた．このような経過の中でさいたま市は平成15（2003）年4月1日政令指定都市になることが閣議で決まった（平成14年10月25日）．こうして14年11月18日に開催された臨時市議会（臨時会）の総務委員会で審議が行われ，区名案を含む区設置に関わる条例案の採決は翌19日深夜まで及んだが，結局原案通り可決された．その後市議会本会議でも，市長提出の条例議案「さいたま市区の設置等に関する条例の制定について」は，「区名選定委員会」の報告通りの原案が可決された．なおこのとき議員提出議案として，先のさいたま市区の設置に関する条例案に対する修正動議が2件出されたが，いずれも否決された．

(区名変更の請願をめぐる住民運動)

　本会議で区名案をめぐる選定の過程や基準について質疑がされ,区名選定についての請願が総務委員会に付託された.しかしこの臨時市議会で出された請願はいずれも不採択あるいは取り下げになった.本来この区名選定は市民の要望を入れながら決めるはずであった.本会議で可決された後も,電話やメールで「自分が生まれ育った土地に納得できない名称が付けられるのは嫌だ」,「大勢の署名が集まっているのに住民の意見を無視して区名が決められたことは納得できない」という意見があった(朝日新聞,2002年11月21日埼玉版,朝刊).住民の意思表示を無視して区名を決めた選定委員会の不透明な選考過程,署名反対者が多数とは思えないとする市(市長)や市民の代弁者としての市議会に対する憤りは頂点に達していた.

　以上は臨時市議会(臨時会)をめぐる動向であるが,平成14(2002)年12月17日の定例市議会(定例会)の総務委員会でも区名変更を求める請願が不採択になった.この請願の内容は「見沼区」を「東区」に変える,旧与野市にあたる「中央区」を「与野区」に変える,「区名選定委員会」で出席者の過半数の賛成を得ないで区名案を決めたことは委員会の要綱に反するため再審議すべきであるという内容であった.こうした議会の臨時会と定例会での請願不採択の決定を受け,条例で定められた区割りと区名変更の是非を問う住民投票条例の制定を求める直接請求の動き(「区名・区割りについての住民投票を求める署名の会」主催)が出てきた.

　議会への請願や陳情の署名よりも法的な拘束力が強い直接請求への動きが生まれたのは当然であった.しかし市では「区名選定委員会」の答申を尊重する態度に終始し,「権限は行使しても責任は負わない」方式を貫徹した.公募による「区名検討市民の会」による市民の意見も反映された委員会の決定に従うというのが市側の論理で,また議論した議員の態度も市の意向を反映した党議決定の倫理に従うものであった.結局,この住民投票条例の制定を求める直接請求の動きも実らなかった.

（区名条例の無効を求める訴訟）

　上述した区名をめぐる住民運動は大きく後退を余儀なくされたが，行政訴訟を起こす動きもあった．平成15（2003）年4月に区制が始まった後，「見沼区に反対する住民の会」で請願者の紹介議員となった者が市条例で定めた区名「見沼区」の無効確認を求める訴訟をさいたま地裁に起こした．平成15年（行ウ）第15号「条例公布無効確認等請求事件」がそれであった．「区名決定は住民の権利・義務に直接かかわるものではないので，原告に区名の無効を求める適格はない」とする市側の主張が認められ，結局「区名選定は法律上の不利益をもたらすものではない」とされた．判決では原告の請求は却下され，控訴審の結果も同様であった．さらに最高裁への上告は棄却され，1審と2審の判決が確定した．

　事案のうち区名選定が法律上の不利益をもたらすものではないという点について，確かに区名選定は地域住民にとって生じるかもしれない法律上の不利益は小さく，しかもそれは直接的なモノの不利益ではないかもしれない．しかし住民による区名投票の結果が反映されていない点を斟酌すると，住民のココロが踏みにじられたという社会的不利益はけっして小さくないはずである．そこには個人的不利益はないかもしれないが，個人が集まる集団としての社会的不利益は大きいだろう．こうした思いを，筆者は判決文を読みながら強くした．

　もともと区割りの設定自体に市民の不満はあったが，特に住民参加による地域づくりという点から，市民に区名の意向を聞いておきながら，それを無視したやり方に対して，これまでになく住民が自らの意思表示を明確にし，反対の態度を表明したことは看過すべきではない．結果として，どこかの区名に「中央」や「見沼」をつけることが先決めされていたかのような印象を住民に与えてしまった．第2章で述べたように誕生間もないさいたま市が総合計画で市民と行政の協働を唱えていただけに，住民の不信感を増幅する結果を招いたことに対して，行政は深刻に受け止め反省すべきであろう．

▷ さいたま市による旧岩槻市の編入合併問題

(合併の是非を問う旧岩槻市の住民投票)

　さいたま市は平成17(2005)年4月に旧岩槻市を編入合併し，市内では最大面積の岩槻区が誕生した．さいたま市・岩槻市合併協議会事務局の「新市建設計画」(平成16年9月)によると，合併の必要性は環境や防災対策など「広域化する行政課題への対応」，少子高齢化など「増大，多様化する市民ニーズへの対応」，自治体財政を健全化する「地方分権に対応した自立的で，効率的・合理的な行政体制の確立」にあり，その合併効果として「多様となる地域資源を活用した，ヒト・モノ・情報の集まる活力ある都市の形成」，「共通する課題に対する取り組みの強化」，「大都市としての特性の活用と魅力の向上」をあげている．しかしその直接のねらいは都心に直結する地下鉄7号線(埼玉高速鉄道)の延伸(浦和美園駅から岩槻駅まで)による岩槻市側の財政負担の軽減にあったとされる．

　それでは旧岩槻住民はこの合併を望んでいたのであろうか．住民投票がその意思表示を明確にする．しかし，全国各地で往々にして住民不在の「始めに合併ありき」の姿勢が少なくないのはさいたま市の事例でもわかる．平成15(2003)年1月合併の意思を問う住民投票(満18歳以上約9万2,000人対象)が岩槻市で実施された．人口111,719人(平成15年5月現在)に対して，投票の結果「合併しない」人が17,280人で「合併に賛成」する人が27,222人であった(資料「さいたま市と岩槻市の合併協議について」平成15年10月，さいたま市)．合併の是非について意思表示した44,502人の中では賛成しない人が38.8%，賛成する人が61.2%である．

　確かに住民投票では賛成が多い．しかし投票をした人は全体の人口の39.8%で，この人口全体の24.4%の人しか賛成の意思表示をしていない[22]．合併に賛成する人のうち，「さいたま市との合併」を望む人が23,412人で合併について意思表示をした人の52.6%，「春日部市を含む1市3町との合併」を望む人は3,810人で同様に8.6%であった．この52.6%の数字は過半数を超えるが，旧岩

槻市全体の人口から見ると，さいたま市との合併を望む者は旧市民の21％に過ぎない．

（合併に向けたさいたま市の対応）

　この住民投票の結果を踏まえ，旧岩槻市はさいたま市と合併協議を進める方針を決め，その申し入れをさいたま市にした．この後合併に向けた方式や事務事業の取り扱いなどの課題を協議する任意合併協議会が設立され，また既に議論されてきた「新市建設計画」の素案を受けた正式な作成など，合併に必要な各種事項を協議する法定合併協議会が設立された．一般に対等な新設合併と異なり，編入合併の場合，編入されるほうが住民投票を行い，編入するほうはしないとされている．さいたま市議会では平成15（2003）年6月の議会で「合併問題調査特別委員会」が設置され，合併の是非をめぐる議論がされた．なおこの旧岩槻市との合併については，「区民会議」でも意見聴取があったことは第2章で述べたとおりである．[23]

　特に旧岩槻市と隣接する見沼区では地域住民の意向が注目されていた．このため手っ取り早く市民の意見を聞くことができる「区民会議」が住民意向を探る場になったことは否めない．結局市民への意向調査は各種団体に対してだけ行われ，さいたま市民への意思表示の確認はなかった．それでも平成16（2004）年4月から市の政策企画部政策調査課（当時）による市民向けの説明会が，9つの区ごとに区役所やコミュニティセンターを会場に行われた．筆者が参加した見沼区のコミュニティセンターの説明会で配られた当日の配付資料は，率直に言って「合併が好ましい」ことを印象づけるものであった．「さいたま市と岩槻市の合併協議について」という資料には，都市イメージの将来像から「新たな文化的資源を活用した多彩な都市づくりの可能性が広がることになります」や「『東日本の交流拠点都市』としての期待がさらに高まることになります」，「ポテンシャルの高い区域が広がることになります」，「首都圏の政令指定都市としては，特徴的な『みどり豊かな都市』をアピールできます」というように，合併のプラス面だけが強調されていた．

このようなプラス面だけを強調する資料に基づく説明では，「始めに合併ありき」の印象が拭いきれない．「区民会議」の会長ではなく，一般区民として参加した筆者は資料として偏りがある点について意見を述べた．岩槻市民にとってマイナス面もあるが，またさいたま市にもマイナス面があるものの，プラス面がそれをうわまわるから合併が好ましい，あるいは逆に好ましくないという判断ができるような資料がほしかった．比較にはプラス，マイナス両面を同一レベルで論じるという当然のルールがそこには見られなかった．政令指定都市との合併によって事業所税が課され，都市計画税や介護保険料，国民健康保険料，水道料金などが値上がりしたとされる（平成18年「企業会計決算特別委員会」，2006年10月2日会議録）．その一方で，保育所に通所中の児童を対象に病気または病気回復期のため保育所に通所できない期間，一時的に医療機関で保育を行う病児保育事業など新しく受けられるサービスも生まれた．旧岩槻市でも住民投票に際して資料がつくられたが，さいたま市は合併のプラス・マイナス両面を市民の立場に立って判断し，また議論できる場をつくるべきであった．

2．市民と行政の協働促進
▷ 協働促進の環境づくり―行政側の問題

　さいたま市の合併，見沼区の区名選定，旧岩槻市の編入合併を通して，市民が行政にどう関わることができるのかという点について考えてきたが，ここで市民と行政の協働を促進するための課題を前章までの指摘も踏まえ整理しておきたい．審議会の公募委員制度は市民が直接行政の場で意見が言える参加（参画）の形態として普及してきた．しかし公募委員に応募しようとしても，参加の環境が整っていないことが少なくない．昼間の会議もそうであるが，第2章で述べたように夜開催した「区民会議」のような市民と行政の協働組織でも，自分の時間が比較的自由になる自営業の人たちの参加が多かった．公募委員も各種団体の代表者も皆昼間の時間が自由に使える環境にあるという点は共通する．このような特定の人しか参加できない仕組みは改善すべきであろう．

何よりも普通の市民が参加できる時間帯に会議を設けることが必要である．一般市民の参加機会があっても，その開催時間が限定されると，比較的時間が自由になる第一線を退いた人や組織の拘束が少ない自由業，企業でもその代表者に限定されるだろう．こうして設計コンサルタントなどが公募委員に多く応募してくる状況も生まれる．企業でも団体枠の委員に指名される場合は，組織の業務命令として勤務時間内の「公務」扱いとなるため参加が容易である．こうした人たちといっしょに公募委員を募集するのははじめから制約条件を課し，「参加をご遠慮下さい」と間接的に言っているようなものであろう．このため募集に際して，昼間の会議に参加できる方という条件をつけて公募する自治体も多い．

第3章の政令指定都市へのアンケート調査では，この点工夫をしている自治体がいくつかあった．なお先にふれた「区民会議」では夜の7時から始め，月1回毎回約2時間かけ議論した．議会では一般市民の傍聴ができる「ナイター議会」として夜開いているところもある．常に偏りがある市民参加ではより多くの意見は吸収できない．もちろんパブリックコメントなどで，その分補うことはできるだろう．しかしいつも同じようなタイプの「委員（審議）会屋」ばかりでは，広く市民の声は反映されない(24)．なお会議の傍聴は可能であるが，傍聴するときは当日の配付資料がそのまま配られるため，情報は確実に得られるものの発言はできない(25)．ごく普通の市民が参加できる環境づくりが課題である．

▷ 役所体質の改善―行政側の問題

筆者が一市民として計画レベルで住民参加の体験を通して得た教訓の一つに，行政の対応がある．これは審議会の学識経験者としての委員ではわからない点であろう．それは「権限は行使しても責任を負わない」という端的な表現に示される「役所の体質」である．その一つが自分の所管事項に関わることは規定に従って言うが，それ以外のことは言明を避けいっさい発言しない「所管部署主義」である(26)．所掌事項であっても確実にできること以外は「前向きに検討します」という程度にとどめる．常に自分の職務の狭い範囲でしかものを考えよ

うとしない姿勢からは，本物の地域づくりの息吹は感じられない．これは「総論賛成，各論反対」という一見前向きな見解を示すものの，具体的な行動を起こさない現状維持の「保守主義」でもある．末広は庶民の「目線」をもてない「役人の頭」が「人民の頭」と一致することで，新しい国家像が描けると主張した（末広，[1922] 2000年，17-63頁）．これは役人が「法律の世界」でなく「人間の世界」を忘れるべきではないことを言っている．役人の前にまず人間たることを心掛け，法律ではなく良心と常識に従って行動することが求められている．現状改革のビジョンをもつのは本来政治家であろう．しかしその政治家も市民の請願や陳情の採択に冷淡なところがある．

またよく言われる「責任転嫁主義」がある．「すべて審議会や委員会で決まったことです」と言うが，これは「結局市民を含めた皆さん方委員が決めたことです」ということを意味する．もちろん各所管部署には執行機関としての責任はあるが，政策や施策の策定責任が行政にはないことになりかねない．「始めに結論ありき」で市民アンケートなどカタチだけの手続きを踏み，責任の一端を市民に担わせるあるいはそれを無視するやり方では，真の市民と行政の協働は成り立たない．都合の悪いことはもちろん言う必要はなく，ただ「事務局で検討させてください」と言うだけで，その場の即答を避けることは答弁の常識となっている．個人では責任を負わないことはもちろんであるが，個人の責任が組織としてのそれに転嫁されることがある．また逆に組織の責任を個人に転嫁することもある．前者は集団で個人を擁護する論理であり，後者は個人を犠牲にして組織を存続させる論理である．いずれもそこには役所を防衛する「責任転嫁主義」の論理と役人の倫理が貫徹している．

次に都合の悪いことは言わず，情報を明確に示さないという「情報秘匿主義」をあげることができる．これは審議会で質問があっても即答せず，言質を取られないようにすることを意味する．それは「職務上の秘密」を盾にした役所の論理である．情報公開しても偏りのあるものが少なくない．さらに「ぶっつけ本番を恐れ，常に事前の準備をする」という「事前調整主義」も指摘でき

る．必要なら事前に質問を聞いておき，あらかじめシナリオ（想定問答集）を用意することが常態になっている．[31] 事前打ち合わせで当日の議事進行を切り抜けようとする．これはセレモニー的な性格を帯びない会議であればあるほど，何が出るかわからないため強まる傾向があると言えよう．それは住民投票など直接審判を回避するところにも現れ，「ぶっつけ本番」による無用な混乱を避け，一定のシナリオ通りにコントロールすることを意味する．これらは既に多く指摘されてきた点で，この種の「役所の体質」は一朝一夕にはなくならないが，市民が行政と協働するとき心得ておかなければならない点である．

▷ 主体的な参加（参画）―市民側の問題

　すべて行政のほうに問題があるのであろうか．そうではない．第2章で述べた市民としての参加体験と第3章の政令指定都市へのアンケート調査から得た市民側の問題点の一つに，行政からの投げかけに対する市民の反応の鈍さがある．パブリックコメントをはじめ，せっかくある協働の参加機会を利用していないことが多い．参加しないと何も進まない．参加から参画も始まる．その参加がどうしても関心の高い一部の市民に限定されるため，市民を無作為に抽出して年齢構成を反映させた参加方式を採る自治体まで現れた．[32] 地域住民が「従民」になっている要因の一つが，協働の制度を利用していないことにあるように思われる．利用しなければ制度の善し悪しもわからない．また改善策も講じられない．ここで言う主体的な参加（参画）とは自らの地域社会に関心をもち，様々な協働の機会を利用することを意味する．さらに参加する前提として，地元のことをよく知ることが肝要である．自ら住む地域社会のことを知らないと，いい改善案も出てこない．[33] 何よりも市民は行政任せにせず，協働を通して責任を負うことを知るべきである．[34]

　参加（参画）することで得られる情報は大きい．様々な協働の制度を通して，一般市民ではわからない情報が得られる．あるいはやがて知らされる情報をいち早く入手できるということは，それだけ考える時間が多くあることを意味する．結局，それだけ市民として確かな思考の「目」をもって行政の取り組みを

見ることができる．できるだけ多くの参加機会を利用して地域住民が地域づくりの主役になること，さらにそこから地域社会の価値を創造していくことが肝要である．第2章で述べた「区民会議」では，何よりも審議会方式ではない「住民主導型」の組織にしたいという意向を筆者はもっていた．その現実は既存団体と新しい市民団体代表の寄せ集め，コンサルタント依存の事務運営，イベント中心の無政策活動など，理想と現実のギャップは大きかった．それはもともと手っ取り早い市民の広聴機関として位置づけられていたと言えばそれまでである．参加（参画）それ自体は目的ではなく，地域住民中心の政策を実現する手段である．施設の利用も単に市民活動センターができたという事実を受け入れるだけでなく，それが地域に関心をもつ市民によって多様な活動を展開する「参加の日常化」の場になることが望ましい．

　何よりも行政への主体的な参加（参画）が市民側に求められている．かつての「寄合」では地域社会から受ける便益は，参加しないと得られない仕組みが機能していた．それは地域活動に従事しない住民を「村八分」などで排除する厳しさもあったが，参加しなくても何も影響がないと安易に考えることが今の住民参加を脆弱なものにしているように思える．主体的な参加を促すには，先の区名問題などのように身近な問題に地域住民を巻き込むことが必要であろう．全国の自治体をいくつか回って感じたことは，地方の市役所や町役場，村役場の人たちのほうが地域住民との一体感が強いということであった．そこには大都市のような行政と住民の「駆け引き」もなければ，同じ地域住民として地元への素朴な愛着と誇りが感じられた．それだけ社会的ネットワークも強固で，お互い気軽に道行く人に話しかける風土と地域社会の強い凝集性が地方では見られる．協働から見た地域づくりの源泉は，こうした一体感に基づく住民参加（参画）にある．

▷ 市民の連携—市民側の問題

　地域社会では，自治会が行政の最末端の下請的な機関（他治会）として機能してきたところも少なくない．長く同じ人が自治会長や副会長を勤め，またこ

の自治会人脈が市会議員の安定した票田を形成しているところもある．このような特定の者だけの集まりからは地域の活力を引き出すことは難しい．いろいろな背景をもつ人が役員になり誰もが責任を共有し合う組織にしないと，真の自治意識は芽生えない．住民組織は内発的につくられることで，強い活力が生まれる．NPOなど新しい市民組織の多くは行政に対する不満，自治会や諸団体に対する失望から生まれたと言ってもよい．特に地域に根づいたNPOは既存秩序に対する反発をエネルギーに転化し，より積極的で建設的な提言をすることでその存在意義を高めつつある．しかしそれが単なる批判の組織を超えて多様な市民の気持ちを代弁する機関にならないと，従来の団体と変わらないだろう．こうした新しい市民組織と旧来の住民組織はどのような関係が望ましいのであろうか．同じ地域社会の組織として連携し行政に対して「一枚岩」となることが理想であるが，現実には両者の壁は厚く難しい．この点は何度もふれた「区民会議」で筆者が会長として痛切に感じた点であった．

　他方で，市民は地元選出の議員を通して行政との接点をもつ．先に市民の参加機会の複線化として行政と議会のルートについて述べたが，本来議員は市民から権限を付与された代表者のはずである．しかし新しい市民組織の誕生とともに，その関係が不透明になってきた．パブリックコメントもそうであるが，従来の請願や陳情ではなく，市民組織が広く世論を代弁するようになったことが新しい潮流を生み出している．議員に頼らず直接行政に対して働きかける市民活動は，既存の議員活動に対する不満がバネになっていることは否定できない．果たして議員はその報酬と政務調査費に見合うだけの「仕事」をしているだろうか．[38]こうした批判が蓄積され投票行動だけでは我慢できなくなると，市民は自分たちで組織をつくるようになった．この新しい市民組織の国家に対する不満は同様にNGOの活動に見られる．都市部の議員ほど市民から遊離しているように思えるが，その分市民組織が都市で多く誕生している．公務経験により有能で有益な助言者たるべき議員が市民からの請願や陳情に対して党議拘束などで市民の声を代弁できない現状では，市民自らが組織をつくり立ち上が

らざるを得ない．これは政治（議員）や行政（公務員）を監視する「タックスペイヤー」（納税者）としての活動の現れでもある．

　先にも述べた間接民主制の弊害による議員と地域住民の乖離から，行政が市民との協働を強めると，「市民がこう言っています」という理由を盾に議会で条例案を出すことも多くなるだろう．この種の前兆は住民運動が活発になった1970年代から見られたようにも思われるが，近年「首長と住民の直結」が市民活動への助成金支援による促進策と相まってますます顕著になっている．市民組織の行動を「隠れ蓑」に行政が施策を遂行するなら，それは新たな行政誘導型の地域づくりにつながるだろう．このような点をチェックすることが市民と行政の協働時代における議員の新しい役割ではないだろうか．議員も事務方が出した条例案を単にチェックするだけで，「議員立法」も出せない状況を改める必要がある．これは市政のような身近な基礎的自治体に限らず，県政や国政にも共通する．公務員や議員であるよりも前に一市民として地域の問題を考え，「企業市民」としての地元企業も含めた幅広い連携による市民総意の地域づくりを進めたいものである．

▷ 市民と行政の役割分担—市民と行政双方の問題

　地域住民が行政の専門的な事務を担うことができないところに公務員の存在意義があり，業務の迅速的かつ効率的な処理から「官僚制」も生まれた．しかしそこには市民と行政の適切な役割分担があったはずである．第1章で述べたように，その多くを任せ過ぎたために「公」領域が強くなり「共」領域の存在が希薄になってしまった．これだけ業務が複雑化すると，かつての「寄合」のように地域住民がすべて決めるわけにもいかない．しかし公務とは本来市民が委託した業務であるという原点に立ち返るなら，どこまで行政が担いどこからは市民がやるべきかを明確にできるだろう．何から何まで行政に任せる姿勢からは「住民自治」ならぬ「従民他治」しか生まれないだろう．実際市民が行政にどの程度任せるかではなく，行政のほうで市民に業務参加の機会を促しているのが現実である．福祉や介護，教育，環境など市民の専門ノウハウを活かせ

る分野では，その種の業務をNPOに任せることが多くなった．このような市民組織の活動に新たな「共」領域の復活を見ることができるだろう．「公」領域の適切な対応と「私」領域の適度な確保，そのバランスのうえに「共」領域が成り立つ．市民と行政の協働とはこれまであいまいにされてきた「公共」領域について「公」と「共」各領域を明確にすることであり，その過程を通して「共」領域を再生あるいは創生することに他ならない．

　まちづくりとは市民全体の「共同作品」で，共生の関係を育てることであるとされる（田村，1987年）．協働という点から見れば，それは市民と行政による「協働作品」であり，行政がつくったものを「これは市民の作品です」とは言えない．この「作品」制作への市民参加が多くなったとは言え，まだまだ一般市民が行政とつながりをもつことは難しい．両者の橋渡し役が欠かせないが，これは次章でも述べるように地域の世論を喚起し一般市民を先導するNPOの役割と言える．また本来真理以外の何者にも拘束されないはずの学識経験者の役割もけっして小さくないはずである．しかし現実にはこの識者が「役所の機関」として，行政が描くシナリオの進行役として御用学者の役割を負わされていることもある．学識経験者が行政の「お墨付きの機関」になってはならない．[39] 特に審議会の答申は最大限尊重されるため，それが行政の大きな拠り所となり業務が遂行される．[40] これは地方も中央も変わらない．識者は「協働作品」に飾りの花を添えるのではなく，実質的な市民の「作品」づくりに手を貸すべきで，行政はこの点を自戒すべきである．

　こうした学識経験者による「お墨付き」が重宝されるものの，最終的な報告書の段階で結局は事務方の意向が反映され，微妙に文言の修正や加筆が行われることがしばしばある．この種の文言に目を向け行政監視をするには，それなりの専門知識を必要とするため一般市民ではなかなか難しい．こうした監視を市民に代わり，あるいはそのために市民を啓蒙することこそ，識者本来の役割でもあろう．市民と行政の仲介役として学識経験者は双方の役割を自覚させる「カタリスト」（catalyst, 触媒者）になるべきである．それはパイプ役あるいは

コーディネーターとして，より多くの市民参加（参画）を引き出す務めに他ならない．もとより市民自身が行政との健全な役割関係を意識し，その主体性を発揮することが望ましい．この地域づくりにおける市民と行政の役割分担も喫緊の課題の一つと言えよう．

▷ ハードを支えるハート―市民と行政双方の問題

　地域づくりをハード，ソフト，ヒューマンの三つに分けるとすると，特に組織づくりのソフト面や住民意識の喚起というヒューマン面を本書は強調してきた．地域づくりには当然各種施設のハードが必要とされる．そのハードは必要だが，それだけでは十分ではないという思いをこれまでの様々な地域活動から筆者は実感している．極論すれば，ハードはハートの問題でもある．それはいくらカタチあるモノをつくっても，ココロを伴わないとただのつくられた「贈り物」に終わることを意味する．そこには市民の施設という意識，すなわち地域住民自らが維持し管理するという所有（オーナーシップ）意識が欠かせない．それが外から与えられたモノという意識にとどまるなら，その施設に対する愛着も当然希薄になるだろう．[41] 住民参加が計画レベルだけでなく実施レベルでも必要なのは，こうした「箱モノ」施設への住民の関与という点からも理解されるべきである．

　従来からある代表的な地域施設に公民館とコミュニティセンターがある．前者が地域社会での学習あるいは集会のための社会教育施設であるのに対して，後者は自治省（現総務省）の補助金によって設立された施設である．ともに類似の機能を担うため，両者が地域社会の中で混在している．[42] コミュニティセンターは地域の共同体意識を高める施設としてつくられるが，公民館同様の活動を担っている．第3章でも述べたように，近年この種の施設は市民活動センターのように名称を変え，地域住民やNPOの会議やイベントなどの活動拠点として位置づけられるようになった．こうした施設（モノ）は市民活動に利用されることに存在意義があり，活動の場を通して市民の思い（ココロ）もさらに高揚するだろう．[43]

先に市民参加の実施のところで述べたが，市民活動施設の管理運営を地域住民に任せる自治体が増えている．「指定管理者制度」によって「企業市民」でもある地元民間企業のノウハウを活用し経営のプロに委託することも必要だが，NPOなどできるだけ地域住民に任せ自らの地域は自分たちで支えていく意識を育てることが「共助」の地域づくりには欠かせない．それは地域に対する愛着と誇りというハートをもつことを意味する．地域住民が何らかのかたちで地域づくりに関わることで，このハートがつくられる．それは審議会への参加だけでなく，地域イベントなどいろいろなレベルでの参加が考えられる(44)．こうした参加の拠点となる施設が，かつての共有地（コモンズ）のように住民の一体感を醸成するシンボルになることが理想である．地域社会をハード面だけで捉えるのではなく，「ハードを支えるハート」について，市民と行政双方ともに考えてもらいたいものである．

3．行政のアウトソーシング ■

▷ コンサルタントは必要か

　市民は「共助」の地域づくりを自分たちですべきであるが，潤沢な資金や専門知識の不足から「公助」や「私助」を必要に応じて求める．これに対して行政は計画策定などの業務をコンサルタントに委託することが多い．既に第2章で述べたが，ここで自治体が業務委託するコンサルタント利用の意味を再考したい．中央省庁も同様だが，県や市町村の計画づくりに業者が関わることは市民にそれほど知られていない．コンサルタントとは行政から相談を受け，診断や助言，指導を行う専門家とされる．それは総合計画をはじめ，都市や生活の基盤，産業・経済，環境・健康・福祉，交流・コミュニティなど各部局がつくる個別計画から行政評価，行財政改革などあらゆる業務にわたる(45)．ただ，いずれも担当部局の名称で報告書がまとまるため，コンサルタントが表に出ることはない．その一方でこの種の業者を使わない自治体もある．こうした「コンサル離れ」は財政事情の厳しさもあるが，それは計画を自前でつくりそのノウハ

ウを蓄積しなければ，地域に密着したまちづくりができないという前向きの意識の現れとして歓迎したい．しかし，依然として手間暇かけずにアウトソーシングを進める自治体が少なくない．⁽⁴⁶⁾

　本来の日常業務を遂行しながら特別の任務をこなす場合は致し方ないとしても，計画策定などを担当する専門部署では自前で取り組むことが必要だろう．議事録の作成までコンサルタント任せにするようでは，事務局の役割はいったい何なのかと聞きたくもなる．何よりも国民や地域住民の税金で仕事をしている使命感が希薄と言わざるを得ない．自分たちが直接汗を流すことでそれだけ責任感も強まる．もとより「すべて使うな」ということではないが，この種の委託を続けていてはいつまでたっても計画策定能力が身につかず，職員の能力は向上しない．こうした職員の責任姿勢とモラールの向上にも影響するため，コンサルタントの使い方には工夫が必要である．もちろんアンケート調査などを外部委託するアウトソーシングもあるだろう．基幹業務と周辺業務を区別し，周辺業務であれば本来の業務に集中するため，外部委託も必要に応じてすべきである．

　特に市民と行政の協働でコンサルタントが介在すると，自ら考えをまとめ行動する地域住民の「市民（共助）力」が伸びない．第2章で述べたさいたま市の「区民会議」で筆者が会長として掲げた「人任せにしないまちづくり」という理念には，市民の積極的な参加とともにコンサルタントの力など借りない自前の地域づくりの意味が含まれていた．コンサルタントの存在をまったく否定するわけではないが，何よりも「市民力」を萎えさせるのではなく，それを引き出すような活用の仕方を自治体は考えてもらいたいものである．「権限は行使しても責任を負わない」という点から，最後は「これはコンサルタントがやったことです」とも言いかねない．「コンサルタントが関わったため住民不在のひどいまちづくりが行われた」という声も小さくない．「どこも同じような計画で表紙だけ変えている」という批判もある．破綻し財政再建団体になる自治体が出る中，コンサルタントに多額の税金を使うなら，その分地域社会に還

元してもらいたいものである．[47]

▷ **コンサルタントに頼らない地域づくり**──────

　自前で計画をつくる自治体ではそれだけ手間暇かかることになるが，自分たちで必要な資料を集め，それを「第三者の目」ではなく「当事者の目」で精査することで個々の地域特性に応じた計画がつくられ，またその策定ノウハウも内部で引き継がれていくだろう．この意味で先進的な自治体は「コンサル離れ」を起こしている．もちろん第三者として外から地域の実態がかえってよく見えることがあり，コンサルタントから教えられた最新のテクニカル・タームを入れた時流に乗り遅れない所見をそこから学ぶこともあるだろう．しかし，その報告書に見られるカラフルな図表のフォーマットも含め，業者がつくる計画のたたき台はどれも同じようなものに見える．何よりも地域固有の「○○らしさ」が計画の要諦であり，この「らしさ」をどう出していくかについて自前でよく考えてほしい．[48]

　行政が地域住民に対してボランティアで地域づくりを勧めておきながら，業務の効率化のためコンサルタントに頼るのは矛盾しているように思える．何度も述べてきたように，公務に従事する人が本来の仕事ができないため，地域住民がその分ヒトやモノ，カネを出すところから公務員制度は出発している．この論理を適用するなら，逆に市民が地域づくりに関わるため本来の仕事ができなくなるなら，その分補填されるべきであろう．[49] コンサルタントには報酬を支払い，市民にはその分補償されないことに矛盾はないだろうか．繰り返しになるが，行政はコンサルタントに払う分，市民自らの地域づくりに活用してもらいたい．

　地域づくりはコンサルタントと行政の協働によるものではない．コンサルタントに依存した市民参加のやり方ではいつまでたっても「市民（共助）力」は伸びず，また自治体職員の「行政力」も蓄積されない．市民は事務局が出してきたもの，実際はコンサルタントがつくったものをただ修正し受け入れるだけでいいのか．もっと積極的に意見を出し行動力を発揮して，市民は行政との協

働の機会に指導力を発揮すべきである．地域の実情をよく知っている市民だからこそ説得力ある提言が可能で，そこから現状変革の道も開けてくるだろう．専門的な知識をそれほど必要としなくても市民が地域づくりができるよう支援していくことが協働における行政の役割でもある．次の最終章では，「共」領域の復権による地域づくりについて検討したい．

注
（1）　旧与野市では合併をめぐる市民レベルの議論が多くされたが，それは「小さな与野」を求める運動として展開した（埼玉県地方自治研究センター，2003年，36-51頁）．これは住民に対する合併情報提供の公開を求めるところから始まった．当初の陳情採択が困難になると，住民投票の直接請求の方向が採られた．この過程で，県内最初の住民投票条例の直接請求をした岡部町の「ポートピア岡部（仮称）」建設反対運動の代表を招いて学習会も開いたという．署名運動は無党派中心で，合併に賛成反対両者が住民投票を求めたことが注目された．当時市長はこの「与野市が浦和市・大宮市との合併をすすめることの賛否を住民投票に付するための条例（案）」に対して，「その賛否を問う住民投票条例は必要ない」という「意見」を付した．このため住民投票を求める直接請求は議会で否決された．なお直接請求は選挙権をもつ者が一定数以上の署名をし，その代表者から議会の解散，議員・区長などの解職（選挙権を有する者の3分の1以上），条例の制定・改廃（選挙権を有する者の50分の1以上）などを請求する制度をさす．これに対して紹介議員が必要な請願や必要としない陳情は採択されても，執行機関が実行しなければならない義務はないとされる．
（2）　この「さいたま新都心」は旧国鉄操車場跡地を再開発した土地で，平成12（2000）年に政府の関東地方の出先機関が都内から移転して生まれた．
（3）　後述するように合併に参加しなかった上尾市の経緯は，合併反対上尾市民ネットワークと自治労連上尾市職員労働組合がまとめた『合併反対を選択したまち―上尾の住民投票と市民の運動』（2001年，自治体研究社）に詳しい．
（4）　平成3年から8年にかけて行われた旧浦和市（1996年実施），旧大宮市（1991年実施），旧与野市（1995年実施）の「市民意識調査」では，いずれも合併に関する質問はなく，政令指定都市を目指す意向についての内容にとどめている．
（5）　平成13（2001）年に福島県矢祭町では，以下のような「市町村合併をしない矢祭町宣言」をしている．「国は『市町村合併特例法』を盾に，平成17年3月31日までに現在ある全国3,239市町村を1,000から800に，更には300にする『平成

の大合併』を進めようとしております．国の目的は，小規模自治体をなくし，国家財政で大きな比重を占める交付金・補助金を削減し，国の財政再建に役立てようとする意図が明確であります．市町村は戦後半世紀を経て，地域に根ざした基礎的な地方自治体として成熟し，自らの進路の決定は自己責任のもと意思決定をする能力を十分に持っております．地方自治の本旨に基づき，矢祭町議会は国が押し付ける市町村合併には賛意できず，先人から享けた郷土『矢祭町』を21世紀に生きる子孫にそっくり引き継ぐことが，今，この時，ここに生きる私達の使命であり，将来に禍根を残す選択はすべきでないと判断いたします．よって，矢祭町はいかなる市町村とも合併しないことを宣言します」(http://www.town.yamatsuri.fukushima.jp/).

(6) その一方で市議会は，庶民感覚から遊離した市長や助役，議員の報酬を他の政令市に合わせて大幅に引き上げる「高額統一」の条例改正案を可決している．こうした身内のサービス向上は一般職員や地域住民が納得しないだろう．特に高額な身分優遇（給与）を本来の公務員制度の原点から見直すべきである．なお合併に伴う議員定数は一時留保され，その任期は4年に加え合併に伴い2年伸び，結局6年になった議員もいたという．新設合併では在任特例（合併特例法第7条第1項）により，合併関係市町村の議会の議員で当該合併市町村の議会の議員の被選挙権を有する者は，市町村の合併後2年を超えない範囲で引き続き合併市町村の議会の議員として在任することができる．こうした在任特例を逆に使わない自治体もある．上越市に吸収（編入）合併された13地区の「地域協議会」では，5地区で定員を上回る応募者があり選挙で委員が選ばれた．この「準公選制」の委員は旧町村議会の議員に代わり自治区の運営に対して意見を述べることができる，これは言わば「無報酬の議員」（交通費は支給）である．「意思決定機関」としての「地域協議会」，「実行組織」としての「町内会（町内会長連絡協議会）」及び「住民組織」という役割分担を果たしながら，地域づくりが進められている（上越市における都市内分権及び住民自治に関する研究会，2007年）．

(7) 生活密着事業から大規模事業への転換による財政負担増をもう一度市民志向の事業に戻すこと，また少子高齢化は国民全体の問題で合併によって解決できる性格のものではなく，現在の中規模のままで対応していける点が指摘された．これらに加え住民自治の保障という視点からは逆に「規模の不経済」が生まれ，不安定な法人税より安定した個人市民税が得られるまちづくりを目指すべきであること，また合併を現市長や政策への不満に転化せずあくまでも市民による改善や改革を主張すること，さらに適正規模の未来を見据えたビジョンを描くことが唱えられた（2001年，合併反対上尾市民ネットワーク・自治労連上尾市職員労働組合，74-81頁）．

(8) 合併の住民投票条例可決までの経緯を示すと，以下のとおりである（合併

反対上尾市民ネットワーク・自治労連上尾市職員労働組合，2001年，35-44頁）．平成13（2001）年4月「住民投票を実現する会」によって，住民直接請求に必要な法定署名（有権者数の50分の1）は約3倍の1万名を超え，住民投票に付すための条例制定請求書が市長に提出された．この結果を受け市長は議会を招集し，「住民投票条例案」を提出した．合併協議が明確にされていない段階で住民投票を実施すべきではないという意見もあったが，結局同年5月住民投票条例が成立した．合併推進派も反対派も住民投票実施では，思惑が一致していたと言える．

（9）旧大宮市では高崎線・京浜東北線をはさみ東西に分割されたH型の区割り（4つの区）になり，「こんなに多くする必要もなかったのではないか」という意見があり，また県会議員の選挙区で区割りされたところもあったと言われている．この主張は旧市名を付した三つの区割りのほうが効率のうえでもよいとする旧市の行政管轄を引き継ぐもので，区制移行に伴う身近な市民サービスという点では，やはり区を増やしたほうが現実的であろう．ただはじめに「9つの区ありき」の考えではなく，適切な行政区割りを議論して決めるべきであった．

（10）「調査検討委員会」で区割りの実質的な調査を行い，「行政区画審議会」が「行政区画の編成及び区役所の位置」について議論した．ここでの審議は中間答申として市民から意見募集を行い，各区別に住民説明会を開催して市民への周知徹底をはかっている．

（11）同様に区名投票で低かったにもかかわらず，選ばれた区名に「緑区」があった．浦和東部のⅠ区では「浦和東」（1,956票），「美園」（1,019票），「東浦和」（768票），「東」（444票），「緑」（443票），「見沼」（248票）の順であった．このⅠ区の区名に決まった「緑区」は区名投票の実に1割にも満たないものであった．また旧与野市でも「与野」の地名を残してほしいとする声が大きかった．当時E区の投票では「与野」（1,941），「中央」（1,171）の順でそれぞれ49％と29.6％であったが，区名は「中央」に決まった．なおさいたま市についても，合併1年前に新市名の募集があったが，このときは全国から公募した．第1位が「埼玉市」で，2位が「さいたま市」，以下「大宮市」，「彩玉市」，「彩都市」，「浦和市」，「さきたま市」であった．結局「新市名検討委員会」で「埼玉市」，「さいたま市」，「彩都市」，「さきたま市」，「関東市」の五つにしぼられ，県庁所在地としてわかりやすい，ひらがなのほうがやさしく柔らかい印象がある，歴史のある地名ということから平成12（2000）年「さいたま市」に決まった（浦和市・大宮市・与野市合併推進協議会の第2小委員会議事録）．なお「関東市」は公募の順位が37位で，ここでも「新市名検討委員会」の意向が大きく左右していることがわかる．

（12）「区名選定委員会」で最終決定した第4回の議事録を見ると，まず委員長の

私案では，D区が「見沼区」とされた選定理由は「将来にわたって保全すべき，貴重な緑の空間である見沼田圃に，東，西，南の三方を囲まれていることから区名案とした」という．地名で問題になるところは無難な東西南北やあたりさわりのない名称を付けている感が否めない．区名投票の後に，選定委員会委員長が「旧市名あるいは旧市名に方位を付けた区名案は除外する」という発言があったと聞くが，投票前に明確な選定基準を示して，候補案選びや投票を行うべきであったとする意見が大勢を占めたのは当然であった．

(13) こうした市民の意向を無視した区名選定の前例があったためであろうか．その後さいたま市で各区の色を選定するときには，「前回の区名問題のようにならないようにしてもらいたい」との助役の意見があったと聞いている．

(14) 特に不動産や建設関連の業界が署名運動に積極的だった．これは地盤が弱いと思われ，不動産の価値（地価）が下がり土地の売買や建設にマイナスになることを危惧した者たちであった．

(15) 一部議員による区名が原案通り可決されないようにする議員提案（9名以上の議員が必要条件）による修正案の提出も期待された．しかし党議決定に従う拘束を受けることから参加議員は少なく，結局議員提案の条件を満たすことができずに終わり，「すべての区名を区名投票1位を採用すべき」との修正動議を提出したものの否決された．平成15（2003）年春の市議選で，見沼区では議員定数が政令市移行に伴い14人から9人に減るため，合併後の任期で在任特例を受けた議員が地域住民の反応を敏感に感じ取ったようである．また共産党市議団も反対署名をした約8万3,000人の声を背景に「見沼区」を「東区」に変更することを求める修正案を提出したが，同様に否決された．なお「見沼区（案）に反対する住民の会」は，市議会で区名が可決後「見沼区に反対する住民の会」として区名選定結果の再審議を求める請願書を提出した．

(16) 臨時会に提出された請願は12件（請願番号第74号から第85号まで）あった．その件名は「市民の意思を反映した区名選定を行うことを求める請願書」，「『さいたま市区名案』に反対し区名案作成のやり直しを求める請願」，「市民の意見を尊重した区名の決定を求める請願書」，「さいたま市の区名について再検討を求める請願書」，「住民の意見を尊重した区名に変更を求める請願書」，「旧大宮市東部地区（D区）の区名に関する請願書」，「『さいたま市の区名選定に関する件』についての請願」，「さいたま市の行政区割り・区名および区役所の位置の決定に関する請願」，「さいたま市の行政区割りと区名，及び区役所の位置の決定に関する請願」，「行政区割り・行政区名・区役所の位置に関する請願」，「すべての行政区で区名投票1位となった名称を採用するように求める請願」，「さいたま市区の設置等に関する請願」であった（「市議会だよりさいたま」，2003年2月1日No. 8）．このうち，「『さいたま市の区名選定に関する件』についての請願」は取り下げられ，後はすべて不採択となった．過去にこれだけ同一内

容の請願があっただろうか．それだけ市民の区名問題に対する関心が高かったことがわかる．

(17) 定例会に出された区名問題についての請願は「さいたま市区名選定委員会の経過とその取り扱いについて瑕疵があったと思われるので議会での解明を求め，再審議を要求する請願書」，「区名の変更を求める請願」，「『中央区』の区名を『与野区』に変更を求める」の3件（請願番号第109号から第111号まで）あった（「市議会だよりさいたま」，同上）．最初の請願は，「区名選定委員会」で出席者35名中，賛成17名（本件担当の助役，正副議長を含む6名の議員が参加），反対10名，票決に参加しない者8名で，賛成者はその過半数に達していないのは，委員会の議事が出席委員の過半数で決し可否同数のときは議長の決するところによるという「さいたま市区名選定委員会設置要綱」第4条3項に反するというものであった．

(18) 平成15（2003）年2月の定例会で総務委員会委員長から，議案第90号「さいたま市の区名・区割りについての住民投票条例の制定について」として報告があった（http://dbsearch.city.saitama.jp/）．住民投票を実施した場合の費用について約1億6,000万円予定される点，また条例案が可決された場合の手続きについて，「区役所建設の関係，準備事務執行体制の整備，区割り，所管区域の見直し等による法務局，税務署等の事務窓口の変更，郵便局の所管区域の変更，郵便番号の変更，新住所への対応，各表札，住所の変更等，住民生活に多大な影響を及ぼすと理解しております」と述べ，その可否について以下のような報告があった．「討論では，まず，反対の立場から，住民投票一般については賛成である．住民の意向を適切に聞くということの重要性はわかるが，1ヶ月足らずの後に政令指定都市を迎えるに当たって，旧行政区を前提にして，予算編成をはじめ，さまざまな準備が整いつつある中で，改めて住民投票を行うことは市民の生活に多大な影響を与えざるを得ないと考えたとき，今，住民投票を行うことは非現実的であると判断し，反対する．しかし，住民投票としての住民の意思確認を行うことがなかったことは，市民が置き去りにされているということにもなるので，今後の市政運営に生かしてほしいと要望し，反対するとの討論があり，次に，賛成の立場から，この住民の請求が行われた背景には，合併における住民の意思やその後の区割り，区名を決定する過程の中でも住民の意思をきちんと聞かなかったことにある．それに対し，住民の不満が今回の住民投票条例の制定というかたちであらわれた．住民の意思の表明ということは重要だと思うので，住民投票条例に賛成するとの討論の後，採決の結果，賛成少数により，原案は否決すべきものと決しました」．

(19) 筆者はさいたま地裁でこの公判記録を閲覧した．またもう一つの争点では，議長を含めると，35名のうち賛成17名，反対18名（票決に参加しない者8名含む）で可否同数とは言えず，議長の決定は無効であるという原告側の主張に対

して，「区名選定委員会」の決定は議長を除いた34名のうち17名は可否同数であり，議長の議決が認められるとした．
(20) 筆者が住む最寄りの東武鉄道野田線七里駅前では，当時区名の反対署名を集める運動が展開されるなど，身近なところでこれほど住民運動が盛り上がったことはなかったというのが率直な感想である．
(21) 「区名選定委員会」の議事録を見ても，「市民への区名投票の結果はあくまでも参考資料にする」との発言があり，区名選定の主導権がこの委員会にあるという態度が露骨に出ている．はじめから住民による区名投票を参考資料程度にとどめるなら，市民の意向を尊重する投票の意味は何だったのかと言わざるを得ない．
(22) 住民投票率の低さも問題であるが，果たして住民の意志が反映された合併なのか疑問が残る．筆者は半数の人の意思表示があったところで，賛否を判断すべきだと思っている．
(23) さいたま市の「合併問題調査特別委員会」では，この「区民会議」の各委員に聞いた「意向調査」（回答147人）を取り上げ，これだけで「市民意向調査」とするのではなく，市民に向けてアンケートや住民投票をすべきであるという意見が出た．この点は「区民会議」の位置づけとも関連するが，それが手っ取り早い意見吸収の広聴機関になっていることがわかる．市長が合併に際して行うとした「何らかの形での市民意向調査」が，この「区民会議」での「意向調査」に該当するのかという疑問も残る．この他「市民から意見を聴く会」が開催され，委員長や各会派推薦による市民（学識経験者や建築設計コンサルタントなど）から意見を聞く機会も設けられた（大工原潤，2003年「百六萬朝報」第10号）．
(24) 地域社会ではこの種の「委員（審議）会屋」が多いことに驚く．実際名刺交換すると，彼らは自治会をはじめいくつもの組織の代表や委員をしている．地域活動に積極的な人たちであることは間違いないが，公募委員もこの種の人たちに限定されることが少なくない．
(25) 実際一般市民の傍聴者は少ない．筆者の記憶する限りでは「総合振興計画審議会」の「総務専門部会」でも「区民会議」でも傍聴者がいたのは数回程度（2，3回）であった．審議会の全体会では，各部局の担当者が大勢傍聴していたのと対照的である．
(26) この所管ということに関連して，既に述べたようにこちらから出向いて申請しないと始まらない「申請主義」も改善すべきではないだろうか．高齢者の家に確定申告の書類が送られてきても，その記入説明を理解するのは無理である．むしろ職員が自宅に出向いて必要な書類を受け付けることも必要ではないか．「合併しない宣言」をした矢祭町では，役場職員の自宅を「出張役場」として利用し，町民は職員の自宅で各種届出や納付が可能になっている．このよう

に役場に直接出向けない高齢者に対する配慮が望まれる．

(27) 自治体と民間の人事交流による公務員のサービス向上も見られるが，民間企業のノウハウ，特に顧客（住民）志向のリーダーシップを公務員は身につけてもらいたい．民間のように組合出身者が必ずしも昇進するわけではないようだが，それなりの知識をもちリーダーシップを発揮できる人材がほしいのは公務員も同じであろう．本庁と地方自治体，自治体間の人事交流もあるが，これまで国（総務省や国土交通省など）からの出向人事が多かった．中央省庁の出向者に補助金申請の迅速な処理など，本庁との潤滑油としての役割を期待するだけでなく，様々な情報交換によって広い視野をもつことで，住民サービスが向上するよう人事交流を活用したいものである．

(28) 末広は，明治期欧米に追いつく目標をかかげ国家の指導的職能を担った役人の役割が大きかったことを認めつつも，大正期には自らの目標を見失い，過去の日本の伝統に帰るのではなく，新たな目標を指し示す力が官僚にないことを指摘した．また「役人学三則」として，役人がもつ広く浅い知識，法律に基づく形式的理解，縄張り根性を揶揄している（末広，[1922] 2000年，4-16頁）．「第一条 およそ役人たらんとする者は，万事につきなるべく広くかつ浅き理解を得ることに努むべき，狭隘なる特殊の事柄に特別の興味をいだきてこれに注意を集中するがごときことなきを要す」（同上，5-6頁），「第二条 およそ役人たらんとする者は法規を盾にとりて形式的理屈をいう技術を修得することを要す」（同上，9頁），「第三条 およそ役人たらんとする者は平素より縄張り根性の滋養に努むることを要す」（同上，13頁）．

(29) 確かに自治体にはまちを構成する市民の欲望を市民全体の利益のためにコントロールする役割がある（田村，1999年）．それはあくまでも調整能力で，まち全体を見渡した政策はビジョンある政治家の務めであろう．しかしその政治家が市民全体の利益の名によって特定の利益を優先するのであれば，やはり市民自らが立ち上がらざるを得ない．

(30) 旧式の「他治行政」ではない市民のために働く自治体を「市民政府行政」と主張する田村によれば，自治体は市民の「共同事務局」になるべきであると言う（田村，1999年）．それは市民主役のまちづくりのための事務局に他ならない．

(31) こうした事前準備は「試験をしてください」とお願いしておきながら，同時に「問題を教えてください」と言うようなものであろう．地域のイベントなどでその進行を示す詳細な「台本」をつくるのはいいが，主催者や来賓者の挨拶など，その他の言葉まですべて用意されているのはいかがなものであろうか．これは議会や審議会も同様，議長や会長の挨拶から始まり，すべて事務局でシナリオができている．

(32) 第3章の「市民委員の選出方法」の注でも述べたように，三鷹市や千代田

区では住民基本台帳に基づく市民参加を採用している．これは市民参加の裁判員制度と同様の主旨と思われるが，行政主導の強制になってはならない．

(33) この点は第2章で述べた「区民会議」のところで，まずまちづくりの実践として地域の視察が必要なことを唱えたが，地元にいながらまわりのことがよくわかっていないことが意外に多い．さいたま市見沼区の将来像の策定にあたり，審議会で地元環境団体の代表から大宮南部浄化センターについて指摘され，そこがビオトープ（動植物の生息空間）と環境学習の施設として立派な地域資源であることが視察によってわかった．そのとき「みぬま見聞館」の施設を案内してくれた年配の女性が言った「私が小さい頃，この芝川で泳いでいた」という言葉が印象に残っているのは，自然破壊が進行している現在と対照的であったからである．それでもカモが訪れる景観はまだ自然が残っている．芝川の「ふるさと歩道」や見沼代用水東縁の「緑のヘルシーロード」など，身近な地域資源を現場で確認する必要性を痛感した．

(34) まちづくりを長年手がけてきた田村は「お上」の都市建設から市民の「まちづくり」を唱えたが，1960年代の住民参加の多くが「お上」に対する要求，陳情レベルにとどまっていたことを指摘している（田村，1999年）．そこにはまだ受動的な「住民」がいて，主体的にまちをつくろうとする「市民」がいなかった．なお「市民参加」には「関心」，「知識」，「意見提出」，「意見交換」，「原案審議」，「市民討議」，「市民管理」，「市民立案」，「市民主体」の九つの段階があると言うが，その後各地で市民主導のまちづくりが見られるようになり，現在は行政との協働をめぐりさらに市民の要求レベルが高いまちづくりが到来しつつあると言えよう．

(35) 行政・官僚組織に対して外から実現すべき一定の価値目標を与え，進むべき方向を指示する機能が政治（政治家）や国民にあるという主張は，行政や官僚専権を目の当たりにしてきた元経済企画庁長官だった田中の重い意見として受け止めたい（田中，[1999] 2000年，152-153頁）．そこに見られるのは官僚の「統治者意識」である．このため何よりも行政・官僚組織の暴走を，政治や国民が監視することが必要であるという主張には説得力がある．

(36) ラスキはかつて権力が自由を抑圧し，特定の主義を強要してくるときこそ誤謬を正す「社会活動の基礎理論」が重要だとした．このことを次のように言っている．「社会的承認を要求してやまないような主義に対しては，やはり，その誤謬を合理的に論証してこそはじめて正しい回答になると言ってもよかろう」(Laski, [1930] 1948, 264頁)．市民は自分たちの意見を主張できる自由を放棄することなく，それを行使すべきである．ここで「自由とは，危機にさいして，力の要求に敢然と抵抗する勇気である」(同上，261頁)．

(37) 筆者は「自生的な社会秩序」としての互助行為についてまとめ，「地域づくりの哲学」とも言える拙著『互助社会論』を刊行した．そのため，主に本州の

中山間地域や沖縄を始めとする離島の地域社会をここ数年訪ね歩いた．住民と一体となって静かに地域づくりに取り組むところでは，アウトサイダーが訪問して話を聞くことさえ気が引けるような雰囲気があった．そう思うほど，地域住民と一体となった「共助」の地域づくりが進められていた．逆に地元住民との一体感が大都市で希薄なのは，そこに居住しない他の地域住民が公務員として務めていることも少なくないからであろう．

(38) 第2章の注でも述べたが，もちろん最寄りの公共交通機関の駅に立ち，地道に政治活動を行っている議員がいることを知っている．どこも同じであろうが，筆者が住むさいたま市ではある党所属の議員は選挙のときだけ街頭演説をし，日々の日常活動では生の「声」が伝わってこないのが現状である．

(39) カタチだけの住民参加の形式を採り，実際には審議会の会長や部会長を学識経験者にすることで，行政が識者の意見を盾に恣意的に報告書を取りまとめるとも限らない．ここにもまた行政の責任を転嫁する姿勢が散見される．こうなると結局識者も行政の「機関」として位置づけられ，その「機関」として活用されやすい人物が「指定席」としてたびたび審議会に顔を出す常連となる．もちろん識者として高い見識から本来の責務を果たす者がいないと言っているのではなく，知らず知らずのうちに市民の「目線」から遠ざかる，あるいはもともと庶民感覚をもたない者がいることを述べているに過ぎない．

(40) 審議会が官僚組織の政策上の意向に有識者の判断や民意を仮装する装置となり，官僚による政策決定の責任がそこに転嫁あるいは分散する手段になっているという主張は，こうした点を指摘している（田中，［1999］2000年，168-169頁）．福沢は「学者安心論」の中で，直接その「政」に参加するのではなく，市民としての領域における「平民の政」を唱え，学者もその本来の領分から意見を述べることを唱えている（福沢，［1876］1991年，33-54頁）．これは学者が市民の声を代弁することを示唆している．

(41) この点は発展途上国の国際協力にも見られる．社会開発で必要な生活基盤整備をするとき学校や保健センターがつくられても，それが自分たちのモノであるという所有意識がないと，次にまた先進国から贈られるのをただ待つだけに終わってしまう．このような地域住民一体となった管理運営というソフト面，またオーナーシップによる自立・自助・自決というヒューマン面の「人間開発」が欠かせない（恩田，2001年）．

(42) 公民館は昭和24（1949）年の社会教育法で規定された生涯学習施設であるが，ムラ社会がもっていた「寄合」の場所としての機能はこの公民館にも受け継がれ，戦後は「新生活運動」の拠点になったとされる．

(43) NPOはインターネットのホームページで活動を紹介しているが，直接地域住民にアピールする場が少ないと支援の広がりにも欠けるだろう．どの自治体でも市民活動の発表機会を様々なイベントやフェスティバルの場で与えるよう

になった．埼玉県は毎年11月に「彩の国いきいきフェスティバル」として県民活動総合センターで県民活動団体に発表の場を設けている．

(44) 島根県浜田市には市民公民館を事務局として，神楽や農業，園芸，民謡，読み聞かせ，レクリエーション，竹とんぼ，凧づくり，藁細工，剣道，パソコン，絵画，囲碁，陶芸などができる人を「てご師」として登録する「てごネット」という人材紹介システムがある（http://www.city.hamada.shimane.jp/）．この「てご」とはテゴの手伝いを意味する．身近な学習教室の講師など，まちづくりの参加機会は少なくない．

(45) こうした行政の委託事業が巨大なコンサルタントのマーケットをつくっている．シンクタンクや業務支援業者と言えば聞こえはいいが，「コンサル屋」が至る所で暗躍している．国際協力では発展途上国の開発調査などを担当し，同様に地域の計画づくりを行っている．ODAに開発コンサルタントが関与するのと同様な構造が，国内で行政がつくる計画やその他の業務委託でも見られる．第2章で述べたさいたま市の「市民懇話会」，「総合振興計画審議会」，「区民会議」いずれもコンサルタントが使われていた．ただし「区民会議」では同じ特定のコンサルタントではなく，区別に複数のコンサルタントが利用されていた．

(46) 筆者の身近なところでも，「コンサルタントを積極的に使った地域づくりを進めよう」という意見を聞いた．この種の発言をする者は自らも委託調査や研究をしているコンサルタントの同業者である．おおむね大学の都市工学系では自ら自治体から計画を受託することがあり，こうしたコンサルタントを使うことに対して抵抗感が少ないようである．むしろその種の計画づくりの入札ではコンサルタントと競合するところがあり，またコンサルタントと共同で行う計画（研究）も見られるなど，身近なパートナーとして受け止められている．

(47) 健全な自治体なら，なおさら納得いくところに支出してしかるべきであろう．公募委員は無報酬が原則であるが，出てもせいぜい交通費見合い程度が多い．しかしこれを逆に報酬制にして，参加のモチベーションをあげ責任をもたせることも考えられる．もとより報酬を受けているコンサルタントと無報酬の市民をいっしょに活動させているところに疑問を感じることがあった．さいたま市の「区民会議」もそうだが，まちづくりを商売にしている連中といっしょにされたのではたまらないというのが率直な感想である．

(48) 筆者は島根県の地域づくりについて講演をしたことがあった（2004年1月の島根県議会財政健全化調査特別委員会）．そのとき「島根県総合計画（基本構想）」の第3章「基本目標と政策の基本方向」に「島根づくり」という言葉があるものの，「島根らしい地域づくり」が見えてこないことを述べ，「島根らしさ」をどこに見出して重点的に地域づくりを進めていくべきか，こうした点を指摘した．なお島根県はコンサルタントを使わない自前の計画づくりを進めているが，浜田市も同様である．

（49） 第2章で紹介したように，「区民会議」では各委員1回の会議につき一律交通費見合い分（1,000円）が支給された．筆者は会長として膨大な時間を割いて，会議の事前の準備と事後の処理をしてきた．研究時間がその分割かれたことは言うまでもない．会長と委員の違いも考慮されるべきであろう．しかしこれがそのまま市民と行政の協働についての実証的な研究の場であったことを考えれば，こうして費やされた時間も筆者にとって益するところ大であった．

（50） それなら「地域に住むコンサルタントを使えばいいではないか」という意見もあるだろう．しかしそれはビジネスとしてではなく，地元地域社会に還元する意味で，コンサルタントが一市民として地域づくりに参加し，自らのノウハウを提供してもらいたいものである．

第5章 「共」領域の復権と地域づくり

1 共有地（コモンズ）を活かした地域づくり

1. 共有地（コモンズ）の再発見

▷共有地（コモンズ）を支える「村仕事」

　かつて村落には入会地があり，これは一般に共有地（コモンズ）として知られる．漁村では海産物，山村では薪や鳥獣，農村では下草や用水など，日々の生活の糧として地域住民の生業を支える経済生活の基盤として，またその維持管理により一致協力することで仲間意識が高揚する社会生活の基盤として，さらに地域社会を統合するシンボルが共有地（コモンズ）であった．換言すれば，それは地域住民の互助ネットワークを支える大きな結節点であった（恩田，2006年）．この種の共有地（コモンズ）はいつ頃地域社会からなくなったのであろうか．それは公有地化や私有地化される過程と一致する．山林などの宅地化や道路整備などの都市化，また子育てや介護，福祉など多様な行政需要の登場，さらに情報化（IT革命）やグローバル化による生活様式の変化が，しだいに共有地（コモンズ）を不要のものにした．こうした地域社会の変容は第1章で述べたように，「共」領域から「公」と「私」の各領域が機能分化する過程であった．

　共有地（コモンズ）は入会権をもつ地域の限られた少数者の所有対象にもなったが，その多くは総有地として地域住民が共同で管理してきた．共有山や共有林などの維持管理は村民総出の「村仕事」であった．しかし共有地（コモンズ）の喪失とともにこの種の共同作業も少なくなった．もちろん共同でする仕事が都市なら，それは「町仕事」になるだろう．村落ではミチフシンやミゾサラエなど多様な呼び方がされ，村民としての義務である「村仕事」に出ないと

過怠金が科せられるのが普通であった（恩田，2006年）．これは互助行為から見るとモヤイ（再分配的行為）と呼ばれる行為で，一人ではできない共同の「村仕事」を通して連帯と共生の社会が維持されてきた．しかし村落では兼業農家が増えサラリーマン化する世帯が増えると，「村仕事」への不参加も多くなる．これに対して合併に伴い行政サービスの「周縁化」に追い込まれた地方では，集落内用水路や農道の修理，生活道路の除雪作業など行政に頼らない「村仕事」を復活するところもあるが，高齢化による労力低下でその担い手は極端に少ないのが実態であろう．互助精神は健全でも身体がそれに伴わない高齢化が地域社会に重くのしかかる．これはかって「若者組」が行った「村仕事」の担い手がいなくなることを意味する．(1)

このように共有地（コモンズ）の喪失，また高齢化の労力不足による「村仕事」の減少，さらに自分の足下しか見ない利己主義的なライフスタイルの進行から，地域づくりの一体感も希薄になってしまった．現代社会で共有地（コモンズ）の再生と「村仕事」の復活が必要なのは，それが地域社会の「住民力」あるいは地域住民の「共助力」を高めることにつながるからである．このためには「公益」でも「私益」でもない「共益」という点から，地域づくりの重要性を住民に理解させることが肝要である．災害のような地域社会をめぐる外部環境の変化が刺激となることもあるだろう．「連帯意識というものは，共同行為の結果が，一般人の生活の上に平等に及ぶばあいにのみ生ずる」という指摘は正鵠を得ている（Laski，[1930] 1948, 209頁）．全員が参加する「村仕事」はこうした性格をもち，それは個人では不可能な集団の力を生み出してきた．地域社会における共有地（コモンズ）の再生と「村仕事」の復活を通した「共助」による地域づくりが急務と言える．

▷ 参加と制裁システム

「村仕事」の非協力者は地域社会の秩序を乱す者とされてきた．このときの過怠金は「村仕事」参加者の労をねぎらう意味で，その飲み物代などに使われた．あえて罰則金を払うことで義務を果たす者もかつていたが，「村仕事」が

あるところでこの種の不参加者がしだいに増えているという．日本の村落がフリーライダー（サービスのただ利用）や「コモンズの悲劇」（資源の枯渇）が少なかったのは，そこに強力な制裁システムが作用していたからと言えよう．そこには互助ネットワークの濃密な保護があると同時に，他方でその庇護を受けるため「村仕事」などの義務を伴う暗黙の契約社会があった．この義務を怠り掟を破ると仲間の非難があり，地域社会から排除される．強い紐帯としての互助ネットワークはこうした裏の制裁システムが機能することで支えられてきた．「村仕事」に限らず，地域の秩序を守らない者への制裁システムが互助システムとともにビルト・インされていた社会がかつての村落であった（恩田，2006年）．

　村落は互助ネットワークの結節点が容易につくられる社会である．それは共有地（コモンズ）を中心とした共同作業がそれだけ多いことを示している．村民は「口明け」（採取解禁日）を設定し誰もがそれを遵守することで，フリーライダーや「コモンズの悲劇」を回避してきた．こうして互助システムと制裁システムによる相互補完性によって地域社会が維持されてきた．そこでは第1章で述べたように「多数決の論理」ではなく，徹底的に納得するまで話し合う「寄合の論理」による全員同意型の意思決定が普通であった．農村がもつウチとソトを区別する共属感情が冷たいとされるのは，この制裁システムという「村八分」のネガティブな側面に注目したものである．「村八分」の罰則規定は実際に発動されることもあったが，その多くは見えない社会的牽制として機能した．このような互助システムと制裁システムのバランスのうえに成り立つ村落では，共有地（コモンズ）を活かした地域づくりが全員参加で行われた．

　かつての地域社会は住民の権利（利益）が一定の義務（村仕事）を果たすことで得られる「応益原理」に基づくが，同時にそれは一人ひとりの能力に応じて貢献する「応能原理」をもち合わせていた．村落は各人に「村仕事」への参加を求めるが，その義務は各人の能力に応じたものでよく，公平な参加が公正な分配を保障した社会でもあった．そこには応分の貢献によって受ける「果

実」(給付)の公正さから，誰もが平等に暮らすことができた．ここに「ムラ社会の正義」があったと言ってもよい．それは漁に参加しない者にも共有地(コモンズ)の獲物を分配する「代分け(しろわ)」が見られるやさしい社会であるが，常日頃の「村仕事」への参加や村落に対する貢献が了解されているからこそ，子供や高齢者もこうした相互扶助のネットに包含されてきた．現代社会で地域づくりが難しくなっているのはこの「やさしさ」が失われ，地域社会の一体感を醸成してきたヒト，モノ，コトに関わる「共」領域が見出せない，あるいは見えないためではないだろうか(2)．逆に言えば，「共」領域に対する意識が強いところほど，地域づくりもそれなりに進むように思われる．

▷ 現代版共有地(コモンズ)の再生と「村仕事」の復活

共有地(コモンズ)を新しい時代に適合したかたちで蘇らせることはできないだろうか．共有地(コモンズ)は「共」領域の象徴であり，そこから「共助」も生まれた．現代版の共有地(コモンズ)を見つけようとするとき，この概念の再考から始まるように思われる．ここで言う共有地(コモンズ)とは海や山，川のようなカタチのある自然資源だけでなく，地域社会がもつ伝統的な文化(生活様式)や芸能，技術などの人文(郷土)資源も含まれ，地域住民が一体感を醸成できる資源である．地方では移住を希望する「団塊の世代」に代表される新住民と旧住民の交流から新たな「共」領域をつくることも考えられる(3)．都市で共有地(コモンズ)を見つけることは難しいが，共用施設のようなモノだけでなく，伝統芸能や地場産業の技術など地域住民のココロが投影されたコトを，地域社会固有の共有資源として見つけることは可能だろう．

かつてのような「村仕事」を通した地域住民間の共同意識は望めないのだろうか．現代版の共有地(コモンズ)を見つけ，それを共同で維持管理する行為は「公共」事業ではなく，「共」事業としての新しい「村仕事」である．「公」と「私」の間に埋もれた「共」領域の回復は「共助」の復興でもある．それは共有地(コモンズ)の再生とそれに基づく「村仕事」の復活から始まる．これは失われつつある互助ネットワークの強化であり，こうした「村仕事」が地域

づくりにつながる．現代の「村仕事」は行政のアドバイスは受けても地域住民の話し合いで決めるべきで，そこでは特定の者が影響力をもつ少数の専断による「少数者の論理」や多数の専横を容認する「多数決の論理」ではなく，時間がかかる非効率的な面もあるが，全員が納得して合意する「寄合の論理」が基本となる．適正規模の「寄合」を多くすることで近隣関係のネットワークも強化され，そこから全員参加の「村仕事」も生まれるだろう．(4)

現代の時代状況に即した「村仕事」とは何か．それは地域資源を維持する共同作業でありながら，その取り組み姿勢にも地域らしさが現れるものではないだろうか．(5)「地域社会の共同性が見られるのも祭りのときぐらいになってしまった」という声を聞く．かつて厳しい農作業の合間には，ケに対するハレの催しが農耕生活のアクセントになった．祭りやイベントの意義を否定しないが，その場限りの一過性の高揚は宴の終わりのむなしさとしてやがて消えていく．それらは確かに継続するが，その年一時期の「共」意識にとどまることが少なくない．本来「村仕事」は年間通した日常生活に直接結びついたモノやコトであった．現代社会で「村仕事」を見つけることは容易ではないが，地域社会を取り巻く環境を一つの共有地（コモンズ）として捉える共同作業も考えられる．環境美化運動などは利害関係が比較的少なく，最も身近な取り組みやすいテーマになるだろう．道路清掃は各戸一人が出るミチナオシの復活である．それはローカルな問題でありながら，地球環境というグローバルな運動の広がりをもち，連帯と共生を実現する適切な地域づくりのテーマと言える．地域を超えたグローバルな視点から環境問題の解決策も見つかるだろう．こうした村落や都市での共同作業の積み重ねが「共助」の地域づくりの実践に他ならない．

2．互助ネットワークと地域づくり

▷「一燈照隅，万燈照国」

一人の力では達成できないことも，お互いに力を合わせることで可能になることがある．これが互助精神の基本である．互助社会を規定するあるいは地域

づくりにおける互助ネットワークの大切さを端的に表現している言葉に,「一燈照隅,万燈照国」がある.この言葉の淵源は比叡山延暦寺の開祖伝教大師最澄(767～822)にあるとされるが,最澄の言葉を記した「道心」に次のような一節が見られる.「国宝とは何物ぞ,宝とは道心なり,道心ある人を名づけて国宝と為す.故に個人の言く,径寸十枚,是れ国宝に非ず,一隅を照らす,此れ即ち国宝なりと」(「道心」の「山家学生式」から引用).「径寸」とは金銀財宝をさすが,この最澄の言葉は真心を養ってよく「一隅を照らす」人物が何ものにも勝る国の宝であることを示している.

「一燈照隅,万燈照国」とは一つの灯り(ともしび)は一つの隅しか照らさないが,それが多く(万)集まると国全体を照らす.すなわちこれは一人の力は弱く小さくても一人ひとりが行えば,それが集団として大きな力になり広がることを示している.本書の「共」領域を強調する「公共社会学」の視点から見ると,それは,単なる個の総和以上の力(特性)を発揮(創発)する「創発特性」と意味が重なる.その基本的な考え方は経済学の「方法論的個人主義」とは異なる.全体が単なる個人の集計によって把握されず,むしろ個人の集計以上の力によって全体がつくられ,それが規範として個人の行為を拘束する「方法論的集合主義」の立場をとる社会学は,「一隅を照らす」ことが周辺にやがて全体に波及することで別の「力」になるところに着目する.

「一燈照隅,万燈照国」は互助ネットワークの性格を現す言葉であり,この「創発特性」をプラスの方向に引き出すことが肝要である.それにはまず「一隅」が出発点になる.「一隅」とは今自分がいる場所で,自分が置かれている場所や立場でベストを尽くして自ら照らすことが大切であると説く.自分が光れば自分の隣も光る,町や社会も光る.小さな光が集まることで,日本や世界やがて地球全体を照らす.一人の力では弱いところを集団の力で補うという互助ネットワークの重要性を,この「一燈照隅,万燈照国」は端的に表している.第2章で述べた「区民会議」の実践でも,この言葉を紹介した.「共」領域における互助ネットワークを広げることが地域づくりでもある.

▷「自助」から始まる互助ネットワーク

　現代社会では，かつての村落のような濃密な互助行為は衰退している．こうした「助力」の低滞は，既に述べたようにコモンズ（共有地）やその維持管理をしてきた「村仕事」の衰退によるものと考えてきた．その内部要因として生活様式の都市化（利己主義化）があり，また第1章で述べたように外部環境の要因には，行政による福祉などの「公助」，わずらわしい人間関係にとらわれない互助サービスを提供する企業の「私助」があった．公的サービスを提供する自治体と私的サービスを供給する市場への過度の依存によって，地域住民が連帯する機会も少なくなってしまった．その一方でユイやモヤイ，テツダイという伝統的な互助行為の現代的復興も見られる．ボランティア社会はかつての互助精神の現代的現れと言えよう．地域通貨やタイムダラーなどの導入も，もともと地域社会に互助慣行という土壌があったからこそ広がったように思われる（恩田，2006年）．こうした互助ネットワークを活かすことはかつての「出る杭は打たれる」という個人が全体の犠牲になる共同体に戻ることではなく，地域特性に応じて自立した個人のネットワークから成る現代のコミュニティをつくることである．[9]

　地域社会の「助力」格差の要因には，何よりも個人がバラバラになっていることがあげられるだろう．都市では村落の「小農」に対して「小市民」が規範や慣習から自由な行動をとることでますます利己主義化している．それはより自由な行動がとれることを意味するが，その分互助ネットワークが脆弱になり切断されることも少なくない．地方も過疎化・少子高齢化が進行し，互助ネットワークの担い手が少なくなっている．地域社会の「助力」の向上とは，「公助」と「私助」を比較したときの「共助力」を伸ばすことに他ならない．このような互助行為は本来与えられた制度ではなく，「自生的な社会秩序」として自然にできた制度である．もちろんそれはダーウィン流の適者生存の社会淘汰ではないクロポトキンの言う相互扶助に基づくものである（Darwin, 1859：Kuropotkin, 1902）．地域社会の「共助力」の向上は一人ひとりが「自助」を

強化することから始まる．各自が努力し応分の負担をするという「自助」が集まることで強力な「共助」が生まれる．

　地域住民一人ひとりの「自助」が「共助」を生み，また「共助」が一人ひとりの「自助」を促す．(10)あくまでも「自助」を引き出す支援が基本で，自助努力のインセンティブが弱くなるような援助はすべきではない．過剰になることなく，適度の「公助」と「私助」も必要とする．市民と行政の協働による地域づくりも，市民の「自助」に基づく「共助」を促すものでありたい．「一燈照隅」は一人ひとりが輝きを増す大切さを言っているが，この輝きが「自助」に他ならない．まずは「一隅を照らす」こと，一人ひとりが自分を磨くことから「共助」が生まれる．「自助」を強化することがやがて大きな「共助」に結実する．すなわち一人ひとりが相手の立場に立って考え，自分のできることを精一杯行うことで互助ネットワークが広がり，地域社会がよくなる．これが「共助」の地域づくりに他ならない．

注

(1)　高齢化が進む地域では地域活動の担い手不足が深刻であるが，広島県安芸高田市は若者定住促進策として，ライフスタイルに合わせて間取りが可能な「お好み住宅」という公営の賃貸住宅を設けている（http://www.akitakata.jp/）．これは地域活動への参加や義務教育までの子供がいることなどを条件に新規入居者を募集するもので，IターンやUターンの居住者を受け入れている．この制度はもともと川根地区の住民組織「川根振興協議会」が提案したものとされる．ここでは「1日1円募金」が行われ，高齢者への訪問活動など支え合う福祉を実践している．

(2)　筆者の自宅近くで排水溝の整備が不十分で雨水があふれ出すところがあった．この件について区役所に働きかけ，私道を寄付して公道の拡幅を条件に排水溝整備の陳情をした．私道を公道にすることに必ずしも賛成する人ばかりではなかったが，関係する家を一軒ずつ回り説得に努める住民がいた．こうした行為は一人でも多くの協力者がいないと，地域社会の生活改善が進まないことを端的に示している．

(3)　各自治体が自分たちの地域をアピールする「ふるさと回帰フェア2006」のイベントがあり，筆者も参加した（2006年10月14日，於：東京大手町）．1947年

から49年頃までに生まれた「団塊の世代」は，その最初の年代が2007年に60歳の定年を迎える（「2007年問題」）．主催したのは「NPOふるさと回帰支援センター」（NPO法人「100万人のふるさと回帰・循環運動推進・支援センター」）で，理事長の立松和平氏は1947年生まれである．主としてこの世代約700万人を対象にしたイベントでは，中高年のIJUターンを支援しながら地域の活性化をすすめ，ふるさとを見直す好機として期待が寄せられた．イベント参加希望者へのアンケートでは，都市生活者の約4割の人がふるさと回帰の希望をもっている．改めて地方に対する関心の高まりを感じ，「団塊の世代」が少子高齢化の中で地域づくりの新たな主役になる可能性もあるのではないかという予感がした．

（4） この「寄合」も適正規模を失うと，合意形成に伴う手続きが煩瑣になり，時間ばかりかかるということになりかねない．なお都市のNPO活動に対して，村落では協同組合の存在が依然として大きい．農村の地域づくりに果たす協同組合の役割，特に郷土資源を活かす，あるいは地域住民の文化教養の向上を目指す児童図書館の設置や運営など「地域文化活動」に着目した研究によると，地域づくりを進める会合（寄合）は兼業農家のほうが回数が多くなるという指摘は興味深い（小寺，1990年）．多いところではほぼ毎月開催されていたという．これは専業農家であれば日頃のコミュニケーションが密であるが，兼業農家の「土日百姓」ではそれだけ情報交換が少ないためとされる．

（5） 第2章で述べたさいたま市の総合振興計画の「基本構想策定部会」や基本計画の「総務専門部会」でも，旧浦和，大宮，与野市が対等合併してできたまちだけに，イメージをはっきりさせる「さいたまらしさ」という点が強調された．果たしてその「らしさ」は「盆栽村」というような資源の掘り起こしだけで生まれるのだろうか．

（6） なお庶民派弁護士と言われる中坊公平（なかぼうこうへい）氏も「一燈照隅，万燈照国」（いっとうしょうぐう ばんとうしょうこく）の言葉を引用し，庶民の力は弱いが力を合わせると強い力になることを強調する．筆者は氏の講演で初めてこの言葉を聞いた．

（7） 一人ひとりは個性があっても，組織の一員になると組織風土が個人にやがて浸透する．○○会社の社員という見方，個人を超えた組織の力，日本の社会全体の動きなどがそうした「創発特性」を示している．

（8） 「一隅（いちぐう）を照らす運動」が現在進められている．これは「個々が思いやりの心をもって一隅を照らす人になる」ことを主張する．この運動は「感謝」，「慈悲」，「奉仕」という三つの柱に基づいている．「感謝」（いのち）は「ありがとうという気持ちをすなおにあらわす人になろう」，「慈悲」（共生）は「すべての人々すべての自然にやさしく接する人になろう」，「奉仕」は「人のために，すすんで何かができる人になろう」ということを示している．

（9） NPOの「地域経営支援ネットワーク」の依頼で講演をする機会があった（2006年11月）．そのタイトルは「互助ネットワークを活かした地域づくり」で，

日本の村落にはすばらしい互助慣行があり，人々は網の目のように張られた互助ネットワークの中で暮らしてきたこと，またそうした相互扶助は一人ひとりの「自助」によって支えられるということ，さらに地域づくりという点から見ると，地域によってその強弱はあるものの互助行為が衰退しつつある中で，そうした互助精神を覚醒させ自分たちで地域をつくるという意識をもつことが重要であることを述べた．
(10) 慶應義塾の創設者福沢諭吉は「独立自尊」を唱えたが，「独立とは，自分にて自分の身を支配し，他に依りすがる心なきを云う」(福澤，[1871] 2002年，28頁)．こうした個人が集まることで「共助」が生まれる．

2 「共助」の地域づくりを目指して

1.「共助」による地域力の回復

▷「公共」領域内の「公」と「共」の区別

　本来地域住民が共同ですべきことを自治体が行う「行政化」により地域の「市民力」や「共助力」が低下したことを述べたが，これは行政が地域住民だけでは対応できない分野を引き受ける「補完性の原理」からの警告でもあった．「公」領域への過度な期待と過剰な依存が地域社会の「共助力」の弱体化を招いた要因の一つと言えよう．それは「公共」という名の下に地域社会を過度に規制する，あるいは過剰にそれを保護するところから生まれたように思われる．これに対して「公共」ではなく「公」と「共」の各領域を区別し，それぞれの役割を第1章で提唱した．「公」はあくまで「共」領域では不十分な部分を補う役割に専念すべきである．これが本来の「公」と「共」の「補完性の原理」である．それは「公」と「共」の各領域を峻別し，両者が代替関係ではなく補完関係になることを意味する．大規模な道路や下水道整備のようなハード面は当然「公」が担当し，地域社会の秩序維持などソフト面とヒューマン面は「共」領域が担ってもよいだろう．

　人口が5万3,000人（平成19年11月現在）ある全国最大の村，岩手県滝沢村では村長が「社長」で住民が「顧客」という発想から地域社会へのサービスに徹

している（http://www.vill.takizawa.iwate.jp/）．村行政の総合計画や行政改革，部門別計画，大規模な事業計画，その他村行政の重要事項に関することを決める会議を「経営会議」と位置づけている．住民イコール顧客として，顧客主体で生産性の高い窓口サービスと，これを実現する組織体制の構築を村は目指してきた．そこではかつての「補助金分配業」としての行政の仕事ではなく，地域住民の立場にたち適切に税金を使い，その使途が明確な分それだけ地域住民の信頼関係も強いという．ここでは一見「公」と「私」各領域が区別されているように思えるが，登下校児童の見守り隊（スクールガード）や村道の拡幅工事など，行政（公）と地域住民（共）の役割が明確にされ住民参加の実をあげている．特に道路工事では，資材は村が提供し重機やトラックは住民が用意するというように，「公共」事業が「公」事業と「共」事業に分かれていると言ってもよいだろう．「共」領域が明確になれば，それだけ住民参加の機会は増えてくる．本来なら市への「昇格」も可能だが，あえてムラとして身の丈にあったむらづくりを進めているところが注目される．

　もはや外部との没交渉の自立した生活は過去のものとなりつつある．都市化や情報化，国際（グローバル）化という外部環境との絶えざる相互作用なしには地域社会は存続し得ない．かつて「隣保共助の精神」を鼓舞し農村自治を奨励するため，その反動として都市化が否定されることもあったが，「共助力」の低下につながる個人志向の都市的生活様式，また情報化や国際化のネガティブな側面として不必要な情報の洪水やグローバル化による地域特性の喪失こそ問うべきである[(1)]．生活の利便性を求める機械化と欲望が限りなく刺激される利己主義が地域社会の互助慣行を必要としなくなった．こうしてますます金で解決する風潮が強まり，行政に対しては税金の支払いに見合う「公助」を期待し，また民間に対しては市場価格に応じた「私助」を求めるようになる．このような「助力」サービスへの依存を考え直し，もう一度市民と行政の本来の協働関係を考えるべきであろう．それは第1章で述べたように，「公共」という名の下に曖昧にされてきた「公」と「共」の各領域を区別し，この両者の役割分担

を明確にすることである．

▷「公」,「共」,「私」領域の補完関係 ─────────────

　これまで共有地（コモンズ）の消滅による「村仕事」の減少，過疎化・少子高齢化という内部環境および都市化や情報化，国際（グローバル）化など外部環境の変化にふれながら，地域社会の「助力」弱体化の要因として，行政による「公助」と企業による「私助」の肥大化を指摘してきた（恩田，2006年）．特に「公」領域や「私」領域の強制が「共」領域を害することがあってはならない点を強調した．また地域社会にある程度の「助力」がないと「共助」を維持できないが，それが「自助」に基づくことも述べた．自立や自決に基づく地域社会が独自の個性を守ることにつながる．しかし「共助」や「自助」だけでは限界がある．既に上下水道やゴミ処理など「村仕事」では対応できないほど規模が大きく，そうした装置やサービスは手続きも含め地域住民だけで済ますことができるほど簡単ではない．

　「公」領域の主体である自治体の役割は依然として大きく，「共」や「私」各領域の活動が活発になればなるほど，その調整役として「公」の役割も重要になるだろう．地域住民の「共助」と自治体の「公助」のバランスをはかることが市民と行政の協働に他ならない．特に市民と行政の協働が「共助」を生む契機となるべきである．このような協働による地域づくりに欠かせないのは，市民活動に対する行政の資金援助である．千葉県市川市では市民の税金をNPOのコミュニティ事業に支援するとともに，援助を受ける団体を市民が選択できる仕組みを採用している．これは市民納税者がNPOを選択し納税額の１％を使う「１％支援制度」で，市民活動を市民自ら資金面で支える点が注目される（千葉，2005年）[2]．市民事業への支援にはコミュニティ・バンクもあるが，これは私的な金融機関による活動が中心である．「共」領域の足りない部分や無理な業務を「公」領域で補完し，効率性という点で市場に任せたほうがいい場合には「私」領域を活用することも考えなければならない．「公」，「共」，「私」各領域における住民サービスの分業化が現実的である．

結局「公助」,「共助」,「自助」の三位一体が求められている（恩田, 2006年）.「公」領域の勢力浸透に対して個人の立場が弱いときこそ「共」領域の強化が必要だが, 複雑化する社会のニーズと多様化する住民のニーズを統合するには「公助」が, またそれらのニーズを充足するには「私助」を必要とする. このように「共助」だけでなく「公助」や「私助」を求めるのは「公益」,「共益」,「私益」のバランスをはかることである. このうち「共助」は「公益」でも「私益」でもない「共益」, すなわち「共同体（コミュニティ）益」を求める行為である. しかし「共助」の地域づくりはかつての「共産村落」のような「共益」だけを認めるのではなく,「公益」や「私益」の前提のうえに成り立つ. この「共益」に基づく「共益社会」はすべての「自利」を否定するのではなく, かといって己の利益のみ求める「私利」を容認するものでもない. それは「自利」と「他利」のバランス（分度）から「共助」が導かれ, さらに「公利」とも調和した社会である.

2. 住民の, 住民による, 住民のための地域づくり

▷「従民」ではない「自由民」の地域づくり

ケルゼンによれば,「立法のデモクラシー」と「執行のデモクラシー」は異なり, 立法過程における民主主義が保障されても, 執行過程では公務員が合法理念に基づき業務を遂行するため, 必ずしも国民の意志が反映されるわけではない（Kelsen,［1920］1929）. この点は第4章の市民参加の「行政ルートと議会ルート」のところで述べ, 執行機能が増大するにつれ官僚政治化が進行する点も第1章の「『公』領域の独立」で指摘したとおりである. この立法過程と執行過程の関係を地方自治体と地域住民の関係に引き寄せて考えると, 行政が市民に対して条例を執行する過程は必ずしも民主的なプロセスを経るわけではない. 立法過程では直接選挙による市町村会議員が関与するが, 執行過程は首長を除いて選挙で選ばれない行政職員がそれに従事するからである. 前章で述べたように, この点に執行（実施）レベルにおける住民参加（参画）の根拠を見

出すことができる．

　執行過程に専従する公務員が地域住民から乖離するとき，市民参加のもつ意味はいっそう大きくなる．法治国家としてまた条例に基づく自治体であるなら，国民も市民も「従民」になることなく，様々な場で自由に発言できる「自由民」としての権利を行使すべきである．「権利＝法は，単なる思想ではなく，生き生きとした力なのである」（Jhering，［1872］1894，29頁）[3]．地域づくりは行政の言われるままに動く「従民」ではない「自由民」による民主主義の実践そのものと言える．先のケルゼンは国家が「自然的自由」でなく，他者と共にある「社会的自由」を保障するために存在すると主張した（Kelsen，［1920］1929，32-43頁）．ここで言う「自然的自由」は「アナルヒー（無政府）の自由」であり，「社会的自由」が「デモクラシーの自由」にあたる．これは人間が社会を成す限り，すなわち市民が連帯し共生するために欠かせない自由である．この「デモクラシーの自由」を保障する機関が国家であり地方自治体である．この自由を行使する実践の場が地域づくりに他ならない．

　地域づくりの要諦は，「住民の，住民による，住民のための地域づくり」である（恩田，2002年）．これは第1章で述べたように，住民が地域づくりの主体であると同時に客体であることを示している．「地域住民に考えてもらいます」と言っておきながら自分たちで報告書の手直しをして，「こういうふうに市民が言っています」ということを盾に「権限は行使するが責任は負わない」方式を採るようでは，いつまでたっても市民と行政の協働は進まない．また丸山の言う「である」ことと「する」ことのロジックを引用するなら（丸山，［1958］1961年，153-180頁），まず参加するという「『する』こと」をしないでただ市民が傍観しているだけでは，市民と行政の協働「『である』こと」にはならないだろう．何よりも「従民」としての形式的な参加ではなく，「自由民」として実質的な参画をすべきである．第2章で述べた市民参加の体験から言えることは，問題は協働がされているかどうかという状態ではなく，市民も行政も協働によって何ができるのか，そして何を得るのかを問うべきである．

▷ 官制の地域づくりからの脱却

　ミルは『自由論』の中で個人の自由への干渉は論外として，政府の介入に対する反対論として次の三つを指摘している（Mill,［1859］1971年, 217-229頁）．一つは政府よりも直接利害関係をもつ個人のほうが適している場合で，これは民間に置き換えてみると自明であろう．二つ目は国民が公務を適切に処理できないため政府ですることが望ましい領域でも，精神教育の一手段として個人に任せるほうが望ましい場合である．ここで言う教育とは自利的な目標ではなく，「公民」として共同の利益すなわち「共益」に向かうよう個人の行為を促すことを意味している．最後の三つ目は不必要に政府の権力が増大すると個人への介入が強まり，さらに民間企業の自由な活動も侵害される点を指摘し，ここでミルは官僚専権に言及している．そもそも市民の自由は自治体の公権力の行使が地域住民から信任されることを前提にしている．この自由を束縛する政策が採られたとき，市民は黙っているべきではない．ますます複雑化する行政事務を市民が可能な限り監視することによって，市民的自由の地平も広がる．「公」領域の勢力に対して個人の立場が弱いときこそ，「共」領域を強化し自由を確保しなければならない．

　こうした個人の自由の伸長が地域社会の自由な活動を生み，それが「共助力」を支える．長野県大桑村（人口約4,400人，平成19年11月現在）の野尻新田地区では，独り暮らしのお年寄りの住宅や小学生の通学路，災害時の避難場所などを編集した「支え合いマップ」を作成し，それを活用するボランティア団体「新田ささえあいの会」が結成されている．これは地域社会の「共助力」向上の事例と言ってもよいだろう．かつては誰もが村落内の家族構成や個々の事情を知っていることが当たり前で，こうした「支え合いマップ」を作る必要がないほど，村落内の社会関係が濃密であった．しかし現代社会では「公助」の足りないところで，この種の取り組みを地域住民自らがあえてするところに，主体的な地域づくりを見ることができる．その一方でどうしても「共助」と「自助」の限界を「公助」で補うことが欠かせない．災害時には行政によるラ

イフラインの確保など「公助」に加え，民間のコンビニやスーパーなどが食糧や飲料水を無料で提供する「私助」も必要だろう．

　人任せや行政任せの地域づくりにしないよう，自分たちがまず動かなければ地域づくりは進まない．地域づくりの責任を行政や民間に転化することで住民自らの責任感が弱くなり，やがて無責任から無関心になってはいないだろうか．かつて「老農」と言われた人たちは農民の「共」意識を目覚めさせる「意識化」（conscientization）や個人の自立を促す「セルフ・エンパワーメント」（self-empowerment）から農村開発を進めたが，現在の発展途上国の開発でも同様な試みがされている（恩田，2001年）．これは村民個人の意識化とともに地域社会の共同意識の回復を目指した運動であった．こうした意識改革（人間開発）から官制ではない自分たちの地域づくりが始まるように思われる．

▷ **地域づくりのソフト面・ヒューマン面を担う「共」領域**　─────

　第3章で紹介した政令指定都市へのアンケート調査でもわかるように，各自治体では様々な計画が策定されている．地域づくりのうち都市計画はハードの施設面の充実が基本にある．しかしその計画はココロをカタチにすることで，都市計画とはそこに住む地域住民の「思い」をカタチにすることであろう．そのためには地域住民の凝集性や一体感を高める組織づくりというソフト面や住民意識を向上させるヒューマン面の対応が欠かせない．どうしてもハード面では資金を必要とするため，「公助」が中心になる．行政がNPOの活動資金を支援するとき，これは運営費ではなく事業費の補助であり，「金は出すが口は出さない」方式として市民の自主的な活動を促すことが望ましい．先に「公」，「共」，「私」各領域の役割分担や補完関係について述べたが，「公」領域が主として地域づくりのハードの施設面を担うとするなら，そのソフト面とヒューマン面は地域住民が担い手となる「共」領域で取り組むものだろう．

　地域づくりの主体が市民であることを忘れてはならない．このことは「公の都合」（公益）と「私の都合」（私益）ではなく，「人間の都合」（共益）に着目するとき明白であろう．ここで「人間の都合」とは地域住民の生活に即した利

便性であり快適性である．これは公権力を行使する「公」でもまた身勝手な利益を求める「私」でもない，地域社会で生活する「共」領域の人間の営みに他ならない．しかし往々にして個人が国家（行政）や市場（企業）の都合で犠牲になり，それが結局「共」領域の「人間の都合」を無視することになったと言ってもよい．(7) このような失われつつある人間本来の共同性を取りもどすことも，また地域づくりの目標である．これはそのソフト面やヒューマン面に関わるものであろう．

施設の管理や社会教育，行祭事の運営などのソフト面，意識改革の運動というヒューマン面の取り組みは，地域住民自身のやる気と根気しだいであろう．身近な取り組みとして，たとえば「おあしす運動」がある．これは「声かけ運動」で，「お」は「おはようございます」（おおらかに，家庭でも学校でも，地域でも），「あ」は「ありがとうございます」（あかるく，感謝の気持ちを忘れずに），「し」は「しつれいします」（真摯に，礼儀正しくことばづかいもていねいに），「す」は「すみません」（すなおに，すなおな心であやまろう）の言葉を通したふれあいによる「心のオアシス運動」と言われている．このような地域住民の連帯と共生を促す身近な意識改革の運動を進めることは「共」領域の役割であろう．グローバルな問題とされる環境問題も結局は身近な自然保護運動や美化運動などから始まる．それは広い意味での社会運動であるが，こうした運動の担い手は行政でも企業でもない地域住民である．

3．地域に根づいたNPOの役割

▷ 市民と行政を結びつけるカタリスト（触媒者）

「共」領域における地域づくりの担い手としてNPOが注目されている．この地域に根づいたNPOの活動背景には，筆者の身近なさいたま市を見ても，行政サービスや企業の営利活動，行政の基礎的単位となってきた自治会に対する不満があった．一般に言われているNPOの役割は，行政の画一的なサービスを補完することで多元的な価値を反映して迅速なサービスを提供することにあ

るとされる．また民間企業の営利志向の市場では満たせない生活に密着したサービスを提供することも指摘されている．ここで言うNPOは全国規模ではない，あくまでも地域に密着したコミュニティに基盤を置くNPOのことである．こうした「地域NPO」あるいは「コミュニティNPO」と行政の協働が急速に進んでいる(8)．しかし，NPOとの協働を自治会に代わる行政の下請機関として業務委託の関係に終わらせてはならない．

　NPO独自の役割を引き出す，あるいはNPOどうしの横の連携を促すことが必要だろう．しかしNGOも同様だが，高度に専門知識をもつようになると，一般市民から離れることがある．前章で述べた学識経験者もそうであるが，NPO自身が「御用組織」になってはいけない．むしろ専門化した行政と一般市民との知識の格差を埋める役割を果たすことが望まれる．先に紹介した自由主義者ミルは，統治団体に所属する者が同等の知識をもつ外の者によって批判されることが，官僚の専横や慣例主義を排除するために必要であることを指摘している（Mill, 1859, 224-229頁）．これは地方自治体にも当てはまるだろう．それなりの知識がないと行政に対してものが言えないほど，市民生活をめぐる諸制度は複雑になっている．このため専門知識をもつ行政を，地域住民がチェックすることは難しい．こうした地域住民をサポートする役割，市民と行政を結びつける「カタリスト」（catalyst, 触媒者）の役割がNPOには期待される．

　学識経験者もその役割を担うべきであるが，NPOは地域住民とともに行動する組織であり，換言すればNPOのリーダーである地域住民自身が住民を先導するところに意味がある．もちろんその活動の場や資金を行政から受けることがあるとしても，NPOは地域生活の向上という自らの活動理念を基に行動すべきである．識者もNPOをつくり，個人レベルではなく組織レベルで具体的に行動することが多くなった．これまで述べてきた地域づくりにおける計画・実施・評価の各レベルで市民と行政の協働を進める「橋渡し役」を果たすことができるのはNPOであろう．しかし近年NPOを掲げる組織が多く，「私益」追求をカムフラージュ（隠）し，NPOという看板を「隠れ蓑」にする場

合も少なくない．NPO自身が行政の下請機関化することは論外であるが，「公」領域に代替する「民が担う公」ではなく，あくまでも「共」領域を生み育てる「民が担う共」としての役割がNPOに望まれる．個人レベルで審議会に公募委員として参加し発言力を高めその思いを実行に移すことも可能だが，「指定管理者制度」など行政との協働が進んでいるのは現実には市民団体としてのNPOである．NPOの第一の役割は一般市民と行政の協働における「カタリスト」（触媒者）の務めにあると言える．

▷ **地域価値創造の先導者**

　1960年代にも消費者運動など非営利組織の活動はあったが，当時の住民組織や住民運動との違いは何よりも一地域を超えた運動の広がりをもつ点，また生活場面に応じて多様な活動をすることから多元的な価値（理念）をもつ点にあり，さらに行政に対して単に反対や批判をするのではなく対案を提示するなど政策提言能力が高いところに，現代社会における新しい市民組織としてのNPOの特徴がある．地域に根づいたNPOと言っても，それが「地域エゴ」にとどまるなら住民運動から市民運動への広がりは難しい．そこでNPOのもう一つの役割として，「共」領域における新しい価値を先導する点があることを指摘しておきたい．これは本章冒頭に述べた共有地（コモンズ）の再生や「村仕事」の復活における価値創出に関わる役割でもある．

　「市民力」とは連帯による団結に基づく．「われわれの偉大な力は数にあるのではなく，団結にある」とはアメリカの独立宣言に大きな影響を与えたトーマス・ペインの『コモン・センス』に出てくる言葉である（Paine, 1776, 69頁）．一定の価値や理念を提示して，この団結を導くのが新しい市民組織としてのNPOであろう．特に公務に精通した助言者がいない現状では，市民自ら知識を身につけることで「理論武装」するしかないとき，NPOが一般市民を先導すべきである．「共」領域の担い手としてNPOは地域住民を目覚めさせる「意識化」の役割を担うが，それは地域社会の中から生まれた地元の事情をよく知るNPOだからこそできるように思われる．全国規模でない地域住民自身がつ

くるNPOが望ましいのはこのためである．もちろん地域活動の結果として，各地で共鳴を得て組織が全国的な広がりを見せることもあるだろう．

しかし「NGOエリート」という言葉があるように，「草の根」(grass roots)が「大木」(big tree)になる場合があり，一見グローバルな活動と言いながら市民から遊離している市民組織も少なくない．特に地域に根ざしたNPOではなく，先に述べたように非営利を旗印にしながら営利を全国的に追求する「疑似NPO」もないとは言えない．もとより市民に根を張った活動を展開している全国的なNPOの存在を否定するつもりはない．NPO自身が地域住民を導くためには，まず地元に根を張った活動が欠かせない．第4章の市民参加のレベルで紹介したアーンスタインはパートナーシップについて，コミュニティに基礎を置いた市民参加が重要で，市民グループが弁護士やその他の専門家を巻き込むことが大切な要件であるとした（Arnstein, 1969）．これは専門知識をもつ者を組織に加えることで行政と十分に話し合うことができ，対等に渡り合えることを示唆している．このように市民と行政を結びつけ，連帯と共生をめぐる地域固有の価値を創造する先導者がNPOと言えよう．

▷ 地域づくりへの期待

本章の最後に「共助」の地域づくりへの期待を述べて，本書のまとめとしたい．本来NPOは地域住民の中から自生してくるもので，それは多様な共生組織の一つに過ぎない．かつて村落の中心に自治組織があり，相互に支え合う互助組織もあった．もともとそれらはあえてNPOと言う必要がないものであった．そうした組織をあえてNPOと呼ぶのは，その非営利性は別にして，もはやこの種の自生的な組織が少ないことを暗示している．NPOを特別視し，その万能論をここで唱えるつもりはない．しかし地元から支持を得た新しい市民組織が地域住民を先導し，行政と対等に話し合えるよう市民を支援すること，またそうした組織が互助ネットワークの結節点として機能することを期待したい．地域住民を目覚めさせる「意識化」の役割，自立・自助・自決（自己決定）力の向上である「エンパワーメント」を担う「地域NPO」でありたい．

それが「共助」の地域づくりの新しい地平を切り開く礎(いしずえ)になるように思われる.

　町民一人ひとりがアイデアを出し合い何もないゼロの状態から活性化への一歩を踏み出し，過疎化や高齢化の現状を打破して魅力ある町をつくろうという「日本1／0（ゼロ分のいち）村おこし運動」を始めた鳥取県智頭町(ちづ)（人口約8,600人，平成19年12月現在）の新田地区（20戸弱）では，全戸加入のNPO「新田むらづくり委員会」が平成12（2000）年につくられた．この集落NPOは「人が住み，産業基盤を整備し，就労の場を創出する．そして生涯を新田で，子や孫とともに幸せに暮らすこと」を目標にしている．農林業体験の受け入れ（都市住民との交流事業，「新田たんぼの学校」など）や施設（「新田人形浄瑠璃の館」，喫茶「清流の里　新田」，ロッジ「トンボの見える家」）の管理運営，人形浄瑠璃の上演などの活動に町民が交代で参加し，その一部を「集落活性化基金」にすることで道路補修や福祉事業（高齢者のミニデイサービス）などに充当している（http://www2u.biglobe.ne.jp/~SHINDEN/）．こうした地域づくりを支えたのは地域住民の「共助」であり，そこでは集落NPOによる町民の意識改革が重要な役割を果たしているように思われる．

　歴史が示しているように，市民意識は絶えず進化してきた．これは現実に即しながら，すなわちその時代の社会環境に適応しながら，一定の理想を追い求めていく過程であった．かつて中江兆民は「時代は絹，紙，思想は絵具，事業は絵です．一時代の社会は，一幅の絵なのです」と言い，思想が事業を生み，事業が思想を生むことから社会が変革されることを唱えた（中江，［1887］1965年，100頁）．それはすぐれた思想が社会を動かしていくことを指摘したものであるが，そのためには人々がそうした思想を吸収し，しかもそれが日々の「生活の糧(かて)」となり，地域に根づいた「土着の思想」となることが必要である．現在見られる多様な市民活動は，「共助」の地域づくりへの意欲が現れてきた証左と見てよい．現代はまさに高邁な理想を掲げ「土着の思想」をもつ成熟した市民が地域づくりを実践するのに適した時代と言えよう．

注
（1） 農村がもつ「醇風美俗の精神」を統治に活かすため，為政者が農村の都市化を乱雑化あるいは無秩序として危惧したことがあった（辻，1976年，10-16頁）．ここでの主張は都市化自体を否定しているのではなく，地域住民の連帯と共生を保つうえでマイナスに作用する面に着目している．
（2） 正式な条例は「市川市納税者が選択する市民活動団体の支援に関する条例」（平成16年12月制定）で，その目的は「市民の納税に対する意欲及びボランティア活動等に対する関心を高めるとともに，市民活動団体の活動の支援及び促進を図り，もって市民の福祉の増進に資すること」とされる．平成18（2006）年度に交付された市民団体の事業では，「市民熟年・高齢者のIT情報化社会への積極的参加促進事業」，「地域福祉活動推進のためのボランティア人材養成事業」，「市川市伝統文化こどもいけばな教室」，「小学生と中学生の交流を深め健全育成を図る交流大会と野球教室の開催」，「路上生活者支援事業」，「保育者のスキルアップおよびシンポジウムの開催」，「ボラキャン2007（高校生ボランティアワークキャンプ2007）」，「食育を通して心の成長に寄与する子どもの健全育成事業」などがあった（http://www.city.ichikawa.chiba.jp/net/siminsei/volunteer/）．いずれも「生活の隙間市場」と呼べる領域である．一般企業が参入しないが，地域社会にとって欠かすことができない分野と言える．
（3） イェーリンクは，権利＝法を量る秤だけでなく，もう一つの手に権利＝法を貫くための剣をもつべきだと言っている（Jhering, [1872] 1894, 29頁）．「権利のための闘争は，権利者の自分自身に対する義務である」（同上，49頁）．また「権利の主張は国家共同体に対する義務である」（同上，79頁）．この国家を地方自治体に置き換えることができる．
（4） これは国家の干渉を制限して市民活動に任せることを言っているが，ミルは具体的に「（政治的でない事件に関する）陪審裁判」をあげている（J. S. Mill, [1859] 1971年，218頁）．市民に裁判を任せる陪審員制度は既にアメリカにあるが，日本でも平成21（2009）年から始まる「裁判員制度」がこれに当たるだろう．また次に指摘した「自由な民衆的な地方および都市の諸制度」は国家による画一化を防ぎ，地方への権限移譲という点で地方分権を示唆する．さらに最後の「自発的な協同団体による生産および慈善事業の経営」では，前者は国営企業ではない民間企業あるいは協同組合の組織を，後者はNPOのような市民団体による活動をさしている．
（5） それはラスキの言うような一党国家の自由の侵害と異なるところはないだろう（Laski, [1930] 1948）．自由の前提条件として経済発展，経済的勢力の配分をラスキは主張するが，自治体の場合経済力だけで市民の自由が保障されるわけではない．「自立共生」の社会を実現するためには，産業主義的な生産性や技術官僚支配のための「道具」ではなく，「個的自由」すなわち社会成員の自由を

守る「道具」が必要であるとするイリイチの主張もあるが (Illich, 1973)，身近なところから自分たちの手で地域社会をつくることが現実的と考える．
(6) この内容はNHKの夕方6時のニュースで放送された（2006年11月2日）．単にマップをつくるだけでなく，近隣の支援関係まで把握していると，その支援者がいなくなったときにも対応できる．こうした点まで考慮して「支え合いマップ」を作り，地域社会を支援している組織もある（住民流福祉総合研究所，http://www5a.biglobe.ne.jp/~wakaru/about.htm）．
(7) 会社員が「公私を区別する」と言うとき，それは企業が「公」領域を形成し，その組織のために滅私奉公することで「私」の生活が支えられることを意味する．こうした「会社人間」が増えれば，「私」が集まった「共」の暮らしという地域社会がますます等閑視されてしまう．サラリーマンが地域活動に関心をもたないのは，こうした「共」領域の重要性に気づいていないからでもある．筆者自身15年間サラリーマンをしてきただけに，この点は身にしみる．
(8) 愛知県高浜市では地域内の防犯や公園管理などかつての「村仕事」を担う市民団体を「コミュニティNPO」として育成し，地域内分権推進事業交付金を補助している．この「地域内分権」の取り組みは市民と行政の協働であるが，その財源は個人市民税の1％に相当する額と市民からの寄付金を積み立てる「まちづくりパートーナーズ基金」に基づいている．これは，主にNPO法人の設立支援事業や市民公益活動を担う人材育成の事業，市と市民が協働して実施する事業などの財源として活用される (http://www.city.takahama.lg.jp/)．また埼玉県では，NPOとの協働を進める「NPO協働提案推進事業」を始めている (http://www.saitamaken-npo.net/)．これはNPOの自由な提案および県が設定したテーマに沿った提案を募集し，1件につき150万円を上限に総額600万円の範囲内で提案したNPOに事業委託する制度である．
(9) 近年大学で非営利組織論の講義が多くなり，NPOのリーダーとなる人材育成がされるようになった．こうしたリーダーが育つことで，政治（国家）や経済（市場）に対する社会（中間組織）セクターの担い手が今後多く出てくることが期待される．「中間集団」が市民社会の新しいセクターとなる点については（佐々木・金，2002年），その理論面より実践面の議論が必要であろう．

おわりに

　本書は，第1章で「公」と「共」の関係を問う「公共社会学」について述べ，次の第2章ではさいたま市を事例とした地域づくりを検討し，また第3章でその市民参加を政令指定都市のアンケート調査から紹介し，さらに第4章では市民と行政の協働社会の試論を展開し，最後の第5章でその協働を契機とした「共助」の地域づくりの望ましい方向を示した．地域づくりの基本は市民がお互いに支え合う「共助」にあることを強調し，それが一人ひとりの「自助」に基づくことを指摘した．これは市民が自分たちの地域を自らの責任でよくすることを意味する．しかし，地域づくりは市民だけでできるものではなく，行政からの「公助」や市場を通した「私助」を必要とする．

　昨今はどこも「協働ブーム」である．各自治体では協働のマニュアルがつくられ，地域づくりでは必ずこの協働という言葉が出てくる．地域社会では従来の自治会に代わり，新しい市民組織が地域づくりの担い手として，行政との協働の一翼を担うようになった．こうした地域に根ざしたNPOには普通の市民が誰でも参加でき，協働それ自体を目的とすることなく，あくまでも住民生活向上のために活動することを期待したい．

　本書執筆中，地方都市で新たに地域づくりへの参加の機会を得た．ただしこれは学識経験者としてマスタープランを策定する都市計画審議会の会長の役割である．筆者は地域外の住民であるため，できるだけ市内を回りながら現状把握に努め，地元住民と同じ視線をもつことで，一委員として発言し参画したいと考えている．本書で述べた市民と行政の協働による「共助」の地域づくりを実践したいと思いつつも，その理想と現実のギャップを思い知らされることがたびたびある．しかし，こうした一つひとつの機会を活かしながら自らの理論を練り上げ，またその理論を通して実践する行為を，これからも継続したいと思っている．

〈参考文献〉

Arendt, Hannah. 1958. *The Human Condition.* Chicago : The University of Chicago Press. 志水速雄訳［1973］1994年『人間の条件』筑摩書房（学芸文庫）．

Arnstein, Sherry R. 1969. 'A Ladder of Citizen Participation', *Journal of the American Institute of Planners*（JAIP）, Vol. 35, No. 4. pp. 216-224.

Burawoy, Michael, 2005, 'For Public Sociology'（2004 ASA Presidential Address）, *American Sociological Review*, Vol. 70, pp. 4-28.

Burawoy, Michael, 2007, 'Public sociology vs. the market'（Discussion Forum : Economic sociology as public sociology. *Socio-Economic Review*, No. 5, pp. 356-367.

Cahn, Edgar S. 2000. *No More Throw-Away People.* London : Essential Works. ヘロン久保田雅子・茂木愛一郎訳，2002年『この世の中に役に立たない人はいない』創風社出版．

Darwin, Charles. 1859. *On the Origin of Species by Means of Natural Selection or the Preservation of Favoured Races in the Struggle for Life.* London : John Murray. 八杉龍一訳，1990年『種の起原』（上）（下）岩波書店（文庫）．

千葉光行，2005年『1％の向こうに見えるまちづくり』ぎょうせい．

延暦寺，1964年『道心』（伝教大師のおことば）延暦寺学問所．

福澤諭吉，［1871］2002年『学問のすゝめ』（福澤諭吉著作集第3巻）慶應義塾大学出版会．

福沢諭吉，［1876］1991年「学者安心論」『福沢諭吉教育論集』岩波書店（文庫）．

合併反対上尾市民ネットワーク・自治労連上尾市職員労働組合，2001年『合併反対を選択したまち—上尾の住民投票と市民の運動』自治体研究社．

Habermas, Jürgen.［1962］1990. *Strukturwandel der Öffentlichkeit.* Frankfurt am Mein : Suhrkamp（2. Aufl. Neuwied : Luchterhand）. 細谷貞雄訳，1973年『公共性の構造転換』未来社（細谷貞雄・山田正行訳，1994年『第2版公共性の構造転換』未来社）．

Halberstam, David. 1979. *The Powers that be.* New York : Chatto and Windus（Random House）. 筑紫哲也・東郷茂彦訳．［1983］1999年『メディアの権力』（1-4）朝日新聞社（文庫）［サイマル出版会］．

細谷克也，1982年『QC七つ道具』日科技連出版社．

Howard, Ebenezer.［1898 : 1902］1965. *Garden Cities of To-Morrow.* Cambridge : MIT Press. 長素連訳，1968年『明日の田園都市』鹿島出版会．

池田潔，1949年『自由と規律』岩波書店（新書）．

Illich, Ivan. 1981. *Shadow Work*. London : Marion Boyars. 玉野井芳郎・栗原彬訳，1990年『シャドウ・ワーク』岩波書店．
Illich, Ivan. 1973. *Tools for Conviviality*. New York : Harper & Row. 渡辺京二・渡辺梨佐訳，1989年『コンヴィヴィアリティのための道具』日本エディタースクール出版部．
石橋湛山，［1915：1925］1984年「代議政治の論理」「市町村に地租営業税を移譲すべし」『石橋湛山評論集』岩波書店（文庫）．
Jhering, Rudolf von.［1872］1894. *Der Kamp um's Recht*. 村上淳一訳，1982年『権利のための闘争』岩波書店（文庫）．
上越市における都市内分権及び住民自治に関する研究会，2007年『上越市における都市内分権及び住民自治に関する調査研究報告書』上越市．
川喜田二郎，1966年『チームワーク』光文社．
川喜田二郎，1967年『発想法』中央公論社（新書）．
Kelsen, Hans.［1920］1929. *Vom Wesen und Wert der Demokratie*. Tübingen : J.C.B. Mohr（Paul Siebeck）. 西島芳二訳，［1948］1966年『デモクラシーの本質と価値』岩波書店（文庫）．
清原慶子，2001年「『みたか市民プラン21会議』の活動から」『パートナーシップによるまちづくり～共に生きる地域社会をめざして～』（第5回地域活性化フォーラム講演録）財団法人地域活性化センター，45-59頁．
小寺収，1990年「山村における『地域文化活動』と農協」，『地域づくりと協同組合』（鈴木文熹編），青木書店，68-95頁．
小室直樹，2003年『論理の方法』東洋経済新報社．
Kropotkin, Pyotr A. 1902, *Mutual Aid : A Factor of Evolution*. London : Heinemann. 大杉栄（同時代社編集部現代語）訳，［1917］1996年『相互扶助論』同時代社（春陽堂）．
Laski, Harold J.［1930］1948. *Liberty in Modern State*. London : George Allen & Unwin. 飯坂良明訳，1974年『近代国家における自由』岩波書店（現代文庫）．
Lippmann, Walter.［1922］1954. *Public Opinion*. New York : Macmillan. 掛川トミ子訳，1987年『世論』(上)(下)岩波書店（文庫）．
丸山眞男，1952年『日本政治思想史研究』東京大学出版会．
丸山真男，［1958］1961年『日本の思想』岩波書店（新書）．
三重野卓，2006年「政策評価とサービス評価」『福祉国家と福祉社会のゆくえ』（武川正吾・大曽根寛編），放送大学教育振興会，141-162頁．
三重野卓，2007年「政策評価と社会学」『公共政策の社会学』（武川正吾・三重野卓編）東信堂，241-269頁．
Mill, John S. 1859. *On Liberty*. London : J. W. Parker. 塩尻公明・木村健康訳，1971年『自由論』岩波書店（文庫）．

三鷹市企画部企画経営室，2006年『協働推進ハンドブック』三鷹市.
守田志郎，[1973] 1978年『日本の村』〈『小さい部落』改題〉，朝日新聞社.
中江兆民，[1887] 1965年『三酔人経綸問答』岩波書店（文庫）.
中野民夫，2001年『ワークショップ』岩波書店（新書）.
中野民夫，2003年『ファシリテーション革命』岩波書店（アクティブ新書）
鳴海邦碩，1987年『アーバン・クライマクス』筑摩書房.
大朝摂子，2005年「知的創造空間としての地域社会～「三鷹ネットワーク大学」がめざすもの～」『計画行政』第28巻第2号，44-50頁.
小田実，1972年『世直しの倫理と論理』（上・下）岩波書店（新書）.
恩田守雄，2001年『開発社会学』ミネルヴァ書房.
恩田守雄，2002年『グローカル時代の地域づくり』学文社.
恩田守雄，2006年『互助社会論』世界思想社.
Onda, Morio 2006. 'Mutual Help Networks and Social Transformation in Japan', presentation paper (CD-R) in RC (Research Committee) 09-Social Transformations and Sociology of Development, XVI ISA (International Sociological Association) World Congress on July 28 in 2006, Durban in South Africa.
Paine, Thomas. 1776. *Common Sense*. 小松春雄訳，1976年『コモン・センス』岩波書店（文庫）.
Perry, Clarence A. 1929. 'The Neighborhood Unit', *Regional Survey of New York and Its Environs, Neighborhood and Community Planning* (Vol. 7). 倉田和四生訳，1975年『近隣住区論』鹿島出版会.
埼玉県地方自治研究センター（辻山幸宣監修），2003年『誰が合併を決めたのか―さいたま市合併報告書―』公人社.
さいたま市政策局政策企画部企画調整課，2004年『さいたま希望のまちプラン（総合振興計画）』さいたま市.
さいたま市政策局政策企画部企画調整課，2005年『さいたま希望のまちプラン（総合振興計画・実施計画）』さいたま市.
さいたま市政策局政策企画部企画調整課，2006年『さいたま希望のまちプラン（総合振興計画）』（改訂版）さいたま市.
さいたま市総合政策部政令指定都市準備室，2001年『さいたま市誕生　浦和市・大宮市・与野市合併の記録』さいたま市.
佐々木毅・金泰昌編，2002年『中間集団が開く公共性』（公共哲学7）東京大学出版会.
盛山和夫，2006年「理論社会学としての公共社会学にむけて」『社会学評論』第57巻第1号，92-108頁.
仙台市（せんだい・みやぎNPOセンター），2005年『仙台協働本―協働を成功させる

手引き』仙台市.
Sennett, Richard.［1976］1991. *The Fall of Public Man*. New York : Knopf. 北山克彦・高階悟訳，1991年『公共性の喪失』晶文社.
末広厳太郎，［1922］2000年「役人の頭」『役人学三則』岩波書店（現代文庫）.
高田保馬，［1922：1950］1971年『社会学概論』（改訂版）岩波書店.
武川正吾，2007年「公共政策と社会学」『公共政策の社会学』（武川正吾・三重野卓編）東信堂，3-45頁.
田村明，1987年『まちづくりの発想』岩波書店（新書）.
田村明，1999年『まちづくりの実践』岩波書店（新書）.
田中秀征，［1999］2000年『舵を切れ―質実国家への展望』朝日新聞社（文庫）.
辻清明，1976年『日本の地方自治』岩波書店（新書）.
宇井純，［1971］2006年『公害原論』（合本）亜紀書房.
Warner, Michael. 2002. *Publics and Counterpublics*. New York : Zone Books.
Weber, Max.［1919］1971. 'Politik als Beruf', *Gesammelte Politische Schriften*, Dritte erneut vermehrte Auflage（hrsg. von Johannes Winckelmann）, Tübingen : J. C. B. Mohr. 脇圭平訳，1980年『職業としての政治』岩波書店（文庫）.
Weber, Max. 1921-22. 'Bürokratie', *Grundriß der Sozialökonomik*, Ⅲ. Abteilung, *Wirtschaft und Gesellschaft*, Tübingen : J.C.B. Mohr（Paul Siebeck）. Dritter Teil, Kap. Ⅵ, S. 650-678. 阿閉吉男・脇圭平訳，1987年『官僚制』恒星社厚生閣.
Weil, Simone.［1934］1955 'Réflexions sur les causes de la liberté et de l'oppression sociale'. *Oppression et liberté*. Paris : Gallimard. 冨原眞弓訳，2005年『自由と社会的抑圧』岩波書店（文庫）.
横須賀市，1999年『市民協働型まちづくり推進指針』横須賀市.

〈巻末資料〉

資料2—1 「D地区のま

交流
- 地区に対する住民意識は必ずしも高くないが、新・旧住民との交流があるところほど、地区の一体感は高い
- 自治会が現代人の生きがいに答えるような新しいニーズ（社会的な「癒し」）に対応できていない
- 子どもをまちづくりに引き込む
- まちづくり集会の開催
- 古くから住んでいる人と、新しく住みはじめた人の活発な交流をする機会を
- 新住民のための説明会、案内、パンフレット（新住民のケアー）
- 定住外国人（中国、ベトナムなど）をコミュニティの一員として受け入れる体制が整っていない
- 外国人を積極的に受け入れる
- 国際都市を市のシンボルの一つとする

シンボル
- 他に誇れる施設、歴史（郷土史）、伝統芸能、イベントがあるかもしれない
- 区のシンボル作り（D地区のシンボルは何がふさわしいかを考える）
- 市のシンボル作りを考える
- サッカー、ラグビー等スポーツの拠点となる
- ナンバーワンではなく、どこにもない地区固有の資源を生かしたオンリーワン地区を目指せばよい
- 地区に誇りや愛着をもつコミュニティ意識（アイデンティティ）の不足
  → 施設、行事、イベント
  小中学校の地区活動
  「企業市民」として地区とのつながり

大学と地域の交流
- 大学と地域の交流がもっと活発になってほしい
- 大学（芝工大、日大）と地域の交流

見沼田んぼ
- 見沼田んぼとサクラ草の保全
- 見沼田んぼを市民（区民）のオアシスに
- 見沼田んぼを残す

緑のためのハード施設
- 緑地はあっても整備された公園は少ない（蓮沼、御蔵）
- 公園等公共用地の確保
- 片柳地区に森林公園を作る

緑のためのソフトのしくみ
- 区、市でトラスト協会をつくる
- 公園、河川、道路の里親制度の実施（シンボルに）

ゴミ
- 環境 特にゴミ問題

医療と福祉
- 医療、介護の施設の充実
- 医者と看護婦のいる老人福祉施設を増設する
- ホームレス対策

治安
- 治安の維持（暴走族対策）
- スーパーの駐輪自転車のカゴものが盗難にあっている（七里商店街通り他）※

保育
- 駅前の保育園を作る
- 駅周辺に保育所を作る
- 近所の子ども預かりのしくみ

図書館
- もっと大きな図書館をつくる

バリアフリー
- 環境 一人ひとりのモラルをどう高めていくか
- バリアフリー対策＝道路の補修等
- 駅のバリアフリー化（東大宮は完了）
- バリアフリー歩道の設置
- 駅や学校にエレベーター設置

コミュニティ
- 乳幼児や小学校低学年が親と一緒に遊べる室内施設が少ない（蓮沼）指導員の常駐も望まれる
- 若者や女性が参加できる組織活動を展開しないと地区の活性化は無理
- 市民活力を活かす
- D地区の4ヶ所にコミュニティセンターをつくる（片柳、大砂土、七里、春野）
- 市民活動の支援のためのコミュニティスペースづくり
- 従来の自治活動に代わる新しい支援体制（市民活動サポートセンターなど）が望まれるが、既存の公民館や自治会館を開放するとしても、たとえば、パソコンなどの情報機器が不足している

河川保全・活用
- 自然の保全（湖沼、川）
- 自然を取り戻す（清流と沼地）
- 川を使ったまちづくり（海がない）
- 綾瀬川、芝川、見沼代用水道緑沿いが「緑のヘルシーロード」として良好な自然環境をつくっているので、地区住民に対しては自然の「癒し」になり得る環境
  → 遊水池公園や市民農園（クライン・ガルテン）としての機能期待

農地の保全
- 田畑の保全
- 農地の活用、保全＝農家以外の人の力を活かす
- 耕作出来なくなった畑や田んぼを市民農園として市民に貸す
- 農地を残し、地域内の食料の自給率をあげる

〈社会環境の整備〉—ソフト・ヒューマン中心　　〈自然環境の整備〉—ハ

巻末資料　243

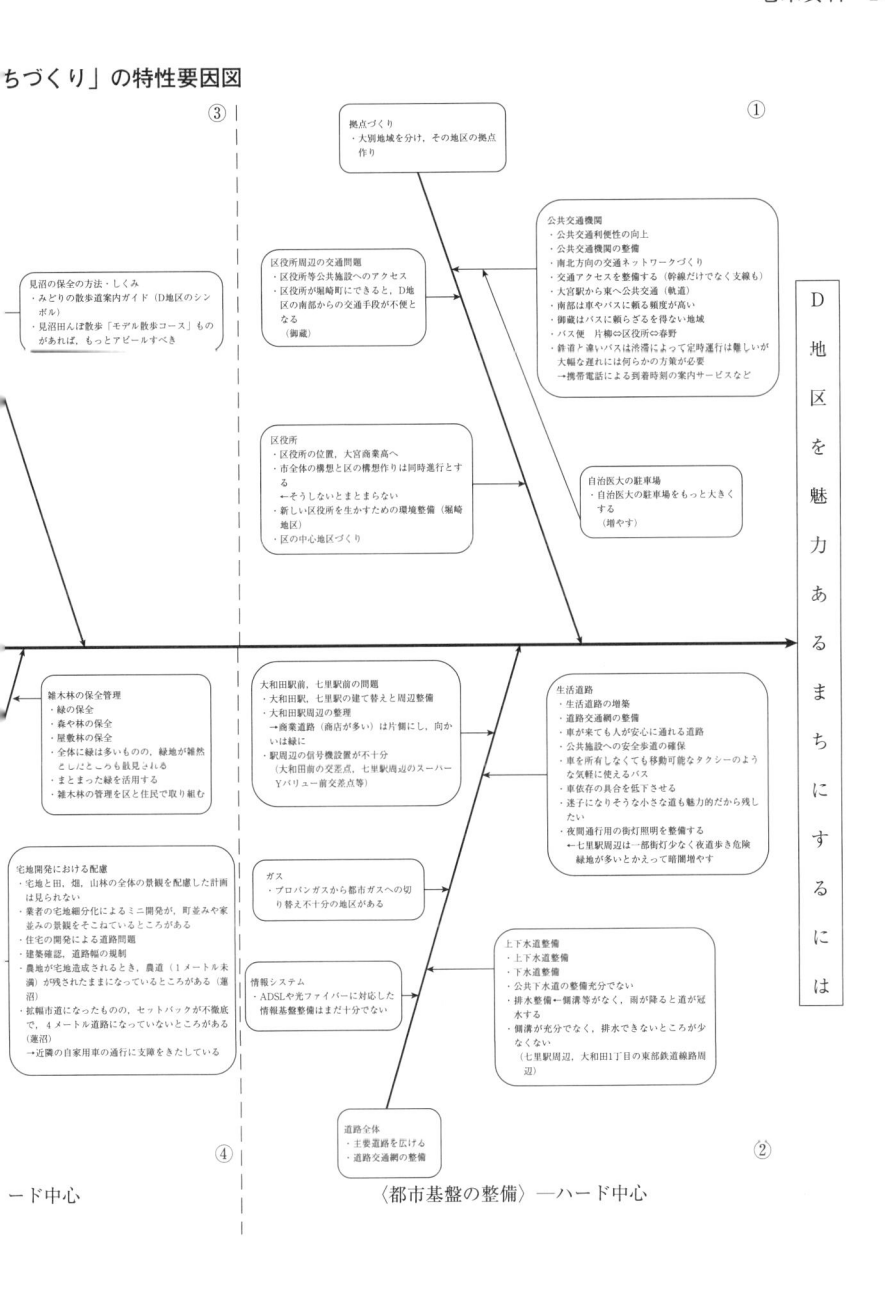

「ちづくり」の特性要因図

③　　　　　　　　　　　　　　　　　　　　　　　　　①

拠点づくり
・大別地域を分け、その地区の拠点作り

公共交通機関
・公共交通利便性の向上
・公共交通機関の整備
・南北方向の交通ネットワークづくり
・交通アクセスを整備する（幹線だけでなく支線も）
・大宮駅から東へ公共交通（軌道）
・南部は車やバスに頼る頻度が高い
・備蔵はバスに頼らざるを得ない地域
・バス便　片柳←区役所⇔春野
・鉄道とバスは渋滞によって定時運行は難しいが大幅な遅れには何らかの方策が必要
　→携帯電話による到着時刻の案内サービスなど

見沼の保全の方法・しくみ
・みどりの散歩道案内ガイド（D地区のシンボル）
・見沼田んぼ散歩「モデル散歩コース」ものがあれば、もっとアピールすべき

区役所周辺の交通問題
・区役所等公共施設へのアクセス
・区役所が堀崎町にできると、D地区の南部からの交通手段が不便となる（備蔵）

区役所
・区役所の位置、大宮商業高へ
・市全体の構想と区の整備計画は同時進行とする
　←そうしないとまとまらない
・新しい区役所を生かすための環境整備（堀崎地区）
・区の中心地区づくり

自治医大の駐車場
・自治医大の駐車場をもっと大きくする（増やす）

D地区を魅力あるまちにするには

雑木林の保全管理
・緑の保全
・森や林の保全
・屋敷林の保全
・全体に緑は多いものの、緑地が雑然としたところも見受される
・まとまった緑を活用する
・雑木林の管理を区と住民で取り組む

大和田駅前、七里駅前の問題
・大和田駅、七里駅前の建て替えと周辺整備
・大和田駅周辺の整備
　→商業道路（商店が多い）は片側にし、向かいは緑に
・駅周辺の信号機設置数が不十分
　（大和田駅前の交差点、七里駅周辺のスーパーYバリュー前交差点等）

生活道路
・生活道路の増築
・道路交通網の整備
・車が来ても人が安心に通れる道路
・公共施設への歩道の確保
・車を所有しなくても移動可能なタクシーのような気軽に使えるバス
・車依存の具合を低下させる
・迷子になりそうな小さな道も魅力的だから残したい
・夜間通行用の街灯照明を整備する
　←七里駅周辺は一部街灯少なく夜道歩き危険
　　緑地が多いとかえって暗闇増やす

宅地開発における配慮
・宅地と田、畑、山林の全体の景観を配慮した計画は見られない
・業者の宅地細分化によるミニ開発が、町並みや家並みの景観をそこなっているところがある
・住宅の建築問題、道路幅の規制
・建築確認、道路幅の規制
・農地が宅地造成されるとき、農道（1メートル未満）が残されたままになっているところがある（蓮沼）
・拡幅市道になったものの、セットバックが不徹底で、4メートル道路になっていないところがある（蓮沼）
　→近隣の自家用車の通行に支障をきたしている

ガス
・プロパンガスから都市ガスへの切り替え不十分の地区がある

情報システム
・ADSLや光ファイバーに対応した情報基盤整備はまだ十分でない

上下水道整備
・上下水道整備
・下水道整備
・公共下水道の整備充分でない
・排水整備←側溝等がなく、雨が降ると道が冠水する
・側溝が充分でなく、排水できないところが少なくない
　（七里駅周辺、大和田1丁目の東部鉄道線路周辺）

道路全体
・主要道路を広げる
・道路交通網の整備

④　　　　　　　　　　　　　　　　　　　　　　　　　②

ード中心　　　　　　　　〈都市基盤の整備〉―ハード中心

資料2—2：審議会開催概要

		会議名称	主な審議事項
平成14年度			
4月	25日	★審議会全体会（第1回）	委嘱・諮問，基本構想策定部会委員の指名
5月	16日	基本構想策定部会（第1回）	市の将来像の検討，基本構想に関する審議①
5月	30日	基本構想策定部会（第2回）	基本構想（たたき台）の提示，基本構想に関する審議②
6月	6日	★審議会全体会（第2回）	専門部会委員の指名
		専門部会（第1回）	基本構想に関する審議③
6月	21日	基本構想策定部会（第3回）	基本構想（素案）のとりまとめ①
7月	4日	★審議会全体会（第3回）	基本構想（素案）のとりまとめ②
			基本構想（素案）の公表及び市民意見募集（8/1～8/30）
10月	3日	基本構想策定部会（第4回）	基本構想（素案）に対する市民意見の検討など
10月	31日	★審議会全体会（第4回）	**基本構想の答申**
			基本構想の議決（12月市議会）
			基本構想の審議 （全体会4回，基本構想策定部会4回，専門部会3回）
1月	9日	★審議会全体会（第5回）	基本計画に関する策定スケジュール・構成の説明
		専門部会（第2回）	基本計画に関する審議①
			基本構想の公表
3月	27日	★審議会全体会（第6回）	基本計画の構成（案）の提示
		専門部会（第3回）	基本計画に関する審議②
平成15年度			
4月	24日	専門部会（臨時会）	基本計画に関する審議②（続）
5月	29, 30日	専門部会（第4回）	基本計画（たたき台）の提示，基本計画に関する審議③
7月	2, 3日	専門部会（第5回）	基本計画に関する審議④
7月	22, 24, 25日	専門部会（第6回）	基本計画に関する審議⑤
8月	21日	★審議会全体会（第7回）	基本計画素案のとりまとめ①
			区民会議との「各区の将来像」の調整（8～9月）
			専門部会長による部会間調整（9月）
9月	29日	★審議会全体会（第8回）	基本計画（素案）のとりまとめ②
			基本計画（素案）の公表及び市民意見募集（11/1～12/1）
1月	29, 30日	専門部会（第7回）	基本計画（素案）に対する市民意見の検討など
2月	12日	★審議会全体会（第9回）	**基本計画の答申**
			基本計画の審議 （全体会5回，専門部会30回）

出所：『さいたま希望のまちプラン（総合振興計画）』（2004年）

資料2―3：さいたま市の都市づくりの基本理念と将来都市像（基本構想）

〈都市づくりの基本理念〉

　本市は，「私たちがつくり，共に生きるまち」を合言葉に，だれもが住んで良かった，住み続けたいと思える都市の実現を目指し，「市民と行政の協働」「人と自然の尊重」「未来への希望と責任」を都市づくりの基本理念として掲げます．

　○市民と行政の協働

　　市民と行政がそれぞれの役割と責任を自覚し，協働によって，地方分権をリードする市民本位の自立した都市づくりを進めます．

　○人と自然の尊重

　　一人ひとりの市民が互いを思いやり，積極的に交流を図りながら，私たちが生きる環境を大切にし，人と自然を尊重した都市づくりを進めます．

　○未来への希望と責任

　　さいたま市らしい固有の魅力を創出し，活力に満ち未来への希望にあふれる持続可能な都市づくりを進め，未来に引き継いでいく役割と責任を果たします．

〈将来都市像〉

　さいたま市の将来都市像を次のとおり定め，その実現を目指します．

　○多彩な都市活動が展開される東日本の交流拠点都市

　　本市には，新幹線5路線などが集まる交通の要衝という特性に加え，100万人の人口規模，また，様々な都市機能の集積があります．さいたま新都心の整備を契機として，ヒト・モノ・情報の拠点性を高めながら，新しい産業や

多種多様な市民活動を創造して，国内外と交流する活力ある自立都市を目指します．

○見沼の緑と荒川の水に象徴される環境共生都市
　本市には，首都圏有数の自然資源である見沼田圃や荒川があり，また，様々な生物が生息する緑地や水辺も残されています．このような空間を保全，再生，創出するとともに，地球環境問題にも積極的に取り組み，人と自然が共生する緑豊かな都市を目指します．

○若い力の育つゆとりある生活文化都市
　福祉・教育などの社会的なサービスや様々な生活基盤の充実を図り，すべての市民が多様な価値観やライフスタイルに応じた質の高い，心豊かな生活を送ることができる都市づくりを進めます．
　また，時代を担う人材を育て，新しい文化を生み出す個性と魅力あふれる都市を目指します．

出所：『さいたま希望のまちプラン（総合振興計画）』(2004年)

資料2—4:総合振興計画策定に関わる市民参加の状況

◎総合振興計画策定のための1万人の市民意識調査

調査期間	平成13年11月中旬～下旬
調査対象	さいたま市に居住する20歳以上の市民約10,000人
有効回答率	47.3%（4,719票）

◎さいたま市総合振興計画策定市民懇話会

目的	さいたま市総合振興計画の策定にあたり，市民意見等の計画内容への反映を図るため，地区の特色あるまちづくり，そのために必要な方策，これからのさいたま市の目指すべき方向などについて話し合い，総合振興計画の素案作成に対して提案していくことを目的としました．
設置期間と開催回数	平成14年1月・5月の5か月間にわたり活動しました．第1回はオリエンテーションを兼ねた全体会とし，その後，4回の地区別懇話会を開催して，地区の特色あるまちづくりについて提案をまとめ，最後となる第6回は各地区の提案を市長に提出し，発表する会としました．
構成	行政区画の編成方針に基づいて，9つの地区別に懇話会を編成することとしました．また，懇話会に参加する会員はすべて公募とし，市内在住者及び市内への通勤・通学者を募集の対象としました．
応募状況と会員数	会員数は各地区12名の合計108名としました．地区ごとの応募状況は次のとおりです．

	A地区	B地区	C地区	D地区	E地区	F地区	G地区	H地区	I地区	総数
（応募数）	27	29	27	39	27	16	43	28	23	259

総合振興計画策定への参画	市民懇話会の提案，意見が総合振興計画に反映されるよう，各地区から1名ずつの総合振興計画審議会委員を選出することとし，会員互選により決定しました．

◎基本構想，基本計画に対する市民意見の募集

基本構想に対する市民意見募集の概要	意見募集期間：平成14年8月1日～30日 募集方法：市報8月号に公表素案を折り込み，全戸配布 意見をくださった人数：114人 分類整理の結果による意見数：309件
基本計画に対する市民意見募集の概要	募集期間：平成15年11月1日（土）～12月1日（月） 募集方法：市報11月号に公表素案を折り込み，全戸配布 意見をくださった人数：68人 分類整理の結果による意見数：99

出所:『さいたま希望のまちプラン（総合振興計画）』（2004年）

資料2－5：見沼区区民会議の活動（案）

平成15（2003）年度の見沼区区民会議の活動（案）について　　　会長メモ

　　　　　　　　　　　　　　　　　　　　　　　　　　　　　平成15年9月8日

１．理念・目標・方針

（1）理念

「人任せにしないまちづくり」

（2）目標

「さいたま市に住むなら見沼区」

（3）方針—行動する区民会議

①区民参加（参画）型のまちづくり

　・区民と行政の「橋渡し役」として触媒者（カタリスト）の役割を果たす．

②区民の幅広い意見集約による政策提言

　・区民の代表機関として積極的に区民から意見を聞く．

③区民の一体感（コミュニティ・アイデンティティ）の創出

　・「見沼区民デー」の創設などによる区民一体感の高揚をはかる．

２．会議の活動

（1）定例活動—「区民会議設置要綱」の第2条に基づく活動

①「提案された諸課題についての協議及び政策提言」

　・総合振興計画の中の「区の将来像」の策定など

②「区民と行政の協働による魅力あるまちづくりのための活動」

　・「すぐできること」（カネはかからないが，時間がかかる）

　　・区民の意識向上運動など（ヒューマン面）

　・「工夫すればできること」

　　・見沼区版パブリックコメント制度やまちづくり出前トークなどの実施（ソフト面）

　　・区役所と支所に「目安（意見）箱」設置—待ちの姿勢

・出前トーク（タウン〈コミュニティ〉・ミーティング）──攻めの姿勢
　　　・区民の意識調査─「見沼区を魅力あるまちにするための意識調査」
　　　・「予算化しなければできないこと」（まちづくりの予算化要求のための提言）
　　　・ハード中心の生活基盤整備（区役所から市役所への予算要求，次年度以降）
③「その他，区の健全な発展に寄与する活動」
　　・区民会議の広報活動
　　・まちづくりに関する研究活動
　　・市民と行政の協働やまちづくり活動の事例研究，区内や他地域の視察
（2）非定例活動─突発的な案件の処理

3. その他─区民と行政の協働について
　　・協働の前提は双方の信頼（協力）関係にある．
　　・パートナーシップはオーナーシップ（責任〈役割〉と義務）を伴う．
　　・水平的市民ネットワークを活用する（「一燈照隅」，「万燈照国」）．

資料2−6：次期区民会議の活動にむけて（引継事項）（案）

■「次期区民会議の活動にむけて（引継事項）」（案）について

2005年2月16日

恩田メモ

1．理念・目標・方針の継続と発展

（1）理念—「人まかせにしないまちづくり」

・誰でも参加できる機会を増やすとともに，責任と自覚によるまちづくりを進めます．

（2）目標—「さいたま市に住むなら見沼区」

・地域特性（市街地・緑地ゾーン）をふまえ資源を活かした生活しやすい区を目指します．

（3）方針—「行動する区民会議」

①区民参加型のまちづくり

・区民と行政の「橋渡し役」として役割を果たします．

・既存の組織（自治会，各種団体）に加え，コミュニティ会議などとの連携（双方向のコミュニケーション促進）を深めるために組織づくりをさらに進めていきます．

②区民の幅広い意見集約による政策提言

・区民の代表機関として積極的に区民から意見を聞く機会を設けます．

③区民活動とコミュニティ・アイデンティティの創出

・区民を巻き込むまちづくり運動（参加型まちづくり）を進めます．

・「見沼区民デー（ウィーク）」の設定などによる区民一体感の高揚をはかります．

2．具体的な活動内容の提案

（1）組織について

・第1期はスタートの時期であり，区民会議の組織づくりから活動が始まりました．全委員が参加する全体会の他に，企画運営部会と広報部会という二つ

の部会を設置し，月1回の活動を定例化し，きめ細かな活動をしてきました．あえて活動内容（福祉，教育など）別に部会を設けず，広く全体会での意見交換を目指しましたが，残念ながら参加が積極的でない委員もいたため，十分な活動ができたとは言い難いところがあります．
・引き続き活動が活発となるような仕組みと工夫を考えていただきたい．
（2）活動内容について
①「区の基本計画」の策定
・市の総合振興計画で「区の将来像（構想）」が決まり，今後「区の基本計画」づくりが必要とされますので，区との協働による計画の策定を考えていただきたい．
②区民の意見吸収
・見沼区版の「パブリックコメント」を「提案箱」を通して継続するとともに，こちらから出向いて意見を聞く「タウンミーティング（コミュニティ・ミーティング）」などを進め，区民の意見を吸収する仕組みを考えていただきたい．
③各種団体の組織活用
・委員が所属する各種団体の組織を活用した区民会議の運営を考えていただきたい．
④その他
・区内外の視察
　・区内の現状を知るために，また他区や県内外のまちづくりの実践を学ぶために視察を実施していただきたい．

資料3：「市民参加の地域づくり」アンケート調査

以下，個別記入項目以外は該当するところに○印をつけてご回答ください．その他の場合は具体的に書いてください．

問1．貴自治体の総合計画について

（1）自治体名＿＿＿＿＿＿＿市

（2）総合計画策定の担当部局名（○○局○○部○○課）

＿＿＿＿＿＿＿＿＿＿＿＿＿＿＿＿＿＿＿＿Eメールアドレス＿＿＿＿＿＿＿＿

（3）最近策定された（直近の）総合計画（基本構想や基本計画，実施計画など）の名称をお答え下さい．

1．基本構想＿＿＿＿＿＿＿＿＿＿＿＿＿＿＿＿＿＿＿平成＿＿＿年策定

2．基本計画＿＿＿＿＿＿＿＿＿＿＿＿＿＿＿＿＿＿＿平成＿＿＿年策定

3．実施計画＿＿＿＿＿＿＿＿＿＿＿＿＿＿＿＿＿＿＿平成＿＿＿年策定

問2．計画の策定段階における市民と行政の協働について

（1）貴自治体では上記（直近）の総合計画を策定するとき，一般市民（各種団体の代表者とは別）はどのようなかたちで参加しましたか（複数回答可）．

1．審議会への委員として参加

2．計画の素案に対する意見募集（パブリックコメント）による参加

3．審議会（部会，分科会）の傍聴

4．審議会（部会，分科会）以外の意見交換会やワークショップなどへの参加

（意見交換会などの名称＿＿＿＿＿＿＿＿＿＿＿＿＿＿＿＿）

5．その他の参加＿＿＿＿＿＿＿＿＿＿＿＿＿＿＿＿＿＿＿＿

6．特に参加する機会を設けていない

（2）上記（1）の質問で1に答えた自治体に伺います．

1．審議会の名称

2．公募市民委員の人数＿＿＿＿人（審議会全体の委員の人数＿＿＿＿人）

3．公募市民委員の選出方法はどのようにしましたか．
　　　　　　　　　　　　　　　　　　　　　　　　

4．特に一般市民が参加できる工夫をされましたか（会議開催曜日や時間帯など）．
　　　　　　　　　　　　　　　　　　　　　　　　

5．一般市民の審議会への参加はどのような効果があるとお考えですか．
　　　　　　　　　　　　　　　　　　　　　　　　

（3）総合計画の審議会委員について伺います．市職員や市会議員，学識経験者，また自治会や商工会，NPOなど団体の委員選出は，どのようにして決めていますか．
　　　　　　　　　　　　　　　　　　　　　　　　

問3．総合計画と各部門別計画の関係について

　総合計画の他に各部局で策定される個別計画（都市計画，環境計画，福祉計画など）が多くありますが，これらの計画と総合計画との関係や調整をどのようにされていますか．
　　　　　　　　　　　　　　　　　　　　　　　　

問4．総合計画の外部委託について
（1）直近の総合計画の策定に際してコンサルタントを使いましたか．
　　1．使った　2．使わない
（2）上記（1）の質問で1に答えた自治体に伺います．コンサルタントを使った理由は何ですか（複数回答可）．
　　1．コンサルタントはこの種の計画作成のノウハウをもっているため．
　　2．外部委託で業務を効率的に進めるため．
　　3．他の自治体の事例をよく知っているため
　　4．その他　　　　　　　　　　　　　　　　　　
（3）上記（1）の質問で2に答えた自治体，また以前使っていたが使わなくなった自治体に伺います．使わなかった（使わなくなった）理由は

何ですか（複数回答可）．
　1．自前で計画をつくりたかったため
　2．財政事情が厳しく委託料節減のため
　3．外部依存では計画策定のノウハウが蓄積されず，自前の策定能力を高めるため
　4．その他　＿＿＿＿＿＿＿＿＿＿＿＿＿＿＿＿＿＿＿＿＿＿＿＿
（4）コンサルタントを使うことの功罪について，自由に意見をお聞かせください．

＿＿＿＿＿＿＿＿＿＿＿＿＿＿＿＿＿＿＿＿＿＿＿＿＿＿＿＿＿＿＿＿＿＿＿＿＿＿

問5．計画の実施段階での市民と行政の協働について
（1）計画の実施レベル（施設の管理運営など）での市民参加について伺います．計画の実施にあたり市民が参加できるようになっていますか．
　1．市民が参加できるところはない．
　2．今はないが，近い将来市民が参加できることを考えている．
　3．市民が参加できるところがある．
（2）上記（1）の質問で2と3に答えた自治体に伺います．どのように実施レベルで市民が参加できますか．具体的にお書きください．

＿＿＿＿＿＿＿＿＿＿＿＿＿＿＿＿＿＿＿＿＿＿＿＿＿＿＿＿＿＿＿＿＿＿＿＿＿＿

（3）コスト削減と住民サービスの向上から公共施設の外部委託を進める「指定管理者制度」が始まり，従来の外郭団体から民間企業による運営管理も多くなっていますが，この制度について地域住民の参加という点からどのようにお考えですか．

＿＿＿＿＿＿＿＿＿＿＿＿＿＿＿＿＿＿＿＿＿＿＿＿＿＿＿＿＿＿＿＿＿＿＿＿＿＿

問6．計画の評価段階での市民と行政の協働について
（1）計画の評価レベル（事業・政策評価など）での市民参加について伺います．計画の実施に対して市民が評価できるようになっていますか

（評価委員会などへの参加など）．

1．市民が参加できるところはない．
2．今はないが，近い将来市民が参加できることを考えている．
3．市民が参加できるところがある．

（2）上記（1）の質問で2と3に答えた自治体に伺います．どのように評価レベルで市民が参加できますか．具体的にお書きください．

＿＿＿＿＿＿＿＿＿＿＿＿＿＿＿＿＿＿＿＿＿＿＿＿＿＿＿＿＿

問7．市民と行政の協働全般について

（1）市民意見を聞くパブリックコメントにはどのようなものがありますか（複数回答可）．

1．市政（市長）への提案制度がある．制度の名称 ＿＿＿＿＿＿＿
2．区政（区長）への提案制度がある．制度の名称 ＿＿＿＿＿＿＿
3．行政（市，区）から市（区）民に出向いて施策について説明する制度がある．制度の名称 ＿＿＿＿＿＿＿
4．その他 ＿＿＿＿＿＿＿＿＿＿＿＿＿＿＿＿＿＿＿

（2）市民の意見を行政に反映させるためには，どのようなことが必要だとお考えですか．

（3）市民と行政の協働に関わる条例について伺います．

1．条例がある．条例の名称 ＿＿＿＿＿＿＿＿＿＿＿＿＿＿
2．条例はない．

（4）行政との協働には市民の他に地元企業を含む考えがありますが，この「企業市民」との協働についてどうお考えになりますか．

＿＿＿＿＿＿＿＿＿＿＿＿＿＿＿＿＿＿＿＿＿＿＿＿＿＿＿＿＿

問8．市あるいは区レベルの市民と行政の協働組織について

（1）貴自治体では市（区）と市（区）民の協働を進めるための組織（行政主導でつくられた「区民会議」や「区民懇話会」など）がありますか．

1．ある　組織の名称 ＿＿＿＿＿＿＿＿＿　2．ない

（2）上記（1）の質問で1に答えた自治体に伺います．
　　1．設立年　昭和・平成＿＿＿年　　2．市内の組織数（区合計）＿＿＿
　　3．主な活動内容
　　　＿＿＿＿＿＿＿＿＿＿＿＿＿＿＿＿＿＿＿＿＿＿＿＿＿＿＿＿＿＿＿＿

　　4．その組織と自治会はどのような関係にありますか．
　　　＿＿＿＿＿＿＿＿＿＿＿＿＿＿＿＿＿＿＿＿＿＿＿＿＿＿＿＿＿＿＿＿

問9．市民活動の促進について
（1）従来からある区民館やコミュニティセンター以外に，特に市民活動を促進するための施設（市民活動センターなど）はありますか．
　　1．ある　　2．ない
（2）上記（1）の質問で1に答えた自治体に伺います．
　　1．市内の施設数　＿＿＿＿（平成＿＿年現在）
　　2．施設の名称　＿＿＿＿＿＿＿＿＿＿＿＿＿＿＿＿
　　3．施設の主な活動内容
　　　＿＿＿＿＿＿＿＿＿＿＿＿＿＿＿＿＿＿＿＿＿＿＿＿＿＿＿＿＿＿＿＿

（3）市民活動を促進するための制度化（条例など）や市として独自の取り組み（事業など）がありますか．お聞かせください．
　　　＿＿＿＿＿＿＿＿＿＿＿＿＿＿＿＿＿＿＿＿＿＿＿＿＿＿＿＿＿＿＿＿

問10．市民と行政の協働で何が問題になっているとお考えですか（それぞれ4段階の一つに○印をつけてお答えください）．
（1）市民側の問題　　　　　　　　　強くそう思う　そう思う　そう思わない　全くそう思わない
　　1．市民の行政への関心が全体として低い．　　1＿＿＿2＿＿＿3＿＿＿4
　　2．パブリックコメントを実施しても反応が少ない．1＿＿＿2＿＿＿3＿＿＿4
　　3．参加の機会を与えても利用する市民が少ない．1＿＿＿2＿＿＿3＿＿＿4
　　4．市民活動の施設利用が少ない．　　　　　　1＿＿＿2＿＿＿3＿＿＿4
　　5．その他（具体的に）
　　　＿＿＿＿＿＿＿＿＿＿＿＿＿＿＿＿＿＿＿＿＿＿＿＿＿＿＿＿＿＿＿＿

（2）行政側の問題　　　　　　　強くそう思う　そう思う　そう思わない　全くそう思わない

1．市民参加の機会をまだ十分与えていない．　　1＿＿＿＿2＿＿＿＿3＿＿＿＿4

2．市民とのコミュニケーションが少ない．　　　1＿＿＿＿2＿＿＿＿3＿＿＿＿4

3．市民に対するサービス意識がまだ低い．　　　1＿＿＿＿2＿＿＿＿3＿＿＿＿4

4．市民への情報公開が十分ではない．　　　　　1＿＿＿＿2＿＿＿＿3＿＿＿＿4

5．その他（具体的に）

＿＿＿＿＿＿＿＿＿＿＿＿＿＿＿＿＿＿＿＿＿＿＿＿＿＿＿＿＿＿＿＿＿＿＿＿＿＿

付問　市民と行政の協働に関連して，以下のデータについて伺います．できるだけ直近の数字でお答えください．

（1）市内の自治会の総数　＿＿＿＿＿＿（平成＿＿年現在）

（2）市内のNPO法人の数　＿＿＿＿＿＿（平成＿＿年現在）

（3）市が認定している市民活動の任意団体の数（NPO法人以外の市民活動組織）＿＿＿＿＿＿（平成＿＿年現在）

　　　　　　　　　　　　　　　　　　　　　　ご協力ありがとうございました．

資料4：さいたま市区名投票の結果

投票数
(1) 受付数　44,511通
(2) 有効数　43,646通

【地区別内訳】

地区	有効数
A区	3,208通
B区	4,739通
C区	4,605通
D区	5,262通
E区	3,962通
F区	3,135通
G区	7,068通
H区	6,789通
I区	4,878通
合計	43,646通

投票結果
（上段：区名案，下段：有効数）

地区	1位	2位	3位	4位	5位	6位
A区	大宮西 1,523 (47.48%)	指扇 617 (19.23%)	西 397 (12.38%)	緑 330 (10.29%)	西大宮 206 (6.42%)	鴨川 135 (4.21%)
B区	大宮北 2,141 (45.18%)	宮原 670 (14.14%)	北 604 (12.75%)	彩北 476 (10.04%)	緑 448 (9.45%)	盆栽 400 (8.44%)
C区	大宮 2,855 (62.00%)	大宮中央 640 (13.90%)	中央 470 (10.21%)	氷川 460 (9.99%)	大宮中 99 (2.15%)	中 81 (1.76%)
D区	大宮東 2,350 (44.66%)	緑 1,261 (23.96%)	東大宮 781 (14.84%)	見沼 606 (11.52%)	芝川 176 (3.34%)	宮東 88 (1.67%)
E区	与野 1,941 (48.99%)	中央 1,171 (29.56%)	新都心 435 (10.98%)	彩央 267 (6.74%)	中央与野 88 (2.22%)	埼京 60 (1.51%)
F区	浦和西 1,471 (46.92%)	桜 550 (17.54%)	秋ヶ瀬 547 (17.45%)	緑 213 (6.79%)	西 184 (5.87%)	西浦和 170 (5.42%)
G区	浦和 5,264 (74.48%)	浦和中央 974 (13.78%)	中央 651 (9.21%)	浦和中 179 (2.53%)	--- ---	--- ---
H区	浦和南 2,881 (42.44%)	南 2,016 (29.70%)	南浦和 899 (13.24%)	武蔵浦和 502 (7.39%)	武蔵 375 (5.52%)	南さいたま 116 (1.71%)
I区	浦和東 1,956 (40.10%)	美園 1,019 (20.89%)	東浦和 768 (15.74%)	東 444 (9.10%)	緑 443 (9.08%)	見沼 248 (5.08%)

＊数字の単位未満の端数については，四捨五入を原則とした。

出所：さいたま市のホームページ「区名投票集計結果」

索　引

あ　行

アーンスタイン（Arnstein, S. R.）　140, 232
あいさつ励行推進運動　85
アウトカム　172
アレント（Arendt, H.）　2, 10
イェーリンク（Jhering, R.）　226, 234
意識化　228, 232
石橋湛山　146, 153
一隅を照らす　218
1％支援制度　61, 152, 224
一燈照隅，万燈照国　69, 218
イリイチ（Illich, I.）　24, 235
宇井純　153
ヴェイユ（Weil, S.）　151
ウェーバー（Weber, M.）　8, 9, 11, 132, 147, 153
NGOエリート　38, 232
NPOエリート　38
エンパワーメント　232
おあしす運動　229
応益原理　215
応能原理　215
オーナーシップ　24, 46, 55, 136, 141, 150
大原幽学　17
公の都合（公益）　228
小田実　22, 87

か　行

カーン（Cahn, E.）　24
外部委託（アウトソーシング）　45, 107
外部評価　171
カタリスト　69, 75, 133, 197, 230
川喜田二郎　157, 174
官僚制　8, 9, 12, 132, 147, 196

共助力　14, 15, 17, 18, 22, 200, 201, 214, 219, 220, 227
行政監視能力　133
行政の論理　15
行政評価条例　113, 173
行政マネジメント　51
協働作品　197
共同社会行為　9
共同体益　225
共同体規制　7
近隣居住区　73
口明け　215
車座集会　79
クロポトキン（Kropotkin, P.A.）　219
経済的合理性　167
KJ法　40, 157
ケルゼン（Kelsen, H.）　225
公共施設アダプトプログラム　60
「公助」，「共助」，「自助」の三位一体　225
公的領域　2
公利　225
小谷三志　17
コミュニティ・アイデンティティ　20, 35, 82
コミュニティ益　19, 225
コミュニティNPO　230
コミュニティ・カルテ　164
コミュニティの論理　23
コミュニティ・ビジネス　19, 21, 23
コミュニティ・ボンド　175
コモンズの悲劇　215
御用組織　95

さ　行

ザイン（sein）のレベル　42

支え合いマップ　227
参画者　138
参加者　138
自己決定権　180, 181
市場化テスト　14, 16
市場の論理　15, 17, 23
自生的な社会秩序　219
事前調整主義　192
自然的自由　226
執行のデモクラシー　225
指定管理者制度　14, 16, 23, 109, 131, 167
私的領域　2
市民参加（参画）の度合い　141, 150
市民参加の八段はしご　140
市民的公共性　3, 10
市民統治者意識　133
市民と行政の協働社会　151
市民の主導性　141, 150
市民力　14, 15, 200, 201, 231
社会的合理性　168
社会的使命（ミッション）　69
社会的自由　226
社会的責任　16
社会的排除　24
シャドウ・ワーク　24
自由と効率　4
自由民　18, 132, 226
従民　14, 17, 18, 132, 226
住民疎外（排除）　25
従民他治　196
出張役場　207
情報開示　131
情報秘匿主義　192
職務上の秘密　147
私利　225
自利　225
代分け　216
申請主義　207
末広厳太郎　11, 151, 192, 208
請願　146

責任転嫁主義　192
説明責任　131
セルフ・エンパワーメント　228
相互扶助の論理　15
総代制度　7
創発特性　218
ゾルレン（sollen）のレベル　42

た　行

ダーウィン（Darwin, C.）　219
代議制　146
第五の権力　38
タイムダラー　15, 24
第四の権力　38
タウン・ミーティング　79, 94
タックスペイヤー　196
他利　225
地域NPO　230, 232
地域通貨　15, 22
陳情　146
DNA運動　51
定性評価　174
定量評価　174
テツダイ　11, 15
出前講座　114
出前トーク　62, 114, 166
デモクラシーの自由　226
田園都市　153
特性要因図　35, 158, 159
土着の思想　233

な　行

内部評価　171
中江兆民　153, 232
ニッチ（隙間）市場　19
二宮尊徳　17
人間開発　210, 228
人間の都合（共益）　228

は　行

パートナーシップ　18, 46, 55, 136, 141, 150, 232
パートナーシップ協定　164, 168
ハーバーマス（Habermas, J.）　3, 22
パブリック　1
パブリックインボルブメント　144
パブリックコメント手続き　143
ハワード（Howard, E.）　153
バンドワゴン効果　87
PFI　48, 167
PDCA　56, 139, 149
人々の運動　87
平等と正義　4
フィッシュ・ボーン　159
福澤諭吉　210, 222
プライヴェイト　1
フリーライダー　215
ふるさとの道づくり　169
ブレーン・ストーミング　157
ペイン（Paine, T.）　231
ペリー（Perry, C.A.）　73
補完性の原理　222

ま　行

まちづくり基本条例　148, 154
まちづくりパートナーズ基金　235

は　行

マニフェスト　54, 62
丸山眞男　22, 226
ミル（Mill, J.S.）　227, 230
ムラ社会の正義　216
村八分　194, 215
モヤイ　11, 15
守田志郎　11
問題分析　158

や　行

役所の体質　91, 191, 193
ユイ　11, 14, 23
寄合　7, 136, 144, 145, 148, 196
寄合自治　137
寄合精神　137
寄合の論理　215, 217

ら　行

ラスキ（Laski, H.J.）　209, 214, 234
利益社会行為　9
リップマン（Lippmann, W.）　147, 154
立法のデモクラシー　225
連帯と共生　4

わ　行

ワークショップ　158
私の都合（私益）　228

は 行

パートナーシップ　18, 46, 55, 136, 141, 150, 232
パートナーシップ協定　164, 168
ハーバーマス（Habermas, J.）　3, 22
パブリック　1
パブリックインボルブメント　144
パブリックコメント手続き　143
ハワード（Howard, E.）　153
バンドワゴン効果　87
PFI　48, 167
PDCA　56, 139, 149
人々の運動　87
平等と正義　4
フィッシュ・ボーン　159
福澤諭吉　210, 222
プライヴェイト　1
フリーライダー　215
ふるさとの道づくり　169
ブレーン・ストーミング　157
ペイン（Paine, T.）　231
ペリー（Perry, C.A.）　73
補完性の原理　222

ま 行

まちづくり基本条例　148, 154
まちづくりパートナーズ基金　235

マニフェスト　54, 62
丸山眞男　22, 226
ミル（Mill, J.S.）　227, 230
ムラ社会の正義　216
村八分　194, 215
モヤイ　11, 15
守田志郎　11
問題分析　158

や 行

役所の体質　91, 191, 193
ユイ　11, 14, 23
寄合　7, 136, 144, 145, 148, 196
寄合自治　137
寄合精神　137
寄合の論理　215, 217

ら 行

ラスキ（Laski, H.J.）　209, 214, 234
利益社会行為　9
リップマン（Lippmann, W.）　147, 154
立法のデモクラシー　225
連帯と共生　4

わ 行

ワークショップ　158
私の都合（私益）　228

著者略歴

恩田守雄(おんだ　もりお)
1955年生まれ
東京大学大学院人文社会系研究科博士課程修了
博士(社会学)　専門社会調査士
現　　在　流通経済大学社会学部教授
専門分野：経済社会学，開発社会学，民俗社会学，
　　　　　地域社会論（地域づくり）
主要著書：『発展の経済社会学』（文眞堂，1997年）
　　　　　『開発社会学』（ミネルヴァ書房，2001年）
　　　　　『グローカル時代の地域づくり』（学文社，2002年）
　　　　　『互助社会論』（世界思想社，2006年）ほか

共助の地域づくり─「公共社会学」の視点─

2008年 3 月10日　第一版第一刷発行
2014年 1 月30日　第一版第二刷発行

著　者　恩　田　守　雄
発行者　田　中　千津子
発行所　㈱ 学 文 社
〒153-0064 東京都目黒区下目黒3-6-1
電話（03）3715-1501㈹　振替 00130-9-98842
http://www.gakubunsha.com

印刷／シナノ印刷㈱
〈検印省略〉

落丁・乱丁本は，本社にてお取り替えします。
定価は売上カード・カバーに表示してあります。
ISBN 978-4-7620-1776-6
©2008　ONDA Morio Printed in Japan